Blwyddyn o Siwrnai

I'm teulu cyfan, gyda chariad, ac i'r cyfeillion da y cefais y fraint o'u hadnabod yng Nghaerdydd a sawl cwr o Gymru yn yr 1980au

Blwyddyn o Siwrnai

BOB MORRIS

y lolfa

Hoffwn ddiolch yn gynnes iawn i Alun Jones,
Lefi Gruffudd, Robat Trefor a thîm ysbrydoledig Y Lolfa
am eu holl gynhaliaeth a'u gofal proffesiynol

Argraffiad cyntaf: 2026

Cynllun y clawr: Sion Ilar

Rhif Llyfr Rhyngwladol: 978-1-80099-838-4

Dymuna'r cyhoeddwyr gydnabod cymorth ariannol
Cyngor Llyfrau Cymru

Cyhoeddwyd ac argraffwyd yng Nghymru
ar bapur o goedwigoedd cynaliadwy gan
Y Lolfa Cyf., Talybont, Ceredigion SY24 5HE
e-bost ylolfa@ylolfa.com
gwefan www.ylolfa.com
ffôn 01970 832 304

Pennod 1

Ebrill 1986

Prin bod Rhys wedi agor drws cefn yr Austin Allegro glas, nad oedd y ddau blentyn wedi drybowndian allan dan chwerthin. I mewn â nhw, Eifion a Ffion, drwy giât y tŷ ac ar wib i'r ardd. Roedd ffresni'r awel a heli'r môr yn eu gyrru fel petai deinamo'n dal i gronni egni ar ôl prynhawn o chwarae ar draeth Dinas Dinlle. Gwyliodd Lynne a Rhys nhw'n chwarae ar y siglen wrth iddynt agor drws y tŷ a mynd â gweddillion y picnic i'r gegin.

"Lwc inni gael diwrnod braf cyn diwedd y gwylia," meddai Lynne, wrth lenwi'r basn golchi-llestri â dŵr poeth.

"Hen wanwyn digon oer rydan ni wedi gael, a hitha'n wylia Pasg," cytunodd Rhys, wrth wagio llestri'r picnic o'r bag i'r dŵr. Roedd y tywod yn glynu wrth bopeth ac wedi hel yng ngwaelod y bag.

"Rydan ni wedi dŵad â hanner y traeth efo ni," ychwanegodd ac aeth allan i roi ysgytwad iawn i'r bag uwchben y bin gwastraff tolciog yng nghefn y tŷ.

Wrth i Lynne olchi'r llestri a Rhys yn eu sychu, gofynnodd hithau'n bwyllog,

"Be' wyt ti'n mynd i 'neud, Rhys?"

Roedd Rhys yn disgwyl iddi ei holi. Bu'n holi ei hun ers tridiau bellach – ers pan gafodd y llythyr o Gaerdydd, mewn amlen dew, lliw hufen. Yn yr amlen roedd neges a gynigiai fyd newydd i'r teulu o bedwar – cynnig, ynteu fygythiad?

Athro ysgol oedd Rhys Gruffydd – pennaeth adran hanes

yn un o ysgolion cyfun Ynys Môn. Athrawes oedd Lynne, ei wraig, hefyd – athrawes gynradd, Er iddi roi'r gorau i ddysgu'n llawn amser pan aned y plant, roedd yn dal i gyflenwi mewn ysgolion lleol. Ar ôl priodi, roedd Rhys a Lynne wedi ymgartrefu yn un o hen bentrefi chwarelyddol bro Eryri, pentref Tregraig. Symudodd y teulu o'r tŷ teras a fu'n gartref cyntaf iddyn nhw i dŷ mwy pan aned eu hail blentyn, Ffion.

Brodorion o fro'r llechen las oedd Rhys a Lynne: Rhys o Lanberis a Lynne o Dalysarn. Er bod eu cartrefi o fewn deng milltir i'w gilydd, fe aeth y ddau i ysgolion uwchradd gwahanol – Lynne i Ysgol Dyffryn Nantlle ym Mhenygroes a Rhys i Ysgol Syr Hugh Owen yng Nghaernarfon. Doedden nhw erioed wedi cwrdd â'i gilydd hyd nes iddynt fod yn eu hugeiniau.

Wedi cwblhau gradd hanes a chymhwyster athro yn Aberystwyth, bu Rhys yn dysgu mewn dwy o ysgolion uwchradd yn siroedd Fflint a Dinbych cyn dod yn bennaeth adran ym Môn yn 1973. I'r Coleg Normal ym Mangor aeth Lynne i hyfforddi'n athrawes ac yn ystod ei chwrs treuliodd dymor ym Mhontypridd ar ymarfer dysgu ac yn 1967, cafodd swydd yn Ysgol Gymraeg Bryntaf yng Nghaerdydd. Treuliodd dair blynedd yn y brifddinas, a gwnaeth lawer o ffrindiau yno. Yna, yn 1970, cafodd swydd mewn ysgol bentref yn Arfon, a bu'n rhentu tŷ gyda dwy o'i ffrindiau yng Nghaernarfon.

Yn nhafarn y New Ely yng Nghaerdydd y bu'r cyfarfyddiad tyngedfennol: ar noson gêm rygbi Cymru yn erbyn Lloegr ym mis Ionawr 1971. Hon oedd gêm gyntaf Cymru ym Mhencampwriaeth y Pum Gwlad y flwyddyn honno. Noson o ddathlu oedd hi, a Chymru wedi trechu Lloegr o 22 pwynt i 6. Sgoriwyd un cais gan John Bevan a dau gan Gerald Davies.

Aethai Lynne i Gaerdydd yng nghwmni'r ddwy oedd yn cyd-letya gyda hi yng Nghaernarfon ac achubodd ar y cyfle hefyd i gwrdd â hen ffrindiau o ddyddiau Bryntaf. Un o ryfeddodau'r New Ely oedd yr 'ale fowlio' gul ym mhen draw'r dafarn ac yno roedd criw o ddynion ifanc o Arfon wrthi'n dymchwel y sgitlau yn swnllyd. Roedd dau ohonyn nhw o Ddyffryn Nantlle ac wedi bod yn yr ysgol efo Lynne. Wedi taro sgwrs gyda'r ddau, fe gyflwynwyd Lynne i un o'u ffrindiau – Rhys. Treuliodd y ddau gryn dipyn o'r noson yng nghwmni ei gilydd ac fe drefnwyd, rhwng difrif a chwarae, iddyn nhw gyfarfod yn nhafarn 'Dirty Dick's' yng Nghaeredin ymhen tair wythnos, pan fyddai Cymru'n wynebu'r Alban ym Murrayfield. Pennwyd amser, hefyd: chwech o'r gloch ar y nos Sadwrn wedi'r gêm fawr.

Ar dân wedi i Gymru guro'r Alban o drwch blewyn, 19 pwynt i 18, roedd Rose Street yng Nghaeredin yn ferw o Gymry ar y noson rynllyd honno o Chwefror. Buddugoliaeth gyfyng a gawsai Cymru, gyda chais gan Gerald Davies yn hwyr y dydd a John Taylor yn trosi'r cais o'r ystlys i droi'r fantol.

Llond stryd o dafarnau poblogaidd oedd Rose Street a llwyddodd Rhys i hwrjio'i gyfeillion i gyrraedd tafarn 'Dirty Dick's' yn ddigon buan. Felly, yno roedden nhw'n ymwthio trwy'r dyrfa at y bar erbyn hanner awr wedi pump, hanner awr yn fuan. Daliai Rhys i fwrw trem yn barhaus ar draws y dafarn ac erbyn chwarter wedi chwech roedd yn dechrau anobeithio. Ond yna, yn sydyn, dyna ble roedd Lynne a'i ffrindiau wrth y drws, a stwffiodd Rhys ei ffordd drwy'r wasgfa o gyrff i'w hebrwng at y bar.

Ymhen rhyw awr, gadawodd y ddau y dafarn a cherdded yn hamddenol trwy ganol prysurdeb hwyliog y ddinas. Danfonodd Rhys Lynne at y tŷ gwely a brecwast lle roedd y dair yn aros, cyn cychwyn yn ôl i gwrdd â'i griw yntau, gan wynebu'r daith bws flinderus yn ôl i Gymru gefn nos.

Dechreuodd eu carwriaeth y noson honno. Wedi dyweddïo yn 1973, pan oedd Rhys newydd gychwyn ar ei swydd ym Môn, fe briodwyd y ddau yn 1974, yng Nghapel Seion, Talysarn, gyda'r wledd briodas yng ngwesty'r Victoria yn Llanberis. Yng nghyflawnder yr amser fe aned y ddau blentyn, Eifion yn 1976 a Ffion yn 1979. Erbyn canol yr wythdegau roedd patrwm dedwydd a hwylus i fywyd y teulu. Roedd rhieni Rhys a Lynne yn byw yn agos ac roedd parodrwydd Nain a Taid y ddau i warchod yn cyfoethogi profiadau'r plant ac yn hwyluso gwaith cyflenwi Lynne. Unwaith y dechreuodd Ffion fynd i'r ysgol drwy'r dydd, gallai Lynne ymgymryd â mwy o waith dysgu. Roedd rhwydwaith o ffrindiau o'u cwmpas hefyd, a daeth y ddau yn weithgar ym mywyd pentref Tregraig.

Yna, un bore ym mis Chwefror, gwelodd Rhys hysbyseb yn *Y Faner* am swydd, hysbyseb a ymddangosodd hefyd yn *Y Cymro* ac yn ddwyieithog yn y *Western Mail* a'r *Daily Post*. Cwmni masnachol oedd yn cynnig y swydd, cwmni gydag enw Cymraeg ac enw gwahanol yn Saesneg: Cwmpas Cymru a Timeline Wales. Doedd yr hysbyseb ddim yn fanwl iawn, ond fe soniai am:

" ...adfer bywyd diwylliannol ac economaidd Cymru trwy ddatblygu mentrau lleol a chenedlaethol – cynnal achlysuron a fydd yn arddangos cyfoeth treftadaeth Cymru a dyrchafu delwedd ein gwlad. Ein nod fydd denu buddsoddiadau gan fyd busnes mewn diwydiannau a mentrau newydd gyda'r bwriad o greu swyddi hir-dymor a safonol..."

Ar y naill law, roedd yr amcanion yn eang ac yn uchelgeisiol, ond ar y llaw arall roedd y 'beth' a'r 'sut' yn bur annelwig a phenagored. O ran swydd-ddisgrifiad penodol fe nodwyd hyn:

"...cynllunio a threfnu achlysuron cyhoeddus o werth diwylliannol, cynllunio a threfnu rhaglenni i gydweithio gyda sectorau addysg i ddarparu profiadau addysgiadol gwerthfawr yng Nghymru, a chydag ystod eang o gyflogwyr gyda'r nod o wella a chynyddu hyfforddiant galwedigaethol a chyfleoedd gwaith safonol i bobol ifanc Cymru, yn lleol ac yn genedlaethol..."

Pan ddangosodd Rhys yr hysbyseb i Lynne, ni chymerodd lawer o sylw ohono. I bob ymddangosiad, roedd Rhys wedi ymroi gymaint i'w swydd fel Pennaeth Adran Hanes, ni welai Lynne unrhyw debygrwydd y byddai'n barod i gyfnewid gyrfa sefydlog am swydd mor niwlog ac annelwig.

Serch hynny, cysylltodd Rhys â phencadlys y cwmni, yn Llundain o bob man, a gofyn am fanylion pellach. Yn y cyfamser, bu ambell i hanesyn yn y wasg am y fenter newydd. Daeth yn amlwg mai cwmni mawr Demetian Holdings oedd wedi cychwyn y fenter a bod nifer o gwmnïau llwyddiannus eraill wedi cyfrannu'n ariannol.

Wedi derbyn y 'manylion pellach', gwelodd y byddai pencadlys y cwmni i'w leoli yng Nghaerdydd, y byddai disgwyl i'r ymgeisydd llwyddiannus weithio yn y pencadlys ac y byddai angen teithio cryn dipyn ledled Cymru.

Er syndod i Lynne, penderfynodd Rhys wneud cais am y swydd ac er hyd yn oed mwy o syndod, cafodd wahoddiad i fynd i Gaerdydd am gyfweliad. Doedd Lynne ddim yn awyddus i'w ddarbwyllo i beidio â mynd i'r cyfweliad, rhag ofn y byddai Rhys yn gresynu wedyn iddo golli cyfle. Ond roedd yn dipyn o stwmp ar ei stumog pan roes gusan iddo wrth iddo gychwyn ar ei siwrnai am Gaerdydd.

Stori wahanol oedd hi wythnos yn ddiweddarach, pan dderbyniodd Rhys lythyr yn ei hysbysu bod Cwmpas Cymru yn cynnig y swydd iddo fel Pennaeth Addysg a Diwylliant, wedi ei lleoli yn y brifddinas.

Gyda'r nos, wedi i Eifion a Ffion fynd i glwydo, y byddai'r trafod pennaf. Doedd Lynne ddim am dywallt dŵr oer yn llwyr ar y posibiliadau a welai Rhys yn y swydd hon, na'r cyflogwr anghonfensiynol. Ond fe welai anfanteision iddyn nhw fel teulu.

"Faint o sicrwydd sydd y bydd y swydd yn barhaol, Rhys? Oes tebygrwydd o oes hir i'r cwmni? Mae cwmnïa masnachol isio gwneud elw ac os na wnawn nhw hynny, mae'n berig mai deud ta-ta wneith Demetian Holdings a'r lleill sy'n rhoi pres yn y fenter. Neu be petai'r cwmni'n mynd i'r wal? Rwyt ti'n cofio be ddigwyddodd i Teledu Cymru ers talwm!"

"Ond dim cwmni bach heb lawer o gefn ydi Demetian Holdings. Mae Demetian yn werth biliyna o bunna, efo dwsina o gwmnïa llwyddiannus yn rhan o'r grŵp. Nhw ydi'r prif bartner yn Cwmpas Cymru. Rydw i wedi darllen dipyn am Syr Edwin Cradock – fo ddechreuodd Demetian Holdings. Ei ferch o, Olwen Cradock, oedd yn arwain y panel penodi pan ges i 'nghyfweliad. Cardi o'r Ceinewydd ydi Syr Edwin, wedi dechrau efo garej ei dad; ac mae o'n un o'r dynion cyfoethoca ym Mhrydain erbyn heddiw! Does dim un o'i fusnesa fo erioed wedi methu, Lynne!"

"Ond dydi swyddi mewn cwmnïa preifat ddim yn swyddi am oes – dim swyddi gweinyddol, beth bynnag. Mae gen ti sicrwydd swydd fel athro, Rhys, a chyfle i ddringo o ris i ris. Mi fedri di fod yn Ddirprwy ac yn Brifathro: mae yna lwybr clir i ti fynd ymlaen."

"Ond mae'r job yma'n cynnig rhwbath hollol wahanol

– cyfle i weithio ar lefel Cymru gyfan, cyfle i drio dad-wneud y llanast mae'r dirwasgiad a saith mlynedd o Thatcher wedi ei greu yng Nghymru!"

"Go brin bod dy Syr Edwin di yn gwrthwynebu Thatcher, Rhys! Pobol fel fo sy wedi elwa fwya o dan y Toris. A beth bynnag, does gen ti ddim cefndir busnes o gwbl. Dim ond ychydig o waith rhan-amser wyt ti wedi wneud efo cwmni preifat erioed!"

"Dim rhedeg yr ochor busnes faswn i, Lynne. Mae ganddyn nhw dîm o bobol brofiadol i wneud hynny – *high-flyers* go iawn. Denu byd addysg a grwpiau cymunedol i mewn i'r cynllun fyddwn i yn y lle cynta, wedyn cydweithio efo'r sector breifat i fanteisio ar yr adnodda sy gynnon ni yng Nghymru – y môr a'r mynyddoedd, yr adeilada hanesyddol, digwyddiada celfyddydol a pherfformiada o bob math. Rhoi ffenast siop i holl ddiwylliant bro a chreu mwy o waith a mwy o incwm i bobol Cymru."

Tawelodd Lynne am ennyd. Gwyddai'n dda am argyhoeddiad Rhys y gallai treftadaeth hanes a diwylliant gael ei throi'n fara menyn i bobol Cymru heb ei throi'n barodi di-chwaeth. Bu Rhys yn cynnal teithiau tywys i safleoedd hanesyddol i gwmni bychan lleol yn ystod gwyliau'r haf ers blynyddoedd; a bu'n arwain grŵp theatr-mewn-addysg amatur o blith ei gyd-athrawon, a'r pynciau'n wastad wedi eu seilio ar hanes Cymru.

"A beth amdanon ni fel teulu, Rhys? Ydan ni am symud i Gaerdydd i fyw? Mynd ag Eifion a Ffion i ffwrdd o ardal hollol Gymraeg fel hon? Gadael cefn gwlad a mynd i fyw mewn dinas?"

"Mae'n siŵr y bydd o'n rhwyg inni i gyd. Ond rwyt ti wedi byw yng Nghaerdydd o'r blaen, Lynne. Fe wyddost ti'n well na fi bod yna fywyd Cymraeg cry yno: rwyt ti wedi deud hynny dy hun. A dydi cefn gwlad ddim ond rhyw hanner awr i ffwrdd yn y car."

Nodiodd Lynne yn bwyllog.

"Iawn, dwi'n gwbod. A does yna ddim problem efo ysgolion – mae Bryntaf a Melin Gruffydd yn gampus, er eu bod nhw'n fawr. O ran ysgol uwchradd, mae gen ti Glantaf, reit yn y ddinas, erbyn hyn. Doedd hi ddim yno pan oeddwn i yng Nghaerdydd; ond mae tua mil o blant yno rŵan. Mae gen ti Rydfelen hefyd, bron iawn ym Mhontypridd: fan'no bydda lot yn mynd, pan own i yng Nghaerdydd.

Ond mi fydd y plant yn colli'r criw o ffrindia sy gynnyn nhw rŵan, Rhys. A bydd Eifion yn dechra yn Safon Pedwar ym mis Medi – ei flwyddyn ddwytha fo yn Ysgol Tregraig."

Deallai Rhys hyn yn iawn ac roedd o wedi meddwl am y goblygiadau;

"Mae plant yn rhai da am addasu, Lynne. Dydi fy job i ddim yn dechra tan fis Medi, a go brin y medran ni symud i Gaerdydd am fisoedd. Mi fasa'n bosib i Eifion orffen Safon Pedwar – ei flwyddyn ola' yn Ysgol Tregraig a dechra'i flwyddyn gyntaf yn Glantaf yr un pryd â phawb arall o'r un oed. Iawn, mi fyddan nhw i gyd yn ddiarth iddo fo, ond mi fydd pawb ohonyn nhw'n cychwyn mewn ysgol newydd efo'i gilydd."

"A beth am Nain a Taid Llanbêr a Talysarn? Mi fasa'r plant yn gweld colli'u cwmni nhw – a mi fasa'n chwith iddyn nhwtha ar ôl Eifion a Ffion. Mae Mam yn deud o hyd bod y plant yn help mawr i'w chadw hi'n ifanc ei hysbryd. Mi fydd yn broblem i minna hefyd yng Nghaerdydd, Rhys. Heb neb i warchod ar ôl ysgol, mi fasa'n anodd imi wneud gwaith cyflenwi. Mae'n debyg y basan ni'n colli un cyflog."

"Mae cyflog y swydd yma'n dipyn mwy na 'nghyflog i fel

athro – tair mil yn fwy, tua'r un lefel â chyflog Dirprwy mewn ysgol go fawr. Ddeudon nhw wrtha i 'u bod nhw wedi pennu'r cyflog gyda golwg ar recriwtio pobl brofiadol. Wedyn mae 'na lwmp-swm ar gael i helpu efo costa mudo..."

Prociodd hynny un o ddadleuon eraill Lynne:

"Wyt ti'n sylweddoli pa mor ddrud ydi tai yng Nghaerdydd heddiw, Rhys? Mi rois i alwad ffôn i Catrin, oedd yn Bryntaf efo fi. Mi fasa tŷ fel ein tŷ ni yn costio sbel dros gan mil o bunna. Mae tai teras eitha cyffredin rhwng hanner can mil a thrigain mil. Tua deunaw mil ydi'r tai teras sy'n mynd ar werth yma yn Nhregraig. Rydw i wedi bod yn sbio yn yr *Herald* !"

Aeth y trafod ymlaen yn hwyr i'r nos. Gwyddai Rhys y byddai cryn dipyn o'r codiad cyflog a gynigid yn cael ei lyncu gan gostau llety yng Nghaerdydd tra byddai'r teulu yn dal yn Nhregraig, a'r costau teithio wrth i Rhys fynd adref bob wythnos i fwrw'r Sul. Roedd yntau'n benderfynol o wneud hynny, waeth pa mor hir y byddai'r aros cyn gallu mudo fel teulu.

Daeth yn amlwg i Lynne bod rhywbeth ynglŷn â'r swydd hon wedi cyffroi disgwyliadau Rhys. Efallai mai'r ffaith bod y cylch gwaith yn eang dros ben oedd wedi deffro rhyw ysbryd o antur ynddo, a'r ffaith mai Cymru gyfan a fyddai ei libart, yn hytrach nag un ysgol mewn tref fechan. Roedd ganddo ateb hefyd i ddadl Lynne nad oedd yr un sicrwydd swydd gyda chwmni fel Cwmpasu Cymru ag a geid yn y sector gyhoeddus.

"Pwy ŵyr, Lynne, ymhen rhyw bedair neu bum mlynedd fe allwn i ddod yn ôl i fyd addysg. Mae yna sôn byth a hefyd y dylai athrawon gael profiad o fyd gwaith y tu allan i'r ysgol. Wel, mi fydda'r swydd yma'n rhoid hynny ar ei ganfed imi.

Mi fyddwn i'n gallu cynnig am swydd Dirprwy – hyd yn oed swydd Prifathro erbyn hynny."

Dros y dyddiau nesaf daeth Lynne i sylweddoli bod Rhys yn ysu i dderbyn y swydd a'r fenter ddieithr oedd wedi cael eu cynnig iddo. Ildiodd hithau ei hamheuon ac ysgrifennodd Rhys i Gaerdydd yn derbyn y swydd, gyda'r bwriad o gwblhau'r flwyddyn ysgol bresennol a dechrau gwaith gyda Chwmpas Cymru yn nechrau Medi.

Wrth iddo barhau â'i waith yn yr ysgol, mor gydwybodol ag erioed, myfyriai Rhys gryn dipyn ar y sialens a wynebai. Ond,er iddo weld ambell i adroddiad am y fenter yn y wasg Gymreig, ychydig a wyddai Rhys mai darganfyddiad annisgwyl mewn hen blasty yng Ngwent, dros flwyddyn ynghynt, oedd wedi rhoi cychwyn ar y gaseg eira a dyfodd maes o law yn gwmni Cwmpas Cymru.

Pennod 2

Mawrth 1985

Hoffai Gwenan Briggs y ffyrdd gwledig culion. Roedden nhw'n ymdroelli rhwng gwrychoedd a chloddiau gleision am filltiroedd weithiau, heb basio dim ond adwy i gae neu lôn fferm gul, gyda pholion teligraff bob hyn a hyn ac ambell i stand llaeth. Yn aml iawn ni welai'r ffermdai o gwbl, dim ond arwydd yn dwyn enwau'r ffermydd –rhai yn Gymraeg, neu wedi tarddu o hen enwau Cymraeg, ond y mwyafrif yn Saesneg. Anaml iawn y bu'n rhaid iddi dynnu i'r ochr i adael i gar arall fynd heibio ac ni ddaeth yr un tractor i feddiannu'r ffordd.

Daeth llinell enwog R. Williams Parry am y Lôn Goed yn Eifionydd i'w chof:

"I lan na thref nid arwain ddim ..."

Gobeithio nad felly fyddai'r siwrnai hon. Byddai hynny'n peri gofid gwirioneddol iddi, a hithau gydag apwyntiad pendant ar gyfer hanner dydd. Roedd Gwenan yn bur bell o'r Lôn Goed ar y diwrnod llwydaidd hwn o Fawrth. Dyma hi yn gwau rhwng dolydd gleision yr hen Sir Fynwy – Sir Gwent, bellach. Nadreddai'r ffordd o fewn rhyw bum milltir i'r ffin rhwng Cymru a Lloegr. Gadawsai hithau briffordd yr A40, gyda'i gwelliannau diweddar rhwng y Fenni a Rhaglan ac roedd yn dilyn gwe ddyrys o ffyrdd gwlad: ffyrdd a oedd wedi datblygu dros ganrifoedd o amser ac yn nodi'r terfynau, yn aml, rhwng hen faenorau Normanaidd neu ystadau bonedd bychain.

Plasty'n perthyn i un o'r ystadau hyn oedd ei nod heddiw. Safai mewn parc o gan acer ar ffordd anghysbell, tua hanner ffordd rhwng y Fenni a Threfynwy. Roedd Angel Court yn lobscows o adeiladwaith gwahanol ganrifoedd, yr asgell hynaf yn dyddio'n ôl i tua 1380. Gwnaed profion dendrocronoleg ar ddau bendist derw mawr, a chafwyd i'r coed gael eu torri tua 1370. Câi deri mawr orwedd am flynyddoedd yn sesno cyn eu defnyddio i gynnal mur neu do.

O'r diwedd, gwelai Gwenan wal frics y parc yn ymestyn o'i blaen, a'r giatiau haearn mawr ar agor led y pen. Roedd olion rhwd pur wael ar y giatiau ac roedd gwair a chwyn yn tyfu ar hyd y lôn bantiog tuag at y tŷ. Porai defaid ar lawnt y parc ac roedd y gwelyau blodau o flaen y plas yn tyfu'n wyllt.

Parciodd Gwenan ei char ar lain fawr o hen goncrit melynllwyd wrth ochr y tŷ, a hwnnw'n frith o staeniau olew bob yn ail â chen gwyrdd. Gwaredai Gwenan fod y concrit wedi ei osod yn union ar bwys adeilad hanesyddol. Rhywsut neu'i gilydd, roedd Angel Court wedi osgoi cael ei 'restru' gan arolygwyr yr awdurdod lleol na'r Swyddfa Gymreig. Cerddodd Gwenan at ymyl y lawnt, a bwriodd drem ar wyneb deheuol y plas. Adeilad Jacobeaidd oedd bloc canolog Angel Court, wedi ei godi rhwng tua 1600 a 1640, yn ôl ei arddull ac yn efelychu plastai mawr oes Elisabeth I ac Iago I, gyda'u ffenestri tal o chwarelau gwydr bychain.

O'r lawnt ddeheuol, cerddodd Gwenan yn ôl at fynedfa'r plas ac oddi yno gwelai esgyll canoloesol y plas yn wynebu llwyn coed cysgodol tua'r gogledd. Uwchben y portico clasurol gwelodd arfbais gerfiedig, wedi treulio yn y ddrycin ond yn eglur o hyd. Islaw delwedd o angel, yn ymestyn ei adenydd gwarchodol, ceid tarian wedi'i chwarteru gyda symbolau confensiynol herodraeth. O dan y darian gwelodd y dyddiad MDCXX mewn rhifau Rhufeinig – 1620.

Gwelsai Gwenan fod pedwar cerbyd arall eisoes yn sefyll ar y llain parcio. Ochr yn ochr safai Mercedes newydd, Ford Escort digon di-raen a Land Rover gwyrdd, wedi troi'n ddeuliw gan laid a phridd. Fan las fawr a throm oedd y pedwerydd cerbyd, gyda'r enw Safeguard Security ar ei hochr.

Camodd Gwenan trwy'r dorau agored i mewn i gyntedd uchel y tŷ. Oddi fewn, deuai golau glân yn pelydru drwy'r ffenestri tal o boptu'r ddôr ac o'r lantern wydrog ar ben y to. Yn y cyntedd safai grŵp o bump o bobl. Roedd lifrau duon a gwedd surbwch dau ohonyn nhw'n awgrymu mai cynrychiolwyr Safeguard Security oedden nhw, tra bod siaced frethyn, trowsus *cavalry twill* a bochau cochion un arall yn awgrymu mai stiward neu asiant ystâd Angel Court oedd o. Wrth ei ochr safai gŵr ifanc barfog mewn siwmper a throwsus melfaréd. Ond tynnwyd llygaid Gwenan gan ferch mewn siwt drowsus o steil a thoriad drud, gyda chrafat o sidan o gwmpas ei gwddw. Hi a gamodd ymlaen i gyfarch Gwenan.

"Dr. Briggs? Croeso i Angel Court. Marwin Reynolds ydw i – fi sy'n cynrychioli ysgutorion yr ystâd."

Cafwyd ysgwyd llaw a chyflwyno cyffredinol – yn Saesneg, gan mai di-Gymraeg oedd y lleill. Stuart Jepson oedd stiward yr ystâd, roedd Jeff Harris yn archifydd i Wasanaeth Archifau Cyngor Gwent ac roedd y ddau ddyn seciwriti wedi bod yn cadw gwyliadwriaeth yn Angel Court ers i'r ysgutorion gymryd cyfrifoldeb dros yr ystâd bump wythnos yn ôl. Yn annisgwyl, rhoes un ohonyn nhw wên radlon a dweud, yn acen y cymoedd:

"We can guarantee you, Dr. Briggs, they haven't got any ghosts here, or else they're keeping a very low profile."

Bu'r sgweiar olaf farw y mis Hydref blaenorol, a Marwin Reynolds, ar ran yr ysgutorion, a fu'n archwilio a chofnodi popeth o'r eiddo, ar gyfer profi'r ewyllys. Heddiw, roedd gorchwyl neilltuol i'w chyflawni. Cawsai y rhan fwyaf o'r trysorau bellach eu cludo i gist banc neu i storfa drwyddedig yng Nghaerdydd, yn ddarluniau, cerfluniau, llestri a serameg addurniadol, arianwaith a dodrefn. Bu arbenigwyr ar hen lyfrau yn clustnodi llyfrau prin o'r llyfrgell helaeth a didoli'r llyfrau cyffredin yn setiau neu *job-lots* ar gyfer eu gwerthu.

Roedd un dasg arbennig ar ôl. Ymysg ceinion y llyfrgell roedd pymtheg o hen lawysgrifau wedi eu rhwymo yn bedair cyfrol drwchus. Cafodd Llyfrgell Genedlaethol Cymru gais i anfon arbenigwr i farnu pwysigrwydd y rhain. Dyna oedd swyddogaeth Gwenan Briggs heddiw.

Wrth dywys Gwenan i fyny'r grisiau i'r llyfrgell, esboniodd Marwin Reynolds fod yr hen sgweiar, Syr William Price-Newton, heb unrhyw deulu agos. Roedd chwech o deulu pell a fyddai'n etifeddu'r eiddo rhyngddyn nhw. Yr ysgutorion oedd cwmni cyfreithwyr Jenkins, Lovett, Phillips a Reynolds, o Gaerdydd. Marwin, yr ieuengaf o'r partneriaid, fu'n cofnodi'r eiddo yn y tŷ a sicrhau diogelwch popeth o werth. Roedd partner arall, David Phillips, wedi bod ar waith gyda syrfëwr a phrisiwr yn gwneud arolwg o'r tir a'r adeiladau, yn cynnwys fferm y plas a dwy fferm arall – unig waddol ystâd o ddeng mil o aceri cyn y Rhyfel Mawr. Yr ysgutorion oedd yn gorfod delio â gofynion y Dreth Trosglwyddo Cyfalaf - yr hen 'Dreth Angau', fel y gelwid hi. Byddai'r etifeddion, wedyn, yn penderfynu beth i'w wneud â'r holl eiddo. Gyda chwe theulu gwahanol yn etifeddu, yn anorfod byddai bron bopeth yn cael ei werthu.

Ar landin hir y llawr cyntaf, dywedodd Stuart Jepson fod

Syr William wedi mynd i fethu ymdrin â llawer o faterion busnes yn ei flynyddoedd olaf. Heb awdurdod na chyllid penodol, nid oedd yntau wedi gallu cyflogi pobl i drin y gerddi, dim ond contractwr i dorri'r glaswellt, a dim ond trwsio'r to a chadw'r ddrycin allan y gallai ei wneud i ddiogelu'r tŷ. Roedd tamprwydd pur wael wedi treiddio i'r hen esgyll yng nghefn y plas – tamp yn codi o'r ddaear – ond roedd yr asgell ddeheuol, sef y prif blasty o 1620, mewn cyflwr pur dda.

Agorodd Marwin Reynolds ddrws y llyfrgell ac er bod oerni miniog yno, ni allai Gwenan sawru unrhyw damprwydd – gelyn angheuol hen llyfrau a llawysgrifau. Edrychodd ar y silffoedd llyfrau. Doedd dim golwg o lwydni ar yr ychydig gyfrolau a oedd ar ôl. Roedd y llyfrau prin eisoes yng Nghaerdydd a'r setiau gwerthadwy mewn cistiau yn barod i'w symud.

Yng nghanol y llawr roedd bwrdd hir o dderw ac arno fe safai cist fawr â chlo clap arni. Estynnodd Stuart Jepson yr allwedd i Marwin ac agorodd hithau'r clo. Oddi mewn i'r gist dim ond aroglau hen goedyn a lledr oedd yn codi, er calondid i Gwenan. Roedd cladin o ffelt wedi ei hoelio i du fewn y gist ers blynyddoedd lawer. Estynnodd Stuart y cyfrolau swmpus fesul un a'u gosod ar y bwrdd.

Amneidiodd Marwin ar Gwenan i archwilio'r cyfrolau. Gwisgodd hithau'r pâr o fenig gwlanen main a ddaethai gyda hi ac agorodd y gyntaf o'r pedair cyfrol. Llawysgrif o'r ail ganrif ar bymtheg oedd y gyntaf, copi diweddar o Frut y Brenhinedd, sef fersiwn Cymraeg o waith mawr Sieffre o Fynwy – y gwaith a sefydlodd boblogrwydd rhyngwladol chwedlau'r Brenin Arthur. Gwyddai Gwenan fod tua 60 llawysgrif o'r gwaith hwn mewn bodolaeth, ond ceid amrywiadau diddorol rhyngddyn nhw weithiau. Felly, gallai hon fod yn werth ei hastudio. Yn yr un rhwymiad roedd llysieulyfr meddygol o'r ddeunawfed ganrif – efallai'n waith gwreiddiol. Nid oedd yn ymdebygu llawer i weithiau enwog eraill o'r fath, megis llyfr William Salesbury.

Gyda phwyll proffesiynol, craffodd Gwenan ar bob un o'r llawysgrifau yn y tair cyfrol gyntaf – tair ar ddeg llawysgrif unigol. Ym mhob achos, rhoes frasamcan o'i dyddiad a phwnc y cynnwys. Roedd Jeff Harris wedi gwirioni pan ddeallodd mai llawysgrif Saesneg o hynafiaethau a thraddodiadau Sir Fynwy oedd un ohonynt: gwaith â dyddiad penodol arno – 1723. Gwaith gwreiddiol oedd hwn, wedi ei lunio ar gyfer Syr Richard Price-Newton, i gofnodi cyfres o deithiau a wnaethai yng nghwmni ei fab ugain oed – a fu'n sgweiar ei hunan am dros hanner canrif – ynghyd â thiwtor y mab. Dichon mai'r tiwtor oedd awdur y gwaith.

"Will Gwent be bidding for this, Mr. Harris?" gofynnodd Marwin Reynolds.

"We'd love to; but we haven't got much of a budget for purchase, I'm afraid. What about Aberystwyth, Dr. Briggs?"

"We'll certainly be interested if it doesn't run too high at auction."

Wrth bori drwyddi, barnai Gwernan na fyddai'n atyniad mawr i'r prynwyr tramor parod eu sieciau. Roedd yn rhy ddiweddar a doedd dim darluniau ynddi, fel a geid weithiau mewn llawysgrifau taith, dim ond llawysgrifen fân a destlus yr awdur dysgedig.

Troes at y gyfrol olaf, y fwyaf trwchus o lawer. Eitem go ryfedd oedd y gwaith cyntaf: copi ysgrifenedig o gerdd Saesneg hir am Gymru a gawsai ei chyhoeddi mewn print yn oes Elisabeth I – "The Worthines of Wales" gan Thomas Churchyard. Argraffwyd hi gyntaf yn 1576, ond aeth rhywun i drafferth i wneud copi ohoni, mewn llawysgrifen gain, rhywdro yn y ddeunawfed ganrif.

Wrth i Gwenan droi at y llawysgrif olaf, a lenwai'r rhan fwyaf o'r gyfrol, roedd Jeff Harris yn sbecian dros ei hysgwydd.

"That's much older. That's Tudor script, isn't it, Dr. Briggs?"

Ni chafodd ateb ar unwaith gan Gwenan. Roedd hi'n sefyll yn syfrdan, gan syllu'n fud ar yr ysgrifen eglur a destlus o'i blaen. Oedd, roedd Jeff Harris yn iawn: llawysgrif o oes y Tuduriaid oedd hon. Ond roedd rhyfeddod llawer mwy yn perthyn iddi.

Roedd Gwenan yn adnabod y llawysgrifen – fe wyddai pwy oedd yr awdur. Roedd fel derbyn llythyr gan hen ffrind wedi bwlch o flynyddoedd. Troes sawl tudalen, a gweld enwau lleoedd a phobl yng Nghymru yn britho'r gwaith. Adnabu arddull ac idiom Cymraeg cyfarwydd yr awdur – brodor o'r un sir â hithau, Sir y Fflint.

Erbyn hyn roedd pawb arall yn edrych yn bur syn arni.

"Dr. Briggs?" meddai Marwin Reynolds, "Is this an important manuscript?"

Troes Gwenan i wynebu'r pump arall. Cymerodd anadl siarp ac meddai'n bendant:

"Yes, it certainly is. It's probably the most important manuscript to come to light in Wales in nearly a century."

"It is Tudor, isn't it?" holodd Jeff Harris, "and it's in Welsh?"

"Yes, you're right on both counts. I can date it between about 1520 and 1550. And what's more, I know who wrote it."

Edrychodd Marwin Reynolds a Jeff Harris ar ei gilydd mewn syndod.

Esboniodd Gwenan bwysigrwydd y darganfyddiad rhyfeddol. Elis Gruffydd o'r Gronant yn Sir y Fflint oedd yr awdur. Bu'n filwr ym myddin Harri VIII ac yn swyddog i un o aelodau llys y brenin. Treuliodd y rhan fwyaf o'i yrfa yn aelod o'r garsiwn filwrol ym mhorthladd Calais, a oedd ym meddiant Lloegr ar y pryd. Yno yr ysgrifennodd ddau lyfr adnabyddus – *Castell yr Iechyd* – llyfr am feddygaeth – a'i brif waith, cronicl hanesyddol maith o Chwech Oes y Byd, a orffennai gyda hanes Prydain a Ffrainc hyd at y Goncwest Normanaidd. Ar gynffon hwnnw, rhoes gofnod manwl o hanes Cymru a Lloegr o gyfnod y Norman hyd at 1552. Ni chyhoeddwyd ei waith yn ystod ei oes ac roedd y Cronicl bellach ar gadw yn y Llyfrgell Genedlaethol, yn dal heb ei argraffu.

Gan mai yn Calais y bu Elis Gruffydd yn byw o leiaf tan 1552, roedd arbenigwyr yn eithaf sicr mai yno yr ysgrifennodd y Cronicl. Y gwahaniaeth mawr ynglŷn â'r llawysgrif newydd hon (o'r cipolwg byr a roesai Gwenan arni) oedd ei bod yn disgrifio llu o leoedd yng Nghymru ac yn enwi pobl neilltuol. Tybed – a dyfalu pur oedd hyn – a gawsai Elis Gruffydd gyfle i fynd ar daith trwy Gymru ar ryw adeg ac iddo sgwennu cofnod manwl o'i siwrnai? Os felly, byddai'r llawysgrif swmpus hon, tua 500 tudalen, yn ffynhonnell bwysig dros ben. Yr unig lyfr arall o oes y Tuduriaid y gellid ei alw'n llyfr taith, sef cofnod lle gallai'r awdur ddweud, 'roeddwn i yno' ac a roddai dipyn o sylw i Gymru, oedd gwaith Saesneg John Leland. Roedd hwnnw'n perthyn i'r un cyfnod ag Elis Gruffydd ac wedi cwmpasu Cymru a Lloegr, ond ni chawsai ei waith ei gyhoeddi tan y ddeunawfed ganrif.

Dichon mai'r gwaith mwyaf tebyg i'r llawysgrif hon oedd clasur Lladin Gerallt Gymro, o'r ddeuddegfed ganrif, *Itinerarium Kambriae*, disgrifiad manwl o daith o gwmpas

Cymru a wnaethai Gerallt gyda'r Archesgob Baldwin o Gaergaint yn 1188, i recriwtio milwyr i ymuno ag un o'r Croesgadau. Am ennyd fer, dyfalai Gwenan a allai hwn fod yn gyfieithiad neu addasiad o waith Gerallt. Craffodd yn fanwl ar hanner dwsin o dudalennau, yma ac acw drwy'r gwaith. Na, roedd y bobl a enwid, yr uchelwyr a'r brenhinoedd, yr ystadau a'r trefi marchnad, y cyfan yn daearu'r gwaith yn gadarn yn oes y Tuduriaid. Ni allai Gerallt, a gwynai nad oedd y Cymry yn byw mewn trefi, fyth fod wedi sgwennu'r hyn a oedd yn y llawysgrif hon.

Gadawodd Gwenan y gyfrol yn agored tra bu'r lleill yn craffu arni. Esboniodd ymhellach na wyddai neb am fodolaeth y gwaith hwn gan Elis Gruffydd, felly roedd ei bwysigrwydd tu hwnt i fesur. Gofynnodd Marwin a fyddai'r Llyfrgell Genedlaethol yn awyddus i brynu'r llawysgrif. Atebodd Gwenan nad ei phenderfyniad hi fyddai hynny, ond fe fyddai'n argymell yn gryf iawn y dylai'r Llyfrgell ei phrynu.

"I'm sure you realise," meddai Marwin, "that there will be other interested parties, and that it will almost certainly go to auction in the end."

"Then the Library may try to launch a national appeal to buy the manuscript. The new owners won't be in a rush to sell, I hope?"

Ysgydwodd Marwin ei phen. Ennill y prisiau uchaf posibl am drysorau'r plas fyddai nod yr etifeddion. Byddai cyfnod o gyhoeddusrwydd helaeth, dros fisoedd yn hytrach nag wythnosau, yn ennyn diddordeb eang o blith llyfrgelloedd ac unigolion cefnog.

"We'll let the wine breathe for a good while before serving it," fe ychwanegodd gyda gwên.

* * *

Dim anadlu'n dawel wnaeth Gwenan Briggs wrth iddi yrru'n ôl i Aberystwyth. Roedd ei phen yn corddi â chyffro'r darganfyddiad.

Roedd Elis Gruffydd fel hen ffrind iddi. Wedi ennill gradd dosbarth cyntaf yn y Gymraeg yng Nghaerdydd, bu Gwenan yn Rhydychen am ddwy flynedd yn gwneud ymchwil am radd MPhil ar lenorion Cymraeg seciwlar oes y Tuduriaid. Roedd swm helaeth o waith wedi ei wneud ar lenyddiaeth grefyddol y cyfnod gan ysgolheigion o fri. Treuliodd ddau haf cyfan yn Aberystwyth yn astudio Cronicl Elis Gruffydd – horwth o 2,400 o dudalennau, mewn pedair cyfrol swmpus. Dwy gyfrol ydoedd yn wreiddiol, wedi eu sgwennu ar bapur yn hytrach na memrwn, ond ar bapur trwm, safonol. Er ei fod wedi melynu, roedd yn gwbl ddarllenadwy, ac roedd llawysgrifen Elis yn gelfydd a glân.

Yn nechrau'r 1550au, yn tynnu at ddiwedd ei oes, roedd Elis wedi anfon y cyfrolau fesul un o Calais at berthynas iddo, Thomas Griffith, yn hen gartref y teulu, Pantyllongdy yn y Gronant, i'w cadw'n ddiogel. Yn ddiweddarach aeth y ddwy gyfrol i feddiant teulu uchelwrol Mostyn (a oedd hefyd yn berthnasau teuluol) ac ym Mhlas Mostyn y bu un gyfrol hyd nes iddi gael ei phrynu gan gymwynaswr a'i chyflwyno i'r Llyfrgell Genedlaethol yn 1918. Buasai'r ail gyfrol ar grwydr am sawl cenhedlaeth, ond prynwyd hi i'r Llyfrgell yn 1922, oddi wrth deulu Thomas Powell, Athro Celteg yng Ngholeg y Brifysgol, Caerdydd. Bellach, wedi ei ailrwymo yn bedair cyfrol, roedd cartref sefydlog y Cronicl yn y Llyfrgell Genedlaethol.

Dim ond un o weithiau Elis Gruffydd a gawsai ei gyhoeddi erioed, sef *Castell yr Iechyd*, ei gyfieithiad o *The Castle of Helthe* gan Syr Thomas Elyot. Roedd Gwasg Prifysgol Cymru wedi cyhoeddi *Castell yr Iechyd* yn 1969, wedi ei olygu gan Minwell Tibbott. Ar wahân i hwnnw, mân ddarnau – yn bennaf o'r Cronicl – a gawsai eu cyhoeddi mewn cylchgronau ac ambell i lyfr. Byddai haneswyr milwrol weithiai'n dyfynnu adroddiadau llygad-dyst Elis (wedi eu cyfieithu i'r Saesneg) o frwydrau Harri VIII yng Ngogledd Ffrainc, a'i ddisgrifiad o uwch-gynhadledd ysblennydd Maes y Lliain Aur, rhwng Harri VIII a François I, brenin Ffrainc, yn 1520.

Gwibiai meddwl Gwenan yn gynt nag y gwibiai'r ffordd o'i blaen. Wedi pasio Crughywel, dilynodd yr A479 heibio i Lys Tre-tŵr ac aeth drwy Gwmdu heb feddwl unwaith am yr hanesydd enwog a fu'n ficer yno – y Parch. Thomas Price, gyda'i enw barddol unigryw – Carnhuanawc. Roedd hwnnw'n un a fyddai wedi gwirioni ar y darganfyddiad yn Angel Court. Aeth milltiroedd trofaus yr A470 heibio hyd at groesffordd Llangurig heb iddi rwgnach am na lori goed na thancer llaeth o'i blaen.

Sut gallwn ni sicrhau llawysgrif Elis Gruffydd i'r Llyfrgell Genedlaethol – nage, i'r genedl? Dyna oedd bwrdwn ei phendroni: dyna sut y gwelai'r dasg o'i blaen. Byddai'n rhaid ennill y blaen ar y Llyfrgell Brydeinig, Llyfrgell Bodley yn Rhydychen a Llyfrgell Huntington yn San Marino, Califfornia, heb sôn am y casglwyr preifat cyfoethog a fyddai'n glafoerio wrth glywed am lawysgrif wreiddiol o'r cyfnod Tuduraidd, hyd yn oed os na allent ddeall yr un gair ohoni. Ofn mwyaf Gwenan oedd i'r llawysgrif ddiflannu i grombil rhyw ffasgell ddur o dan ddaear, gyda chloeon electronig arni, fel na welai neb ond y prynwr obsesiynol mohoni byth wedyn.

Doedd Gwenan ddim yn danbaid iawn ei chenedlaetholdeb, ond roedd y darganfyddiad yn Angel Court wedi procio 'arial y Celt yn ei gwaed", chwedl un o ganeuon Dafydd Iwan. Hwn, efallai, fyddai 'achos mawr' ei gyrfa. Pwy a ŵyr beth allai ddeillio o'r orig ryfeddol honno, heddiw, ar ororau Cymru?

PENNOD 3

31 Awst – 1 Medi 1986

Sugnodd y ffordd ddeuol y car Austin Allegro bach yn ddidrugaredd i lawr y dyffryn, a'r bryniau'n ildio fwyfwy i wastadedd gyda phob milltir. Teimlai'r gyrrwr unig, ar brynhawn Sul, y ffyrdd cyswllt a'r cyffyrdd yn tynhau o'i gwmpas wrth iddo nesáu at y ddinas. Er mai cymharol brin oedd y drafnidiaeth, roedd fel petai rhyw rym diwrthdro yn tynnu Rhys Gruffydd i ganol trobwll o newid a dieithrwch. Wrth i'w siwrnai hir ddirwyn i ben, gwelai lawr y dyffryn yn ymledu'n banorama o doau teils a maestrefi deiliog, gyda ribidirês o groesffyrdd a chylchfannau yn ei ddarnio. Mewn un man roedd delltwaith o rubanau tarmac yn torsythu ar goesau concrit, uwchlaw cywasgfa o siopau bychain a thai.

Diolch i'r nefoedd mai dydd Sul ydi hi, meddai Rhys wrtho'i hun ac amlinell ddanheddog canol y ddinas yn brigo'r gorwel isel. Gwibiai ychydig o geir heibio yn ddi-hid, a phrin ddyrnaid oedd yn mynd i mewn i'r ddinas. Allan o Gaerdydd roedd hyfrydwch prynhawn olaf Awst yn tynnu deiliaid y ddinas heddiw.

Ceisiodd Rhys gofio'r cyfarwyddiadau roedd wedi eu rhestru ddoe, wrth graffu ar fap o strydoedd Gaerdydd. Wedi croesi cyfnewidfa Gabalfa, byddai'n rhaid iddo ddilyn y ffordd ddeuol am ryw hanner milltir arall ac wedyn cadw i'r chwith i ganlyn Colum Road. Gwnaeth hynny'n llwyddiannus, a chyn bo hir roedd yn pasio rhes o dai Fictoraidd y stryd honno, a'r rheiny'n gymysgedd o westai preifat a fflatiau myfyrwyr.

Wedi cyrraedd Park Place, gwelai adeiladau Coleg y Brifysgol, Caerdydd, yn glytwaith o frics coch, concrit a gwydr. Ar y dde iddo codai urddas clasurol, claerwyn Amgueddfa Genedlaethol Cymru a hunanhyder balch Neuadd y Ddinas tu draw iddi. Yn sydyn, roedd y car yn ymarllwys i'r wythïen wibiog a arweiniai trwy ganol y ddinas. Bu'n rhaid iddo aros wrth y goleuadau traffig, lle roedd Dumfries Place yn cwrdd â cherrynt pwerus Heol Casnewydd.

Ble ddiawl oedd y troad nesaf? Edrychodd Rhys yn frysiog o'i gwmpas; ond yna clywodd gorn car yn canu'n swnllyd a diamynedd y tu ôl iddo. Dechreuodd ffwdanu: beth oedd o'i le? Bwriodd drem yn y drych, a gwelodd y gyrrwr blin yn pwyntio at y goleuadau. Edrychodd Rhys o'i flaen drachefn a sylwodd ar saeth olau gwyrdd yn cyfeirio i'r chwith ac roedd yntau yn y lôn honno. Cododd ei law mewn hanner diolch a hanner ymddiheuriad i'r cingron y tu ôl iddo, a llamodd yr Allegro ymlaen yn drwsgl. Cymerodd ddeng munud arall cyn iddo gyrraedd pen ei siwrnai.

Petai cerddwr wrth law pan gyrhaeddodd Rhys y gwesty, byddai wedi clywed ochenaid o ryddhad, fel petai'n dod oddi wrth y car ei hunan. Ym maes parcio'r gwesty, rhoes yr injan i gysgu a bustachodd allan o'i sedd – ei gorff wedi cyffio ar ôl y daith hir.

"Be' ddiawl ydw i'n 'neud yn fan'ma?" meddai wrtho'i hun yn flin. Pedair awr. Roedd yn teimlo fel deuddeg.

Ar ei wedd allanol, adeilad Edwardaidd o dywodfaen cynnes oedd y gwesty, y Palace Hotel. Gallai fod yn ysbyty, yn adeilad coleg neu swyddfeydd cyhoeddus. Ceid rhes uwchben rhes o ffenestri mawr gyda bwâu neo-gothig ac aeliau o ddeiliach wedi eu cerfio uwchlaw pob un. Yna, mewn arddull hollol groes, ceid portico o golofnau clasurol o boptu'r dorau llydan – bellach wedi ildio'u lle i ddrysau tro o wydr mygliw.

Pan gyrhaeddodd Rhys, doedd fawr ddim i'w weld o lawr isaf y gwesty. Safai lefiathan sgleiniog o fws taith o flaen y fynedfa, ei gist cefn a'i ystlysau ar agor a'i geubal newydd chwydu mynydd o gesys a bagiau beichiog dros y palmant. Brasgamai porthorion ifanc i gario'r cesys i mewn i'r gwesty, dan lygaid barcud eu perchnogion. Y tu draw i'r dorau gwydr ymestynnai cyntedd eang ac roedd derbynfa hir, lle gwelid deiliaid y bws yn heidio i gofrestru ac i gael allweddi eu stafelloedd. Safodd Rhys o'r neilltu i aros i'r ciw leihau.

Americanwyr oedden nhw, yn ôl yr acenion ac yn bobl mewn oed – yn eu saithdegau neu hŷn, mae'n debyg – yn gyplau ac yn unigolion. A thebyg mai gwŷr neu wragedd gweddwon oedd amryw o'r unigolion. Roedd dwylo caled, creithiog rhai o'r dynion yn tystio i ddegawdau o waith mewn diwydiannau trymion. Gallai Rhys ddychmygu fod yma ddocwyr o Efrog Newydd a Jersey City, gweithwyr dur a glowyr o West Virginia neu Pennsylvania, yn ogystal ag adeiladwyr, ffermwyr a gweithwyr ffatri – yn ddynion a merched. Edrychai eraill fel pobl broffesiynol, yn gyn-athrawon, twrneiod a phobl busnes – amryw ohonynt hefyd ag osgo warsyth cyn-filwyr neu blismyn. Roedd pawb ohonyn nhw yn benderfynol o fanteisio i'r eithaf ar y daith hon – ffrwyth haeddiannol oes o lafur.

Sylwodd un o'r teithwyr ar Rhys a chynigiodd le iddo yn y ciw. Ysgydwodd Rhys ei ben ac meddai:

"I'm OK, thanks, no hurry. I'm sure you've travelled much further than I have."

"Pittsburgh, Pennsylvania," meddai'r hen ŵr, gyda gwên.

"We've been to London and Stratford–on–Avon, but it's good to come to Wales. My ancestors came from here – from a place called Merthyr. Do you know it?"

"Indeed I do. I drove through Merthyr today; it's just a few miles north of here. Famous for its iron–making. Were your ancestors iron–makers?"

"They surely were. And I worked for U.S. Steel for most of my life. It's got to be in the blood."

Gan mor araf oedd ciw y dderbynfa, cafodd Rhys sgwrs bellach â Ted Francis o Pittsburgh. Buasai yng Nghymru o'r blaen, ddeugain mlynedd yn ôl, yn ystod yr Ail Ryfel Byd. Yn 1943-44 bu Ted, ynghyd â thua miliwn o Americanwyr eraill, ym Mhrydain yn paratoi ar gyfer glaniad mawr Normandie. Roedd Ted yn sarsiant yn y 28th Infantry Division, gyda'i phencadlys ym Mhenfro, ond roedd gwersyll Ted ym Margam. Bu'r Adran yn ymarfer glanio o'r môr, ar draws Môr Hafren ar draethau Gogledd Dyfnaint. Yn ystod ei arhosiad achubodd ar y cyfle i ymweld â Merthyr, ond ni wyddai ble yn union roedd yr hen gartref, nac am unrhyw ganghennau o'r teulu oedd yn dal i fyw yno. Wedi sgwennu at ei rieni yn Philadelphia, cafodd wybod gan ei dad mai yn Rhydycar roedd yr hen gartref, ond ni wyddai yntau'r union gyfeiriad.

Glaniodd Adran 28 yn Ffrainc ym mis Gorffennaf 1944, rai wythnosau ar ôl D-Day, gan gydweithio â'r Ffrancwyr i ryddhau Paris, ac ymladd wedyn yr holl ffordd i'r Almaen erbyn gwanwyn 1945. Ni fuasai Ted yn ôl yng Nghymru wedi hynny – hyd y dydd heddiw.

Dywedodd wrth Rhys ei fod wedi trefnu bore rhydd i ymweld eto â Merthyr. Erbyn hyn, trwy gyswllt â gwasanaeth hel achau'r Mormoniaid, roedd wedi llwyddo i olrhain ei hynafiaid yn Rhydycar. Gofynnodd Rhys iddo a oedd yr Amgueddfa Werin yn Sain Ffagan yn rhan o'u cylchdaith. Oedd, meddai Ted, a gallai Rhys ddweud wrtho bod rhes o chwech o fythynnod o Rydycar wedi cael eu symud o Ferthyr a'u hailadeiladu yn Sain Ffagan – tai yn dyddio o tua 1795. Roeddynt wrthi'n cael eu hailddodrefnu yn null gwahanol ddegawdau ar gyfer ymwelwyr yr Amgueddfa.

Aeth Ted ymlaen at y dderbynfa gyda gwên a winc fawr:

"So maybe I'll see the old homestead after all!"

Gwên deg a chroeso yn Saesneg a gafodd Rhys pan gyrhaeddodd ddesg y dderbynfa ymhen y rhawg. Prin oedd wedi gafael yn ei allwedd nad oedd porthor wedi cydio yn ei ddau gês a'i arwain at y lifft llydan, â'i lawr a'i waliau metel wedi eu tolcio gan gannoedd o gesys a bagiau anhydrin. Siŵr bod ei ddau gês yntau yn llawer ysgafnach nag ambell i horwth a ddaethai o grombil y bws gwyliau. Daliodd Rhys afael yn ei gasyn swyddfa. Ysgafn iawn oedd hwnnw, gyda dim ond ychydig o ddogfennau a gawsai drwy'r post yn dilyn ei gyfweliad llwyddiannus am y swydd newydd. Roedd Rhys wedi darllen y sypyn papurau droeon, ond roedd am eu hailddarllen heno, cyn y diwrnod mawr yfory.

Ar y trydydd llawr roedd ystafell Rhys, ar ben draw cyfres o goridorau hir a thawel: y rheiny'n gwbwl unffurf ac eithrio'r printiau Fictoraidd o olygfeydd o Dde Cymru, mewn fframiau tywyll ar hyd y waliau lliw hufen.

Agorodd Rhys ddrws yr ystafell ac amneidio i'r porthor fynd i mewn o'i flaen.

"I hope I can find my way down again," meddai'n ysgafn.

Gwenodd y porthor.

"We'll send a search party if you don't appear for breakfast, sir."

Edrychodd Rhys ar ei annedd dros dro. Cawsai'r ystafell ei moderneiddio i fod yn *en-suite*, gyda'r ystafell faddon a'r toiled wrth ymyl y drws, a hynny'n troi'r fynedfa yn wddf cul. Meddiannai'r ystafell un o gorneli'r adeilad, gyda ffenestri ar ddwy ochr. Trwy'r ffenestri Fictoraidd tal, tryledai heulwen fwyn prynhawn o haf, gan drochi'r gwely a'r dodrefn â gwawr felen, gynnes. Er syndod i Rhys, doedd yr adnewyddu ddim wedi cynnwys gwydr dwbl, a thrwy'r ffenestri clywai ambell lais o'r stryd islaw.

Bellach, â'r drws wedi cau, roedd Rhys ar ei ben ei hun ac yn wynebu dyfodol pur wahanol i ddeunaw mlynedd cyntaf ei yrfa broffesiynol.

Wedi dadbacio'r cesys, aeth Rhys allan am dro o gwmpas canol y ddinas. Fflachiai pelydrau'r heulwen ar ffenestri mawr y siopau ar Heol y Frenhines. Roedd y cyfan ar gau ac eithrio ambell i gaffi a siop papur newydd. Rhyfedd o wag a thawel oedd y stryd hon, wedi ei chau rhag moduron ac yn libart eang i gerddwyr, a dim ond dyrnaid o'r rheiny a welsai.

Treuliodd orig mewn caffi bwyd cyflym, a bachodd fwrdd bychan alwminiwm ger y ffenest i fwyta'i 'giantburger'. Trwy'r ffenest, gwelai fod y rhan fwyaf o adeiladau'r stryd yn perthyn i'r cyfnod oddeutu 1900, ond roedd y lloriau gwaelod wedi eu trawsnewid yn llwyr, yn loyw gan wydr a dur sgleiniog.

Tra oedd yn eistedd yno, clywai sŵn parti plant yn cario o encil wedi ei neilltuo yng nghefn y bwyty, a cheid clecian balŵns a *party poppers* o bryd i'w gilydd. Ar amrantiad, roedd ei feddyliau yn ôl adref, yn sŵn ei blant ei hun yn chwarae yn yr ardd a gwichian y siglen a godasai yntau ar eu cyfer yn pyncio'r chwerthin a'r gweiddi.

Dal i bendroni roedd Rhys pan gyrhaeddodd y gwesty'n ôl. Gwely a brecwast oedd telerau arhosiad Rhys ynddo: dyna pam yr aethai am bryd rhad o fyrgar a sglodion. Ymhen chwech wythnos byddai'r trefniant a wnaed gan ei gyflogwyr newydd yn dod i ben. Byddai'n rhaid iddo ddod o hyd i lety sefydlog yn y ddinas, ar ei gost ei hun, a gadael y moethusrwydd anghyfarwydd. Roedd am geisio byw'n weddol ddarbodus tan hynny.

Drannoeth, ar y bore pwysig hwnnw yn ei hanes, teimlai Rhys ddieithrwch ac ansicrwydd anghyfarwydd yn corddi o'i fewn. Cerddai'n bwyllog tua'r swyddfa yn Nhŵr Dewi – bloc o swyddfeydd yn eiddo i Demetian Holdings.

Roedd yn fuan, yn fuan iawn, efallai'n wirion o fuan. Roedd wedi arfer cyrraedd ei ysgol ymhell cyn naw o'r gloch i gael popeth yn barod ar gyfer dosbarthiadau'r bore, ond byddai patrwm ei ddiwrnod gwaith o heddiw ymlaen yn hollol wahanol i'w brofiad blaenorol. Cawsai frecwast cynnar yn y gwesty ac roedd yn mynd allan drwy'r drws cyn wyth o'r gloch, wrth i Fehemoth arall o fws gwyliau hisian ei frècs gerllaw.

O leiaf roedd cynefindra'r siwt lwyd a dolen y casyn swyddfa yn ei law yn rhyw fath o angor iddo yng nghanol y newydd-deb. Cerddodd ar hyd palmentydd llydan Heol y Frenhines, a dim ond ychydig o'r siopau yn cilagor eu drysau gwydr, a lori lanhau drwsgl yn rhygnu ar hyd iddi. O'i gwmpas, brasgamai ribidirês o bobl drwsiadus yr olwg i'w gwaith. Pobl fel yntau – un o filoedd o breswylwyr Caerdydd yn prysuro at ryw gwch gwenyn neu'i gilydd yng nghnewyllyn llewyrchus y brifddinas. Pobl fel yntau. Oedd, roedd hyn yn newid byd go fawr i Rhys. Dilynodd y llanw dynol ar y groesfan brysur ger gorsaf rheilffordd Heol y Frenhines, a gwelai Dŵr Dewi, yn fur o wydr, concrid a dur, yn torsythu'n dalog o'i flaen.

Yn y cyntedd – annisgwyl o gul – bu'n rhaid i Rhys arwyddo stribyn o bapur yn dweud pwy oedd o a pha gwmni roedd yn 'ymweld' ag o. Ymweld? Esboniodd y porthor os mai staff newydd ydoedd, y byddai'r cwmni yn trefnu cerdyn adnabod iddo, a byddai'n rhaid iddo ddangos hwnnw bob tro y byddai'n dod i mewn i'r adeilad. Tra safai yno, gwelodd lu o ddwylo chwim yn rhoi fflachiadau sydyn o gardiau pinc; rhai yn eu chwifio fel baneri, ond y rhan fwyaf ond yn gwneud ystum tila o'u dangos. Cyfres o lifftiau oedd yn llenwi'r rhan fwyaf o'r cyntedd, tua dwsin yn wynebu'r coridor cul. Cerddodd Rhys i mewn i'r cyntaf a agorodd ei safn ac roedd hwnnw'n llawn mewn amrantiad, gan wthio Rhys i gornel. Estynnodd fforest o fysedd i bwyso botymau'r lifft, a galwodd rhywun oedd wedi ei wasgu yn y cefn:

"Eighth floor, please!"

Pwysodd rhywun ger y drws y botwm priodol, a galwodd Rhys am y degfed llawr. Cododd y lifft ar wib, er yn dawel ac esmwyth, a gwagio'n sydyn iawn o lawr i lawr. Mae pawb yn cychwyn yn fuan yn y fan hyn, meddai wrtho'i hun. Wedi cyrraedd y degfed llawr, Rhys a phedwar arall, cwbl ddieithr, a ddaeth allan i gyntedd tawel a chroesawus, lle'r oedd gwyrddni planhigion a darluniau lliwgar o'u cwmpas.

Trochwyd y gofod â golau trydan cynnes – doedd dim ffenest allanol i'r cyntedd. Printiau o olygfeydd Cymreig oedd yn crogi ar y parwydydd: gwaith arlunwyr enwog fel Richard Wilson, J.M.W. Turner a David Cox, a gweithiau modern gan Evan Walters, Kenneth Rowntree, John Elwyn a Kyffin Williams. Uwchben y cyfan, mewn llythrennau mawr o efydd sgleiniog ac yn wynebu'r lifft, roedd yr enw:

Cwmpas Cymru a Timeline Wales

Aeth Rhys drwy'r drysau gwydr i dderbynfa'r cwmni. Eisteddai merch radlon ei gwedd y tu ôl i ddesg ar ffurf cilgant, gyda sgrin dal yn gwahanu'r dderbynfa oddi wrth y brif swyddfa y tu ôl iddi. Gwenodd arno wrth iddi ateb y ffôn, a chyfarchodd y llais ar y ffôn gyda:

"Bore da, Cwmpas Cymru. Good morning, Timeline Wales."

Saesneg oedd iaith y galwr, a gyrrodd y neges ymlaen gyda'r gyffyrddell gryno o dan ei llaw.

Rhoes "Fore da" arall i Rhys, a phan atebwyd hi yn Gymraeg, gofynnodd:

"Pwy y'ch chi'n moyn ei weld?"

Atebodd yntau ei fod wedi dod yno i weithio, ond na wyddai ble yn y pencadlys roedd o i fod. Dywedodd fod Mr. Stroud wedi gofyn iddo fynd ato pan gyrhaeddai.

Rhoes y dderbynwraig alwad i gynorthwyydd personol y Cyfarwyddwr, Andrea, gwraig osgeiddig oddeutu yr hanner cant oed. Gyda gwên ddireidus, o weld nerfusrwydd Rhys, tywysodd ef at ddrws swyddfa Richard Stroud.

"Ma' fe wedi cael brecwast da heddi, Mr. Gruffydd, felly dyw e ddim yn debyg o fyta neb."

Gwenodd Rhys wrth i Andrea ysgubo i swyddfa'r Cyfarwyddwr, a chododd Richard ar ei union pan welodd aelod diweddaraf ei dîm.

"Croeso mawr i Cwmpas Cymru, Rhys."

Roedd yr ysgwyd llaw yn gynnes a chadarn, a'r wên a'r llygaid yn adrodd croeso cwbl ddiffuant. Amneidiodd ar Rhys i eistedd ac ymlaciodd Richard yn fwriadol anffurfiol yn ei sedd ledr y tu ôl i'r ddesg.

"Mae'r gwesty'n gysurus, gobeithio? Siawns eich bod chi wedi cael noson dda o gwsg ar ôl eich siwrnai ddoe."

"Cysurus iawn, diolch. Dim rhyfedd bod yr enw Palace Hotel ar y lle."

Chwarddodd Richard yn ysgafn.

"Prin y byddwch chi'n ffeindio llety mor foethus â'r Palace pan fydd y chwech wythnos cyntaf ar ben; ond mae digon o'ch cydweithwyr yma fydd yn gallu'ch cynghori chi shwd i ddod o hyd i lety da am bris rhesymol. Dim yn y ddinas mae 'nghartref i, felly, dw i ddim yn arbenigwr yn y maes."

Cyn bo hir roedd Rhys wedi ymgolli ym merw syniadau a chynlluniau Richard Stroud; ac roedd y darlun a dynnai bron yn frawychus o uchelgeisiol. Wrth gwrs, roedd peth o'r hyn a glywodd Rhys yn gyfarwydd eisoes, trwy'r cyfweliad a gawsai a'r cyfarfod lawnsio yn Eisteddfod y Rhyl. Canolbwyntiodd Richard ar y rhaglen o achlysuron a fyddai'n rhan bwysig o waith Rhys.

"Gall achlysuron mawr fod yn gyfrwng i danio'r economi. Maen nhw'n golygu buddsoddiad ariannol mawr – buddsoddiad cyfalaf – i wella'r amgylchedd a'r isadeiledd, i greu adnoddau penodol ar gyfer yr achlysur. Dyna un o nodweddion pwysig Gwyliau'r Gerddi – Stoke eleni a Glyn Ebwy 'mhen dwy flynedd. Adfer tir diffaith, fel y gwnaed ar lefel fawr iawn yn Lerpwl..."

"Do," meddai Rhys, "fe aethon ni fel teulu i weld yr Ŵyl yn Lerpwl. Roedd y gerddi'n wych, ond mae yna ansicrwydd beth fydd yn digwydd i'r safle yn y tymor hir, on'd oes?"

"Oes, ac mae hynny'n tanlinellu un o anghenion allweddol ein prosiectau ni. Mae'n rhaid i ni – ac yn bwysicach fyth, mae'n rhaid i'r cymunedau lle bydd y prosiectau'n digwydd – weld yn glir o'r cychwyn beth maen nhw'n anelu i'w gael ar ben y daith. Camgymeriad mawr fydde gadael hynny i siawns."

"Pa mor bell ymlaen mae'n bosib edrych?"

"Degawdau, os yw pawb yn gallu cytuno ar y nod. Dyma un o amcanion pwysicaf y cynllun – helpu pobl Cymru i siartio'u cwrs economaidd eu hunain. Helpu – nid cyfeirio oddi fry. Gallwn ni ddenu ffynonellau incwm na fydde'r llywodraeth yn Llundain – ac yn sicr ddim y Trysorlys – yn barod i'w rhoi i ni. I Gabinet Mrs. Thatcher, elfen fechan iawn yw Cymru yn strategaeth economaidd Prydain."

"A mae nhw wedi gadael i'r dirwasgiad sugno'r gwaed allan o Gymru tra bo De Lloegr yn ffynnu!"

Gwenodd Stroud.

"D'ych chi ddim yn *Thatcherite*, mae'n amlwg, Rhys. Ond ry'ch chi'n eitha' reit. Allwedd adferiad yr economi yw parodrwydd y sector breifat i fuddsoddi. Mae cyfalaf preifat yn ffoi am ei einioes mewn dirwasgiad, oni bai ei fod e'n gweld cyfle i wneud elw heb ormod o risg. Dyna r'yn ni am ei wneud yng Nghymru: darganfod ac adnabod syniadau a chyfleoedd i sefydlu mentrau newydd – mentrau bychain, lleol, yn aml – a bod yn ffenest siop drostyn nhw i fois yr arian mawr. Dyw cyfalaf ddim yn moyn bod yn segur, Rhys. Mae e wastad yn whilo am rywbeth i fuddsoddi ynddo – rhywbeth proffidiol."

Edrychodd Rhys ychydig yn ddrwgdybus.

"Maddeuwch imi, Mr. Stroud, ond dim dyna ydi gwaith y WDA?"

"Ry'ch chi'n hollol iawn; ond corff cyhoeddus yw'r WDA. Arian trethdalwyr yw'r rhan fwyaf o'i gyllid ac mae cyfyngiadau arferol corff cyhoeddus arno fe. Cwmni preifat yw Cwmpas Cymru; ac mae'n gallu gwneud pethe ac ariannu mentrau yn fwy rhydd nag unrhyw *quango*. Denu buddsoddiadau gan gwmnïau allanol yw prif nod y WDA. Mae Cwmpas Cymru'n berchen ar ei gyfalaf ei hun ac yn gallu bod yn fagned i lawer mwy, trwy'r farchnad arian. A bydd cael pobl fel Syr Edwin Cradock yn gefn inni yn agor dorau yn y farchnad honno.

Gyda llaw, Rhys, Richard odw i. Dim mewn ysgol y'ch chi 'nawr, a dim Prifathro odw i! Enwe cynta yw'r arfer ym myd busnes ers blynydde bellach."

Tro Rhys oedd hi i wenu.

"Roeddwn i yn galw fy mhrifathro dwytha wrth ei enw cynta, ond roedd hynny am ei fod o'n hen gyfaill coleg imi."

"Tipyn o *whizz-kid*, ife?"

"Cyflymach ar ei draed na fi, beth bynnag."

"Ta beth, nid i yrru ar wib r'yn ni wedi'ch penodi chi, Rhys. Rwy am i chi gynllunio pob cam a gweld y ffordd ymla'n yn glir."

Aeth Richard ymlaen i drafod peth o gylch gwaith penodol Rhys, er bod y cyfweliad a'r swydd ddisgrifiad wedi rhoi amlinelliad da iddo. Byddai disgwyl iddo drefnu rhaglen o 'ddigwyddiadau' a gweithgareddau diddorol trwy Gymru gyfan, wedi eu hanelu'n bennaf at ysgolion a cholegau, grwpiau ieuenctid ac at deuluoedd a phlant. Pwysleisiodd Richard y byddai ei brofiad fel athro ysgol ac o fyd y ddrama yng Nghymru yn gaffaeliad mawr i'r tîm. Byddai hefyd yn ymgynghorydd i Gwmpas Cymru ar bopeth sy'n ymwneud â byd addysg ac efallai y gellid ffurfio pwyllgor ymgynghorol o bobl o wahanol sectorau addysg i roi cyngor mwy arbenigol a ffurfiol o dro i dro.

"Ry'n ni'n moyn cael y 'mawrion o wybodaeth' i mewn 'da ni yn y gorlan."

Wedi sôn am y llawysgrif bwysig a ddaethai i'r fei yn Angel Court, dywedodd Richard y byddai Elis Gruffydd a'i gyfnod yn thema gysylltiol i weithgareddau addysg a pherfformio Cwmpas Cymru, am y flwyddyn gyntaf, o leiaf. Rhan bwysig o waith Rhys fyddai cyplysu'r thema â bywyd Cymru heddiw, yn enwedig ar gyfer ieuenctid a theuluoedd. Byddai ganddo'i gyllideb ei hunan, yr hawl i recriwtio perfformwyr ac arbenigwyr ar ffioedd neu gyflogau dros dro. Câi gomisiynu awduron i lunio sgriptiau neu lyfrynnau addysgol. Gallai ddelio ag awdurdodau addysg, perchnogion atyniadau twristaidd a chyrff fel Cadw a'r Ymddiriedolaeth Genedlaethol. Y gobaith mawr oedd gallu lleoli llawer o'r digwyddiadau mewn safleoedd hanesyddol neu atyniadau poblogaidd.

"Mae'r flwyddyn gyntaf yn allweddol, Rhys. Os nad yw Cwmpas Cymru'n llwyddo i daro deg yn y deuddeng mis nesaf, efallai na fydd blwyddyn arall 'da ni. Bydd y buddsoddwyr mawr mae Syr Edwin wedi eu denu yn colli diddordeb. Smo nhw'n whilo am *elw* mewn menter fel hyn, ond mae nhw'n moyn canlyniadau. Mae nhw'n moyn gweld bod eu buddsoddiadau nhw wedi dwyn ffrwyth – wedi llwyddo – gyda'r cyhoeddusrwydd da sy'n canlyn llwyddiant."

Cododd Richard ac amneidio ar Rhys i'w ddilyn.

"Gwell imi ddangos ble mae'ch desg chi, Rhys, rhag ofn i chi fynd ar goll yn y lle 'ma!"

Hebryngodd y Cyfarwyddwr Rhys ar hyd coridor bychan at ei weithle newydd. Swyddfa fawr, agored oedd y rhan fwyaf o'r pencadlys. Ymledai tua hanner acer o garped lliw mwstard o'i flaen, a hwnnw'n llawn o ddesgiau brown, modern. Roedd y gofod eang yn llawn golau o'r ffenestri gwydr mawr a wnâi esgus am furiau. Safai llawer o'r desgiau yn glystyrau gyda'i gilydd, gefn wrth gefn neu'n sgwariau o bedair. Roedd rhai o'r desgiau yn fwy na'r cyffredin, gyda byrddau neu gypyrddau metel yn creu cilfachau gweddol neilltuedig. Ar hyd un ochr i'r gofod, roedd rhes o swyddfeydd bychain ac ystafell gynhadledd fawr, y tu ôl i bared o wydr. Yn rhesi trefnus drwy'r gofod cyfan, safai colofnau o blastr llyfn, yn cuddio'r fframwaith ddur oedd yn cynnal Tŵr Dewi.

Llenwid y lle â wynebau – wynebau ifanc gan amlaf. Gwedd ddwys ddifrif oedd ar rai, wrth siarad ar y ffôn neu graffu ar sgrin cyfrifiadur, rhai'n sgwennu, neu'n cadw llythyrau neu femoranda yn y ffeiliau lliw hufen a welid yn bentwr ar bob desg. Chwarddai ambell grŵp dros gerdyn post neu stori papur newydd. Roedd yna wynebau'n llawn afiaith, wynebau synfyfyriol, wynebau penderfynol, wynebau direidus ac ambell i wyneb trawiadol o dlws. Teimlai Rhys fel petai ar fin cychwyn ar drip mewn bws ac yn astudio'i gyd-deithwyr, i weld sut rai oedden nhw.

"Cymysgfa fawr ..." adleisiodd ymadrodd o gân boblogaidd ym meddwl Rhys wrth i'w lygaid dremio dros y criw mawr, dinesig hwn.

"Fe hoffwn i'ch cyflwyno chi i rywun, Rhys," meddai Richard pan oedden nhw bron ym mhen pella'r swyddfa.

"Dyma Jill Morrison – Rhys, Jill. Fe fydd Jill yn gweithio 'da chi ac yn eich cynorthwyo chi. Mae hi'n gyn-athrawes ac mae wedi gwneud nifer o bethau diddorol eraill. Rwy'n siŵr y gwnewch chi'ch dau dîm da iawn."

Estynnodd Jill ei llaw i Rhys ei hysgwyd. Roedd ganddi wên siriol, a fforchiai ychydig o grychni chwerthin o boptu ei llygaid bywiog. Merch ddu ei gwallt oedd Jill ac roedd cryn gryfder a phenderfyniad yng ngosodiad ei gên.

"Croeso i Cwmpas Cymru," meddai, "er mae'n siŵr y byddwch chi wedi blino clywed hynny erbyn diwedd y dydd!"

"Diolch, Jill, mae o'n swnio'n dda iawn hyd yn hyn, beth bynnag."

Esgusododd Richard Stroud ei hun a gadawodd y ddau yng nghwmni ei gilydd. Tywysodd Jill ei bos newydd at un o'r brid mwyaf o ddesgiau roedd wedi sylwi arnyn nhw – un o'r rheiny wedi eu neilltuo gan fân ddodrefn i greu ystum o breifatrwydd yn yr eangder mawr.

"Un o Gaerdydd ydach chi, Jill?" gofynnodd Rhys.

Roedd tinc o acen y cymoedd ganddi, ond roedd ei Chymraeg hi yn fwy ffurfiol ac yn brin o idiomau bro. Wedi dysgu Cymraeg, fel Richard, efallai?

"Nage, rwy'n dod o Gaerffili. Rwy wedi dysgu Cymraeg trwy gyrsiau, ond pan fydda i yn siarad Saesneg fe fydd yn amlwg o ble rwy'n dod – I'm a real 'Valleys Girl' at heart!"

"Ardderchog. O ardal ddiwydiannol rydw innau'n dod – ond llechi, dim glo."

Edrychodd Rhys ar noethni'r ddesg o'i flaen. Doedd dim ond pad sgwennu A4, dwy feiro, tyllwr ffeilio a dyddiadur swyddfa newydd yno, yn ogystal â ffôn a chyfarwyddiadur ffôn. Ac ar un o'r byrddau llai gerllaw roedd pentwr o'r ffeiliau lliw hufen – y cyfan yn newydd sbon ac yn wag, yn ôl pob golwg.

"Ry'ch chi'n cael braint," meddai Jill yn ddireidus. "Mae 'da chi gadair gyda breichiau. Gradd uwch o bobl sy'n cael hynny. Ry'n ni – y 'plebs' ..."

"Y werin?" cynigiodd Rhys gyda gwên.

"Diolch – y werin, ie. Seddau heb freichiau sy 'da ni."

"A beth am y cadeiriau cefnuchel. Pwy sy'n cael y rheiny?"

"Fel cadair Mr. Stroud, y'ch chi'n meddwl? O, dim ond y bygiau mawr sy'n cael y rheiny."

Chwarddodd y ddau, a dywedodd Rhys:

"Mae statws yn cyfrif ym mhob sefydliad, mae'n debyg. Pan oeddwn i yn yr ysgol byddai athrawon yn dal i wisgo gŵn ddu i ddangos bod ganddyn nhw radd prifysgol."

Llithrodd yr awr nesaf heibio bron ar amrantiad, wrth i Jill esbonio rhai o drefniadau'r swyddfa, y system archebu, sut y cedwid llygad cyson ar wariant o'r gyllideb Addysg a Diwylliant – y gyllideb oedd ar gael i Rhys. Dysgodd pwy oedd yn delio â thendrau a chytundebau am waith ar draws y cwmni cyfan.

Roedd Jill yn brofiadol mewn gwaith swyddfa. Wedi pedair blynedd yn dysgu mewn ysgol gynradd, penderfynodd dorri cwys newydd. Aeth ar gwrs ysgrifenyddol ac yna bu'n byw ac yn gweithio yn Llundain. Gwnaeth waith cyflenwi i nifer o gwmnïau, trwy asiantaeth glerigol fawr, am dair blynedd ac yna dychwelodd i Gymru. Bu'n gweithio i gwmni Dur Prydain am gyfnod, a chafodd gryn brofiad mewn adran gyllid, gan fyw gartref gyda'i rhieni.

Yno roedd hi pan welodd hysbysebion swyddi Cwmpas Cymru, a chafodd gynnig swydd glerigol gyda'r cwmni. Wedi rhai wythnosau yn yr adran gyllid, sylweddolodd Richard Stroud y gallai ei phrofiad fel athrawes fod o fudd yng ngwaith addysgol y cwmni. Felly, pan hysbysebwyd am Swyddog Addysg i Cwmpas Cymru, dynodwyd Jill i fod yn Gynorthwyydd i'r ymgeisydd llwyddiannus, pwy bynnag a fyddai. Erbyn hyn roedd wedi dod i fyw i Gaerdydd, mewn fflat yn un o faestrefi Rhiwbeina.

Dim ar aelwyd Gymraeg ei hiaith y cawsai Jill ei magu, er bod ei thad-cu a'i mam-gu ar ochr ei thad yn siarad Cymraeg. Yn y Saesneg y maged ei rhieni, a dyna oedd iaith yr aelwyd yng Nghaerffili. Bu dylanwad athrawes Gymraeg yn yr ysgol uwchradd yn gyfrwng i ennyn diddordeb Jill yn yr iaith, a chafodd flas ar y sesiynau siarad Cymraeg a drefnai'r athrawes yn yr awr ginio ac ar ôl ysgol pan oedd Jill yn dilyn y cwrs Lefel O Cymraeg fel Ail Iaith. Gwnaeth Gymraeg fel pwnc Lefel A a chafodd y profiad o fynd i wersyll dysgwyr yng Nglan Llyn. Daliodd ati i wella'i Chymraeg pan aeth i Aberystwyth i wneud gradd gyfun mewn Hanes a Daearyddiaeth, gan ymuno yng ngweithgareddau cymdeithas y Geltaidd; a mentrodd wneud un o unedau'r cwrs Hanes Cymru trwy gyfrwng y Gymraeg.

Wedi dychwelyd o Lundain, aeth Jill ati i loywi ei Chymraeg mewn cyrsiau yn Museum Place ac yn yr Uned Iaith yn Nhrefforest. Pan agorwyd drws Cwmpas Cymru iddi, gwelodd fod yna gyfle gwych bellach i weithio trwy gyfrwng y Gymraeg. Gyda dyfodiad Rhys Gruffydd i'r swyddfa ar y bore hwn o Fedi, credai fod pennod newydd yn dechrau yn ei gyrfa – pennod gyffrous. Byddai'r broffwydoliaeth honno'n ddigon gwir, ond ddim yn hollol fel y dychmygai Jill.

Wedi pori dros falans cyfredol y gyllideb Addysg a Diwylliant, edrychodd Rhys draw dros y desgiau a'u hwynebau – ambell un yn sbecian yn chwilfrydig i'w gyfeiriad o. Roedd awydd arno yntau hefyd i allu rhoi enwau i'r wynebau hyn.

"Pwy ydi'r bobl sy'n gweithio yma, Jill? Ydan ni am fod yn gwneud lot efo nhw?"

Dechreuodd Jill esbonio pwy oedd yn eistedd wrth y desgiau agosaf, a'r modd roedd y 'clystyrau' o ddesgiau yn cynrychioli timau o'r un adran. Cyllid a chontractau oedd y clwstwr mwyaf, ond roedd grŵp pur fawr, hefyd, yn delio â Chynlluniau Datblygu.

"D'yn nhw ddim yn gwneud y penderfyniadau. Gweinyddu a chofnodi popeth sy'n dod oddi wrth y prif swyddogion maen nhw. Fe fydd eich gwaith chi yn mynd trwy eu dwylo nhw; ond fi fydd y linc pennaf rhyngddoch chi a nhw, fel arfer. Os y'ch chi'n moyn ymchwil ystadegol ar unrhyw beth, gallan nhw wneud e. Ond o ran materion addysg, ry'ch chi a fi yn gwybod ble i gael y wybodaeth, yn aml iawn."

Cynigiodd Jill fynd â Rhys i'w gyflwyno i'r bobl y byddai'n ymwneud fwyaf â nhw.

"Fe fydd Mr. Stroud yn eich cyflwyno i'r penaethiaid adrannau eto."

Cytunodd Rhys ar unwaith. Cawsai ddigon ar brosesau a threfniadaeth am y tro.

Cododd a dilyn Jill draw at y desgiau cyfagos ac wrth iddo nesáu gwelai lygaid yn troi'n ddisgwylgar i'w gyfeiriad.

Daeth yn amlwg ar unwaith nad oedd pawb o staff Cwmpas Cymru yn siarad Cymraeg, er bod disgwyl iddynt fynd ati i ddysgu'r iaith dros gyfnod rhesymol. Y cyntaf i Jill ei gyflwyno iddo oedd Brian Jenkins, llanc gwallt coch tua phump ar hugain oed. Siaradai gydag acen gref o Gwm Rhondda. Yn Nhreherbert roedd ei gartref, a daliai i gymowta'n ddyddiol oddi yno i Gaerdydd ar y trên. Treherbert oedd pen draw'r rheilffordd yng Nghwm Rhondda a byddai'n cludo Brian, a channoedd o bobl eraill bob dydd yr holl ffordd i Orsaf Heol y Frenhines – dafliad carreg o Dŵr Dewi.

Holodd Rhys a oedd unrhyw awydd arno ymgartrefu yng Nghaerdydd. Chwarddodd y lleill, a ffugiodd Brian droi ei drwyn arnyn nhw wrth ateb.

"Don't take any notice of this lot, Rhys. Bunch of Cardiff yuppies, they are. No, I wouldn't come to live here at any price. Rhondda born and bred I am – and I'm staying there!"

Wrth y ddesg nesaf eisteddai merch ifanc mewn sari amryliw dros siwmper fain, lliw lelog. Naya Kumar oedd hon, a gwenodd yn llednais ar Rhys a'i groesawu'n gwrtais.

"She's the noisy one here, is Naya," meddai Brian gyda gwên, "I don't know how I can get my work done."

Tynnodd hithau ystumiau arno a bwriodd rhai o'r lleill glipiau papur ac ambell i rwbiwr ato.

"I'll soon know where the biggest noise is coming from," meddai Rhys, "with this open plan setup. It'll take some getting used to. How do you manage when you're on the phone?"

Merch o'r enw Bilan a atebodd, mewn acen Caerdydd:

"We're pretty well disciplined, really. We shut up when we can see someone's on the phone. And the acoustics here dull every sound, don't they?"

Nodiodd pawb eu cytundeb.

"I always go out at lunchtime," meddai Brian, "or I'll have a headache mid-afternoon."

"That's last night's beer, not the acoustics!" galwodd llais arall o ddesg bellach.

"Some sounds obviously carry," meddai Rhys gyda gwên.

Trodd ei olygon tuag at ddesg arall yn y clwstwr cyfagos. Mandy Haines oedd cyw bach y swyddfa. Deunaw oed oedd hi, a llefarai hithau gydag acen oedd yn dalp o Gaerdydd. Roedd yn amlwg wedi hen arfer â thynnu coes y lleill, yn enwedig Brian ac roedd yn barod iawn ei hateb. Dyna fantais bod yr ieuengaf mewn criw, meddai Rhys wrtho'i hun. Gallai ddweud pethau go fawr heb fynd i ormod o ddŵr poeth, ond gallai bigo heb sylweddoli hynny weithiau hefyd.

Buan y daeth Rhys i ddeall bod Brian, Naya, Bilan a Mandy yn gwneud gwaith clerigol i sawl un o swyddogion Cwmpas Cymru. Byddent yn delio ag archebion, llogi safleoedd, bwcio hysbysebion a manylion amryw o gynlluniau'r cwmni. Ambell dro deuai cais gan yr Adran Strategaeth am ddarn o ymchwil ystadegol penodol. Gwaith yr Adran Gyllid oedd talu'r biliau, monitro gwariant, llunio cytundebau a gosod tendrau.

"Beth am ddod i'r dafarn am ginio?" holodd Jill.

"Mae criw ohonon ni'n mynd allan am 'ploughman's' ambell i awr ginio."

Cytunodd Rhys ar unwaith. Byddai'n gyfle da i ddod i adnabod rhai o'r criw mewn modd llai ffurfiol. Gan ei fod yn aros mewn gwesty cyfagos, doedd dim bwriad ganddo i ddefnyddio'r car. Wedi deunaw mlynedd yn athro ysgol, roedd peint ar ganol diwrnod gwaith yn beth hollol ddieithr, ond roedd lle i dipyn o gymdeithasu heddiw.

Tafarn yng nghanol ardal siopa canol y ddinas oedd y Barleymow, lle â'i far yn swatio dan fondo rhyw ystum o fwthyn to gwellt gwyngalchog. Clwydydd pren yng ngafael pla o iorwg plastig oedd yn gwahanu'r cilfachau, lle dôi criwiau ynghyd o boptu'r byrddau sgwâr, hen ffasiwn. Crogai basgedi o flodau yma ac acw, a cheid ambell i gasgen gaeedig wrth y parwydydd, a phibellau dŵr, yn wyrdd gan fwsog ffug, yn cludo dŵr glaw dychmygol o'r landerau sychion. Ar fachau, ar hyd y muriau claerwyn, crogai pladur a chryman medi, picwarch a gogr nithio.

"Sain Ffagan, myn diawl," meddai Rhys wrtho'i hun. Tybed a wyddai'r cwsmeriaid ifanc dinesig hyn beth oedd yr holl gelfi o'u cwmpas?

Prynodd Rhys ddiod i'r pedwar ohonyn nhw – Jill, Brian, Mandy ac yntau – ac aeth i eistedd atynt.

"Dyw Naya a Bilan ddim yn dod i'r dafarn," esboniodd Jill. "Mwslim yw Bilan, ond mater o arferiad cymdeithasol yw e gan Naya."

Nodiodd Rhys, gan sipian ei hanner o lager.

"Dydy fy mam innau byth yn mynd ar gyfyl tafarn. Roedd fy nain a 'nhaid yn ddirwestwyr."

Dangosai wyneb Jill fod y gair yn ddieithr iddi. Troes Rhys i'r Saesneg i esbonio wrth y tri.

"My grandparents were teetotallers – they never touched alcohol – and my mum has carried on the tradition. The chapel I went to as a lad always frowned on drinking, and the chapel deacons had to vow never to touch the stuff when they were ordained."

Gwrandawai'r lleill yn bur syn. Byddai Brian yn mynd

i'r dafarn bob nos Wener gyda'i dad a'i dad-cu, a byddai ef, ei gariad, a'r ddau deulu yn mynd i'r Clwb bob nos Sadwrn. Cofiai Jill am y tro yr aeth gyda'i rhieni am ei diod cyfreithlon cyntaf yn ddeunaw oed – dros bryd o fwyd yn y Traveller's Rest ar lechwedd Mynydd Caerffili. Ond, mewn gwirionedd, roedd hi wedi mynychu sawl tafarn cyn hynny ar nosweithiau Sadwrn gyda'i chyfeillion.

Yn sydyn, torrodd llais newydd fel sain utgorn ar draws eu sgwrs.

"So this is where you're hiding! I thought I'd find you bingeing here!"

Tas wair o ddyn oedd biau'r llais, ei wallt golau yn anffasiynol o laes, ei wyneb yn grwn a gwridog o dan adlodd o farf felyngoch. Roedd ei ysgwyddau llydan fel dau bendist mawr yn cynnal pabell o grys chwys mewn lliw glaswyrdd llachar.

Cyflwynodd Jill ef i Rhys. Dave Evans oedd hwn, trefnydd gweithgareddau allanol Cwmpas Cymru. Ef a fyddai'n gyfrifol am drefnu perfformwyr ac offer, safleoedd a llety, cludiant a thocynnau ledled y wlad. Ef a fyddai'n cynnig help i roi cnawd ar esgyrn y rhaglenni a gynlluniai Rhys.

Naya, wrthi'n bwyta'i chinio yn y swyddfa – â'r lle'n anarferol o dawel ar y pryd – oedd wedi dweud wrth Dave bod y lleill wedi mynd i'r dafarn. Gwyddai yntau mai'r Barleymow oedd hoff gyrchfan gweithwyr swyddfa Tŵr Dewi amser cinio. A dyna lle roedden nhw.

Diflannodd bysedd Rhys ym mhlygion cledr llaw anferth Dave, ond roedd y gafael yn ysgafn a chyfeillgar. Aeth Rhys ag ef at y bar i gael diod.

"Chi yw'r bos newydd, 'te," meddai Dave wrth lapio'i fysedd am ei beint.

"Rydw i wedi dod o hyd i lwyth o *venues* i ni ac rwy wedi hysbysebu am dîm o berfformwyr amser llawn – *allrounders* da. Gan nad oeddech chi ar gael fe gytunodd Richard Stroud a finne ar eiriad yr hysbyseb. Roedd yn rhaid gwneud hynny'n glou – rhag inni golli talentau da i bantomeims y gaeaf, neu raglenni'r cwmnïe theatrig. Mae gen i dri o gyfweliade yn y dyddiadur ar gyfer dydd Iau. Fedrwch chi fod yno? Rwy'n bles iawn 'da safon y ceisiade."

Doedd Dave ddim am wastraffu'r un funud o'i gyfle. Wrth iddynt gerdded yn ôl o'r Barleymow i'r swyddfa, bwriai ei gysgod dros Rhys wrth iddo esbonio'r canllawiau a gawsai gan Richard Stroud.

Bwriad Cwmpas Cymru oedd cyflogi cnewyllyn o berfformwyr: pobl a fedrai actio, canu, dawnsio, arwain rhaglenni ysgafn a llywio gwyliau chwaraeon. Tu hwnt i'r cnewyllyn hwn, byddai'r cwmni yn bwcio perfformwyr arbennig, yn cynnwys 'sêr sgrîn, llwyfan a'r maes chwarae' yn ôl y galw. Byddai gigs neilltuol yn tynnu ar ddoniau'r sêr a'r tîm amser llawn gyda'i gilydd. Pobl ifanc addawol, meddai Richard Stroud, ddylai'r cwmni craidd ei gynnwys, yn hytrach na hen lawiau. Dewis y cwmni craidd hwn fyddai un o dasgau cyntaf Rhys a Dave.

Dyna rywbeth sylweddol i edrych ymlaen ato yn ystod y dyddiau nesaf yma, meddyliai Rhys wrth gerdded yn ôl i'r swyddfa – i geisio ymgynefino ymhellach â'i fyd newydd.

PENNOD 4

Ebrill 1985

Arafodd y Rolls Royce Silver Spirit llwydlas yn dawel, fel cath yn prowla, gerbron pencadlys Demetian Holdings yn Llundain. Ym mhobman arall, byddai'r gyrrwr tal yn ei lifrau syber wedi camu'n fras i agor y drws ôl i'w feistr, ond yma ceid defod dipyn yn wahanol. Arhosodd y gyrrwr wrth y llyw a brasgamodd drysor yr adeilad i lawr grisiau llydan i agor drws y car. Rhoes salíwt filwrol wrth i'r perchennog gamu'n heini i'r palmant glawog.

Byddai unrhyw gerddwr dieithr a ddigwyddai fod gerllaw, ac yn rhugl yn Gymraeg, wedi synnu clywed y darn sgwrs a fu rhwng y ddau.

"Mae'n piso lawr, Ned," meddai'r drysor, â'i fwstás brithlwyd yn diferyd yn y glaw.

"Sdim fel *April showers* i hala'r mwstás 'na i dyfu, 'chan," atebodd y meistr, gan sythu i'w lawn faint o dan yr ymbarél yn llaw'r drysor.

Cerddodd Syr Edwin Cradock i fyny'r grisiau ac i mewn i gyntedd ei bencadlys, gan adael y drysor i ysgwyd a chau'r ymbarél. Gŵr yn tynnu at oed ysgrythurol yr addewid oedd Syr Edwin, a'i wallt gwyn yn tonni dros ei gorun. O dan y lliw haul a wridai ei wyneb roedd rhyw arlliw o felynder y 'fyddin anghof' honno, a wynebodd beryglon malaria a beri-beri, yn ogystal â milwyr Japan yng nghoedwigoedd llaith Burma ddeugain mlynedd ynghynt. Dyna'r profiad a wnaeth y miliwnydd o Geredigion a'r drysor blewog o'r Bermo, Edgar

Hughes, yn frodyr maeth, er cymaint y bwlch oedd rhyngddyn nhw bellach o ran statws.

Wedi esgyn yn ei lifft preifat, cyrhaeddodd Syr Edwin ei swyddfa. Adolygodd ei ddyddiadur apwyntiadau gyda'i ysgrifenyddes am ychydig funudau, cyn mynd i'w ystafell breifat a chael cipolwg brysiog ar y prif bapurau newydd ar ei ddesg.

Ystafell eang ym mhen uchaf yr adeilad oedd swyddfa Syr Edwin. Fe'i dodrefnwyd yn chwaethus a digon syml, gyda desg fawr o dderw Cymreig ym mhen draw'r ystafell. Ceid silffoedd a chypyrddau gwydr o'r un pren yma ac acw ar hyd y waliau. Swatiai pedair o gadeiriau esmwyth a soffa Chesterfield, y cyfan o'r un lledr lliw Bwrgwyn, tua chanol y llawr carped, a bwrdd coffi mawr yn ymyl. Yma y byddai Syr Edwin yn trafod gyda phenaethiaid adrannau ac is-gwmnïau niferus Demetian Holdings yn eu tro. Llenwid gweddill y llawr uchaf gan siambr gynhadledd fawr, lle byddai cyfarwyddwyr Demetian Holdings a chwmnïau mwyaf y grŵp yn cyfarfod.

Nodwedd fwyaf trawiadol ystafelloedd y llawr hwn oedd y ffenestri – pob un ar ffurf hanner cylch mawr, o'r nenfwd hyd y llawr, a chwareli o wydr yn gyfres o fwâu trwyddynt. Roedd y ffenestri wedi eu fframio gan fwâu o frics lliw terra cotta, ac roedd y waliau rhyngddyn nhw, o frics lliw cynnes, wedi eu gadael yn gwbl foel.

Hen warws yn nociau Llundain oedd yr adeilad, a chodai rhesi o ffenestri tal Fictoraidd hyd eithaf ei saith llawr. Coron pob ffenest oedd y bwa, a gwnaent wedd allanol yr adeilad yn llai onglog a diaddurn nag a fyddai fel arall. Manteisiodd Syr Edwin ar y llunieidd-dra ymarferol hwn trwy ymgorffori'r bwâu yn y stafelloedd ar lawr uchaf yr adeilad.

Gwelsai Syr Edwin bosibiliadau'r tiroedd diffaith yn y

dociau flynyddoedd yn ôl. Prynodd dri warws gwag yno, yn ogystal â libart pur helaeth o'u cwmpas, cyn i'r cyfalaf a gronnai ym milltir sgwâr Dinas Llundain orlifo a thasgu dros y dociau segur i'w trawsnewid.

Canodd yr intercom ar ddesg Syr Edwin a chlywodd lais ei ysgrifenyddes yn cyhoeddi:

"Miss Cradock is here, Sir Edwin."

Cerddodd Olwen Cradock i mewn i'w ystafell fel petai gartref, a tharodd bwt o gusan ar foch ei thad, cyn eistedd ar y soffa fawr. Patiodd ei llaw ar y lledr sgleiniog, a daeth yntau i eistedd ati, gyda gwên gynnes.

Merch dal a gosgeiddig oedd Olwen, yn gwisgo siwt ddu, ffasiynol a phwrpasol gyda blows sidan wen a thusw o'r ffrils wrth y gwddf – steil a boblogeiddiwyd gan y Dywysoges Diana. Roedd Olwen yn tynnu at ei deugain oed bellach, a heulwen disglair sawl gwlad ac aml i lethr sgio wedi gwrido'i hwyneb lluniaidd. Edrychai'r ambell gudyn brithlwyd yn ei gwallt gwinau mor drwsiadus fel na ellid dweud a oedden nhw'n naturiol ai peidio.

"Wel, shwd ma'r hwyl, 'te?" meddai, heb arwydd o lediaith ddinesig.

"Wyt ti 'di gweld y papure heddi?" atebodd yr hen farchog ar ei union.

"Odw, be sy'n bod arnyn nhw?" holodd Olwen yn syn. "Do's dim gair croes 'da nhw am Demetian Holdings ac mae prisiau'r F.T. yn codi 'to."

Anaml iawn y methai Olwen â dirnad yr achos os oedd hwyliau drwg ar ei thad. Bu'n Ysgrifennydd grŵp Demetian Holdings ers tair blynedd bellach ac fe ddeuai am sgwrs gyda Syr Edwin bob dydd, oni fyddai'r naill neu'r llall ar grwydr yn un o bedwar ban byd.

Cawsai Olwen ei magu yng ngorllewin Cymru yn y pumdegau, pan oedd ei thad wrthi'n estyn cortynnau ei aml fusnesau. Bu ei thaid, Elias Cradock, yn cadw'r efail a ffarm fach wledig, nid nepell o'r Ceinewydd. Yn y dauddegau troes yr efail yn garej bur lewyrchus, yn ogystal â gwerthu a thrin peiriannau amaethyddol a pheiriannau tracsiwn, gan hurio'r rheiny i ffermwyr a chontractwyr. Bu'r mab, Edwin, yn gweithio gyda'i dad cyn y Rhyfel ac yna, ar ôl dychwelyd o Burma, dechreuodd werthu a thrwsio tractorau. Prynodd beiriannau trwm ac offer gwaith ffordd i'w hurio i gontractwyr. Cyn hir, daeth yn gontractwr llwyddiannus ei hunan ac ar ôl i gludiant ffyrdd gael ei ddadwladoli ar ddechrau'r pumdegau prynodd dair lori fawr. Byddai'r lorïau yn cario i'r Bwrdd Glo ymysg eraill, a thyfodd y tair lori yn fflyd.

Erbyn diwedd y pumdegau roedd Edwin wedi sefydlu rhwydwaith o orsafoedd petrol ar hyd priffyrdd De Cymru, yn enwedig yr A48, a chyn hir darparodd gaffi bychan ym mhob un. Yn y chwedegau estynnodd ei gadwyn dros y ffin i Loegr, ac enillodd gytundeb i agor canolfannau gwasanaethau ar rai o'r traffyrdd newydd. Agorodd swyddfa yn Llundain ac unwaith eto clywodd sŵn ym mrig y morwydd masnachol. Yn ogystal â'r tri warws yn y dociau, prynodd ddau floc o swyddfeydd gweigion a gawsai eu codi ar hap ar hen safleoedd bomio, er gwaethaf y stŵr ar y pryd bod blociau enfawr fel Centre Point yn ddi-denant a heb dalu'r un ddimai o dreth.

Roedd Edwin yn llygaid ei le. Yn niwedd y chwedegau, dechreuodd prisiau tir ac eiddo yn Llundain ffrwydro fel llosgfynydd, nes bod gwres a lludw'r prisiau chwyddedig wedi ymdaenu dros wledydd Prydain i gyd erbyn y saithdegau. Roedd daliadau Edwin Cradock yn Llundain fel 'aur coeth lawer' erbyn hyn, a gwnaeth ffortiwn o'r newydd, dim ond yn gosod swyddfeydd i gwmnïau. Mynnai ddal gafael ar ei holl fusnesau, yn hytrach na gwerthu'r un ohonyn nhw, a sefydlwyd Demetian Holdings fel pwrs cynhwysfawr i'w cadw'n ddiogel, gan roi digon o raff i reolwyr y cwmnïau unigol arbrofi a mentro.

Gydag un o'r cwmnïau hyn y dechreuodd Olwen ei hail yrfa yn ddeg ar hugain oed. Ar ôl gadael Ysgol Genethod Haberdashers, Trefynwy yn ddeunaw oed aeth i Brifysgol Llundain i wneud gradd yn y gyfraith, ar yr union adeg pan oedd ei thad yn mentro i gerrynt anwadal y brifddinas. O'r brifysgol aeth i un o hen ysbytai'r frawdlys, Gray's Inn ac ymgymhwyso'n fargyfreithiwr. Oddi yno aeth at adran gytundebau un o'r cwmnïau recordiau blaengar a lliwgar a frithai Lundain ar droad y saithdegau. Priododd â llanc oedd yn beiriannydd a chynhyrchydd i'r cwmni, er gwaethaf amheuon ei rhieni. Aeth yr hwch drwy'r siop ymhen dwyflwydd – ar y cwmni ac ar y briodas – a gadawodd y profiad ei greithiau.

Aeth Olwen i grwydro'r byd ar ei liwt ei hun, gan gefnu ar bawb o'i chydnabod. Enillai ei bara trwy amryfal swyddi gweinyddol yn Awstralia a Seland Newydd, yn Hong Kong ac yn Kenya. Wedi cyfnod mewn banc Prydeinig yng Ngorllewin yr Almaen, dychwelodd i Brydain gyda lliw haul, llu o luniau ac atgofion, un iaith newydd – Almaeneg, llond cês o swfenirau a llond trol o hunanhyder.

Ceisiodd am swydd, o dan ei henw priod, heb yn wybod i'w thad, gydag un o'i gwmnïau – Roadrest. Cadwyn o fotels cysurus mewn lleoedd dethol oedd y busnes hwnnw, gyda'i bencadlys yn Birmingham, hyd braich go lew oddi wrth Demetian Holdings. Bu'n llwyddiannus yno, a chynigiwyd swydd Ysgrifennydd y cwmni iddi, gyda sedd wrth fwrdd y cyfarwyddwyr. Ar yr adeg honno, pan oedd yn amlwg y byddai'n rhaid iddi ddelio'n uniongyrchol â Demetian Holdings, cyhoeddodd wrth ei meistri syfrdan pwy ydoedd. Wedi peth ffwdan, sylweddolodd aelodau'r bwrdd nad drwg o beth fyddai cael merch y marchog yn aelod, nac ychwaith eu bod hwythau wedi gweld yn dda i'w dyrchafu, heb wybod pwy oedd ei thad.

Gwenu fu ymateb Syr Edwin pan glywodd am hynt Olwen yn Birmingham. Dechreuodd patrwm a welai Olwen yn gwibio ar hyd traffordd yr M1 i fwrw aml i Sul gyda'i rhieni yn Llundain, a sawl egwyl hirach yn eu cwmni yn yr hen blasty roedd Syr Edwin wedi ei brynu a'i adnewyddu yn Nyffryn Teifi. Wedi tair blynedd, gofynnodd Syr Edwin iddi ddod yn Ysgrifennydd ac Is-Bennaeth y prif gwmni ac ymgartrefodd hithau mewn fflat modern yn Llundain. Ymhen rhyw flwyddyn wedyn, dechreuodd iechyd ei mam ddirywio, a bu Olwen wrth law yn gyson drwy ei gwaeledd olaf.

Wedi colli ei mam, daeth y bartneriaeth rhwng Olwen a'i thad yn allweddol bwysig i'r ddau. Wedi chwerwder ei hysgariad, dair blynedd ar ddeg yn ôl erbyn hyn, doedd dim awydd sefydlu teulu o'r newydd arni. Y naill oedd unig dylwyth agos y llall ac ar ôl y blynyddoedd o ddieithrwch, gwnaent yn fawr o'r berthynas.

Pobl oedd y tad a'r ferch â gwaith a gorffwys yn rhwbio yn ei gilydd, ond nid wedi mynd yn un. Ymddiddorai'r ddau mewn gwahanol bethau y tu allan i waith y cwmni. Hoff gan Syr Edwin oedd gwylio criced a rygbi, mynychu cyngherddau corawl a'i gapel. Mwynheuai Olwen gampau mwy unigolyddol – loncian, barcuta, cerdded mynyddoedd a sgio. Rhoddai'r ddau eu hamser a'u harian yn hael i hybu eu hoff ddiddordebau.

Pan ddaeth prydles un o gapeli Cymraeg Llundain i

ben, â'r tirfeddianwyr am godi rhent y tir i'r entrychion, talodd Syr Edwin swm aruthrol i brynu'r rhydd-ddaliad, a threfnodd Olwen ac yntau ymddiriedolaeth i ddiogelu'r capel. Perswadiwyd y blaenoriaid i droi darn o dir diffaith y tu ôl i'r capel yn faes parcio dan do i'r aelodau. Uwch ei ben datblygwyd neuadd chwaraeon i bobl ifanc ac ar y llawr uchaf un sefydlwyd clinig gwrth-gyffuriau gyda staff amser llawn ynghlwm wrtho. Testun siom i Olwen fu'r gwrthwynebiad a gafwyd i'r clinig gan rai o aelodau'r capel, er i'r cynllun ddwyn ffrwyth yn y diwedd. Ond roedd Syr Edwin wedi rhagweld yr anniddigrwydd:

"Pobol feidrol yw'r saint, fel ti a fi, ti'n gweld. *Not in my back yard* yw hi 'da pawb heddi – yn llythrennol y tro hyn!"

Rhoesant gefnogaeth droeon i fentrau bychain yng Nghymru, i hybu cymdeithasau tai a chwmnïau a fyddai'n cyflogi pobl leol i adfer a gwella cartrefi. Credai Syr Edwin yn angerddol mewn menter breifat, ond fe ffieiddiai'r cribddeilio noeth a nodweddai rai cwmnïau. Gwyddai am y llwgrwobrwyo a oedd yn rhemp mewn masnach ryngwladol ac a welid, hyd yn oed, mewn contractau adeiladu cyhoeddus weithiau, fel y dangosodd sgandal Poulson yn y saithdegau. Yn fwy diweddar, roedd sgandalau ar y farchnad stoc yn Llundain, a'r ffrwydrad mewn cyflogau ymysg y cwmnïau a ddeliai mewn siârs a'r banciau gyda'u gwasanaethau buddsoddi wedi ei ddigio. Roedd chwyldro rhyngwladol yn mynd rhagddo yn y byd ariannol, ond ofnai Syr Edwin fod perygl i foes ac egwyddor gael eu mathru yn y rhuthro gwyllt.

Byddai Syr Edwin yn mynd ar gefn ei geffyl pan soniai am rai o adar brith y byd busnes, a chlywai Olwen ei bregeth yn aml. Cwynai fod priodas aflan, weithiau, rhwng cwmnïau rhyngwladol mawr a llywodraethau asgell dde neu unbeniaid milwrol. Cofiai'n dda am y cwmnïau Prydeinig a fuasai'n masnachu'n anghyfreithlon gyda llywodraeth ormesol Ian Smith yn Ne Rhodesia gynt, cyn sefydlu Zimbabwe – yn aml iawn yn defnyddio cwmnïau mewn gwledydd eraill fel 'canolwyr'. Roedd cwmnïau o'r gorllewin yn cyflenwi offer milwrol i unbeniaid fel Saddam Hussein yn Iraq, er bod hwnnw'n gormesu ei bobl ei hun ac yn ymladd rhyfel hir a gwaedlyd yn erbyn ei gymdogion yn Iran.

Cytunai Syr Edwin â barn Edward Heath, sef bod wyneb annerbyniol yn ogystal ag wyneb daionus yn perthyn i gyfalafiaeth ac nad oedd elw yn cyfiawnhau camwedd.

Gwenodd Olwen, gan ddweud:

"Y'ch ddim am sôn am Haydn Vollme eto, gobeitho!"

Tawelodd Syr Edwin, a'r hiwmor yn dychwelyd i'w wyneb.

"Nagw, ferch. Mae'r jiawl hwnnw wedi mynd, diolch byth. Do'dd e ddim gwell na gangster, yn pardduo byd busnes 'da'i antics."

Da y cofiai Olwen bod ei thad wedi bod â rhan bur bwysig yn dymchwel ymerodraeth lwgr y gŵr hwnnw.

Erbyn heddiw, meddai Syr Edwin, do'dd dim angen cyfiawnhau cyfalafiaeth fel patrwm economaidd. Roedd economïau'r gwledydd Comiwnyddol yn dadfeilio'n gyflym ac etholwyr yn y gwledydd democrataidd yn troi fwyfwy at bleidiau'r dde – pleidiau a ffafriai fyd busnes. Enghreifftiau nodedig oedd Margaret Thatcher ym Mhrydain a Ronald Reagan yn yr Unol Daleithiau. Llwyddodd y ddau i droi'r fantol yn bendant o blaid y farchnad yn hytrach na'r wladwriaeth fel cyfrannwr bendithion y byd hwn.

Ond roedd aflwydd newydd yn cerdded y tir, aflwydd a godai o agweddau myfïol yr wythdegau. Diffyg consýrn pobl a oedd mewn gwaith ynglŷn â hynt y di-waith, difaterwch pobl â chartrefi clyd ynglŷn â thynged y digartref, dihidrwydd y gwledydd cyfoethog ynglŷn â chyflwr y gwledydd tlawd. Sylwai Syr Edwin ar ddrwgdeimlad talp helaeth o'r farn gyhoeddus yn erbyn undebau llafur, a'r gefnogaeth i dactegau llawdrwm yr awdurdodau yn erbyn streic y glowyr, a ddaethai i ben gwta fis yn ôl ym mis Mawrth.

Serch hynny, ar rai adegau câi cydwybod y cyhoedd ei brocio i'r byw – yn arbennig gan y delweddau teledu enbyd o newyn Ethiopia dros y flwyddyn ddiwethaf. Dygodd hynny ffrwyth annisgwyl yng ngweledigaeth y cerddorion roc Bob Geldof a Midge Ure. Roedden nhw wedi trefnu recordiad o'r gân 'Do they know it's Christmas' gan lu o sêr y gaeaf diwethaf. Bellach, roedden nhw'n cynllunio menter ryfeddol i gynnal cyngerdd roc enfawr, i'w gynnal ym mis Gorffennaf, ac fe gâi'r miwsig ei ddarlledu dros y byd gyda'r nod o godi arian i helpu pobl Ethiopia.

Cofiai Syr Edwin agweddau afiach y tridegau pan greodd diweithdra ddau fyd gwahanol oddi mewn i'r un deyrnas. Aethpwyd yn ôl i'r sefyllfa honno, i raddau, gyda rhaniad daearyddol pendant rhwng y ddau fyd, ond roedd y gagendor o ran profiad a chydymdeimlad yn ddyfnach fyth.

Dyna oedd wedi cythruddo Syr Edwin y bore hwnnw, wrth fwrw ei drem dros y papurau newydd.

"Edrych ar hon, 'nawr," meddai'n gwta a gwthio darn o'r *Guardian* i ddwylo Olwen. O dan y pennawd 'The Uncaring Society', soniai'r erthygl am ganlyniadau pôl piniwn diweddar ynglŷn ag agweddau pobl tuag at broblemau cyfoes. Dangosai fod cyfran uchel o bobl yn amharod i weld unrhyw gynnydd mewn trethi i ddatrys problemau penodol megis diweithdra, helpu'r digartref, gwarchod yr amgylchedd a chynnig cymorth i wledydd tlawd. Ar lefel bersonol, doedd nifer fawr ddim yn barod i roi cyfran o'u hincwm yn wirfoddol i elusennau a oedd yn ymaflyd â'r problemau hyn. Roedd yn ymddangos hefyd fod agweddau o'r fath yn amlycach ymysg pobl busnes a rheolwyr mewn cwmnïau masnachol nag ymysg grwpiau eraill.

"Dyw'r *'Guardian'* ddim yn bapur byd busnes, ody e?" meddai Olwen.

"Eitha reit," atebodd ei thad, "ond ma' fe'n wir, ta beth. Dyw byd busnes ddim *yn* gwneud digon dros bobl mewn helbul, a dyw e ddim yn ddigon parod i fuddsoddi mewn ardaloedd ble mae diweithdra'n uchel. Dyw'r rheolwyr a'r staff pwysica ddim ishe mynd â'u teuluoedd i fyw yn yr ardaloedd hynny! Na, mae'n rhaid i fyd busnes gael ei weld yn helpu cymunedau ac achosion da, neu fe fydd enw drwg 'da ni ar lawr gwlad."

"Ond dy'ch chi'ch hunan ddim yn moyn i neb wbod pan y'ch chi'n cyfrannu at ryw achos neu'i gilydd," dadleuodd Olwen.

"Mater personol yw hynny," oedd ateb pendant ei thad:

"Dim sôn am roi fy arian fy hunan i'r Capel, neu i'r Eisteddfod odw i. Wy ddim yn moyn i bobol ddweud 'Jiw, ond yw e'n fachan ffein?' Nonsens yw hynny. Ti'n nabod fi'n well na 'ny, gobeitho."

"Ond beth y'ch chi'n moyn, 'te?"

"Hyn wy'n moyn. Grŵp o gwmnïau mawr, annibynnol, yn dod at ei gilydd, heb enw 'run unigolyn obitu'r peth, i sbonsro pethe newydd yng Nghymru. Digwyddiade o werth parhaol. Digwyddiade fydd yn rhoi gwaith i bobol, yn gwella tai pobol, yn helpu busnese bach..."

"Cyfleustere chwaraeon safonol yng nghefn gwlad," torrodd Olwen ar ei draws.

"Eitha reit. Tithe'n gweld y peth nawr. Enw'r grŵp o gwmnïe yn glir ar bopeth, ar bob project, bach neu fawr. Logo'r grŵp, nid y cwmnïe, ar y projecte lleol, ond enwe'r holl gwmnïe sy'n cyfrannu ar y projecte mawr, y rhai mwya amlwg. Ond 'nawr 'te, dyma'r cwestiwn mawr ..."

Magodd ei lais yr ymyl miniog hwnnw a wnâi i bobl ddal eu gwynt mewn cyfarfodydd o fwrdd canolog Demetian Holdings.

"Sut gyflawnwn ni fe, Olwen? Pa beirianwaith sy'n rhaid ei roi mewn lle? Pa fagned sy am ddenu cefnogaeth – gan fyd busnes a gan y cyhoedd – ennill serch y bobol gyffredin?"

Edrychodd i fyw llygaid ei ferch am ysbaid cyn dweud:

"Wy am roi'r jobyn hynny i ti, Olwen. Oes amcan 'da ti?"

Petrusodd Olwen am ennyd – ennyd hir o dawelwch. Dychwelodd hithau drem dreiddgar ei thad ac yna, o'r niwl megis, daeth rhywbeth i'w chof. Ymbalfalodd ymysg y papurau newydd ar y ddesg ac estynnodd rifyn y bore o'r *Western Mail*.

"Beth am hwn? Dyw e ddim yn gwmws be chi'n moyn, efalle, ond mae'n stori dda i dynnu sylw ac i roi cychwyn i'r gaseg eira."

Cyfeiriodd sylw Syr Edwin at bennawd ar un o'r tudalennau mewnol: 'Fears for Welsh Manuscript Sale'.

"Mae'r stori yn *Y Faner* hefyd – tipyn yn fwy manwl. Dyma hi."

Eisteddodd Syr Edwin wrth ei ddesg i ddarllen yr erthygl yn *Y Faner*.

Llawysgrif Elis Gruffydd: a fydd y milwr o Calais yn troi'n alltud am byth?

Un o'r darganfyddiadau hanesyddol mwyaf syfrdanol ers blynyddoedd fu dod o hyd i lawysgrif Gymraeg swmpus o oes y Tuduriaid mewn hen blasty yng Ngwent yn diweddar. Yn Angel Court, rhwng y Fenni a Threfynwy, fe ddaeth llawysgrif o dros 500 o dudalennau i'r golwg mewn cist dderw ym mis Mawrth eleni. Barnodd arbenigwraig o Lyfrgell Genedlaethol Cymru, y Dr. Gwenan Briggs, mai llyfr o waith Elis Gruffydd, milwr o'r Gronant yn Sir y Fflint, yw'r llawysgrif. Bu Elis Gruffydd yn aelod o garsiwn dinas Calais rhwng tua 1530 a'r 1550au pan oedd y porthladd a'i gyffiniau yn nwylo'r Saeson.

Hanes taith a wnaeth o gwmpas Cymru rywdro rhwng 1520 a 1550 yw'r gyfrol, yn cyfleu darlun byw o'r wlad a'i phobl yn oes Harri VIII. Er bod gweithiau eraill gan Elis Gruffydd ar glawr, mae'r gwaith hwn yn gwbl newydd i'r byd ysgolheigaidd.

Bydd plasty Angel Court a'i holl gynnwys yn cael eu gwerthu gan ysgutorion y perchnogion newydd – etifeddion Syr William Price-Newton, y sgweiar olaf, a fu farw ym mis Hydref y llynedd.

Mae Llyfrgell Genedlaethol Cymru yn awyddus iawn i brynu'r llawysgrif bwysig hon, ond dywedodd y Dr. Briggs y gallai pris y llawysgrif mewn arwerthiant godi ymhell tu hwnt i gyllideb y Llyfrgell. Mae'n ymddangos bod nifer o lyfrgelloedd mawr yn Lloegr, yr Unol Daleithiau a'r Almaen â diddordeb yn y llawysgrif – llyfrgelloedd cefnog sydd yn gallu cydweithio â phrifysgolion rhyngwladol a denu arbenigwyr ar hanes Cymru a'r iaith Gymraeg atynt. Ond cred y Dr. Briggs yn bendant mai yng Nghymru y dylai llafur gwerthfawr yr hen filwr gael cartref parhaol.

Penodwyd cwmni enwog Christie's yn arwerthwyr ar gyfer holl drysorau Angel Court, tra bydd arwerthwyr o Gaerdydd yn gwerthu'r plasty a'r tir. Cynhelir yr arwerthiannau ym mis Hydref. Ni chafwyd amcan bris eto o werth cynnwys y plas, ond clywsom awgrym answyddogol o tua £300,000 ar gyfer llawysgrif Elis Gruffydd.

Holodd gohebydd *Y Faner* a yw'r Llyfrgell Genedlaethol yn bwriadu lawnsio apêl genedlaethol i brynu'r llawysgrif ac atebwyd bod y posibilrwydd dan ystyriaeth. Ond yn wyneb y sefyllfa economaidd ddyrys a'r cyni a'r diweithdra yng Nghymru, talcen pur galed fyddai apêl o'r fath ar hyn o bryd.

Wedi darllen yr erthygl gyfan, edrychodd Syr Edwin yn chwilfrydig ar ei ferch.

"Dyw prynu llawysgrif fel hyn ddim am greu swyddi, Olwen, heblaw am un neu ddwy yn y Llyfrgell Genedlaethol, efalle."

"Ond, 'sgwlwch beth ma'r llawysgrif yn ei gynnwys, Dad. Mae e'n sôn am bobl a llefydd trwy Gymru, de a gogledd."

"Ie – wel?"

"Twristiaeth, Dad. Un o ddiwydiannau'r dyfodol. Fe allai'r Bwrdd Croeso ddefnyddio'r llyfr i dynnu sylw at dreftadaeth Cymru a denu ymwelwyr i bob rhan o'r wlad – dim jest y cestyll mawr a'r Parciau Cenedlaethol."

"Eitha reit, ond shwd swyddi fydd e'n greu, Olwen? Swyddi dros dro, swyddi tymor yr haf gyda chyfloge isel. Felly bu'r diwydiant ymwelwyr erio'd. Meddwl, nawr, am yr holl lowyr a gweithwyr dur sydd wedi colli'u gwaith. Ro'n nhw ar gyfloge diwydiannol da. Smo nhw a'u teuluoedd yn mynd i allu byw ar gyfloge pitw a gwaith tymhorol. Fydde fe ddim yn talu'r morgais ar y tŷ, hyd yn o'd."

Gydag ond ennyd o saib, roedd y marchog ar gefn ei geffyl eto:

"Roedd ffrindie 'da fi yn yr ysgol yng Ngheinewy'. Am flynydde cyn y rhyfel, ro'n nhw'n gweini ar fisitors mewn gwestai, mewn siope – hyd yn o'd yn gosod *deck chairs* ar y traeth. Pishad dryw o gyflog ro'n nhw'n ga'l am orie o waith."

Gwenodd Olwen.

"Bach iawn o gyflog o'ch chi'n ga'l gan Dad-cu yn y garej."

"Ond ro'n i'n ca'l digon o fwyd yn 'y mola, to dros 'y mhen a dillad parchus i fynd mas. Ro'dd patshys mawr ar ddillad rhai o'r bois. Fe fydde Mam yn trefnu 'sêl swllt' yn delio 'da dillad ail-law yn y capel. Dim ond dillad da, cofia. Wedi talu swllt roedd pawb yn gallu gweud eu bod nhw wedi prynu'r dillad o'n nhw'n wisgo – dim cardod. Roedd y syllte yn mynd tuag at y gegin gawl yn y festri."

Gwyddai Olwen am gryfder cydymdeimlad ei thad â phobl gyffredin. Fel bron pawb o'r sector busnes, roedd wedi gwrthwynebu streic fawr y glowyr, a ddaethai i ben fis yn ôl ac yn arbennig arweiniad Undeb y Glowyr o dan Arthur Scargill. Eto i gyd, yn ddiarwybod i bawb, ond Olwen a'i gyfrifydd personol, roedd Syr Edwin wedi rhoi miloedd o bunnau o'i arian ei hun, o dan ffugenwau, tuag at gynnal y teuluoedd ym meysydd glo Cymru: yn enwedig gan nad oedd glowyr ar streic yn cael budd-daliadau gwladol ac roedd yr Uchel Lys wedi atafaelu Cronfa Streic Undeb y Glowyr.

Trodd Olwen y sgwrs yn ôl at dwristiaeth.

"Mae twristiaeth yn ddiwydiant pwysig heddi, Dad. Wyddoch chi fod twristiaeth wedi dod â thros 600 miliwn o bunno'dd o incwm i Gymru y llynedd? Wyddoch chi fod 90,000 o bobl yn gwitho mewn twristiaeth a hamdden yng Nghymru?"

"Da iawn hynny, ond mae e'n dal yn waith tymhorol – rhyw chwe mis ar y gore, tri mis gwirioneddol brysur. Dim y Balearics neu Tenerife yw Cymru, Olwen, yn gallu tynnu fisitors ar hyd y flwyddyn. Dyw diwydiant chwe mis ddim yn sylfaen dda i economi gwlad."

"Dim ar ei ben ei hun, nag yw. Ond fel rhan o strategaeth fwy, yn denu cwmnïe cynhyrchu pwysig – mwy o rai fel Ford a Sony ym Mhen-y-bont a British Aerospace yn Broughton. Cwmnïe fydd yma i aros, Dad, dim gwenoliaid dros dro. Fe all twristiaeth o safon uchel helpu i *wella delwedd* Cymru, er mwyn temtio'r busnesi mawr i ddod yno."

"A chodi lefelau cyflog, gobeitho," ychwanegodd Syr Edwin ar ei union.

"Bydd, ymhen amser, Dad. Fe fydd lefelau cyflog a nifer y swyddi'n cynyddu ar draws yr economi gyfan."

"Roeddet ti'n talu cyfloge teg i weithwyr Roadrest, o'r top i'r gwaelod, ond a welest di arwydd fod y cwmnïe motels eraill yn dy ddilyn di? Naddo, yn, siŵr iawn. Ro'n nhw'n cymeryd mantais!"

"Ond fe lwyddes i ddenu'r bobol ore, Dad, ac ro'n nhw'n aros 'da fi. Y'ch chi'n gwbod yn iawn bod siâr Roadrest o'r farchnad wedi cynyddu o flwyddyn i flwyddyn. Mae'n cwsmeried ni'n gwybod y cawn nhw wasanaeth da am bris rhesymol bob tro. Dyna'r pwynt rwy'n wneud am dwristiaeth o safon uchel: dim twristiaeth hufen iâ a hetie *kiss-me-quick* yw'r amcan. Denu fisitors mwy cefnog fydd yn gwario mwy ac yn hawlo safon uwch o wasanaeth – mewn gwestai, bwytai ac ati. Fel y daw'r incwm i mewn, fe fydd pwyse'r farchnad yn codi'r safone, ac fe fydd busnesi lleol yn elwa trwy'r *multiplier effect*. Bydd y cyfan yn hwpo'r Swyddfa Gymreig a'r cynghorau i wella'r amgylchedd lleol a'r *infrastructure*, gyda help arian Ewropeaidd."

Nodiodd Syr Edwin yn bwyllog.

"Gwna bapur imi, Olwen – dim *feasibility study* mawr, ond awgrymiadau – y posibiliadau a'r peryglon. Pa bryd y mae'r ocsiwn i fod ar y llawysgrif 'na?"

"Y degfed i'r deuddegfed o Hydref – chwe mis eto. Mae amser 'da ni i gynllunio."

"Amser i'r fwltiwrs gynllunio 'fyd. Mae gormod o'r diawled am bigo esgyrn yr hen wlad. Syniade ar bapur, Olwen – yn fyr ac yn syml, fel mae Mishtir Reagan yn eu lico nhw! Wedyn, fe gawn ni hala ychydig o ffrindie at 'i gilydd i helpu'r achos!"

PENNOD 5

Medi 1986

Safai Gwenno Llwyd ar y palmant wrth yr arhosfan bysus. Ar hyd y stryd safai'r siopau fideos a'r tai tandoori yn fud a chaeedig yn heulwen y bore, ond roedd cwsmeriaid yn gwibio i mewn ac allan o'r siopau bob-dim bychain. Y tu ôl i Gwenno roedd un o dafarnau'r ddinas yn hepian yn swrth yn y tes cynnar. Agorwyd drws y seler i'r stryd yn sydyn, a threiglodd sawr y casgenni cwrw o'r gwyll tanddaearol i oleuni'r dydd.

Ar hyd y palmant, gyda sbwriel neithiwr yn rhoi ambell i blwc llipa yn yr awel boeth, cerddai pobl i'w gwaith – rhai'n dalog, rhai'n bendrwm, ambell un fel ewig, ambell un yn malwennu mynd. Prynai hwn baced o Embassy a'r *Sun* yn y siop fach, a phrynai hon yr *Express* a dau afal ar gyfer gwaith y dydd. Cynyddu pob munud a wnâi'r ciw lle safai Gwenno; dynion a merched mewn siwtiau smart, myfyrwyr mewn denims, merched mewn saris ac ambell un mewn burka.

Rhuodd y bws oren i'r arhosfan ac estynnodd Gwenno'i harian o'i phwrs. Arian parod – dyna oedd bysus Caerdydd yn ei fynnu bob gafael. Byddai Gwenno'n gofalu bod y swm priodol ganddi cyn gadael y fflat. Gwyddai'r gost i ganol y ddinas yn dda. Bu'n gwneud y siwrnai'n aml ers iddi ddychwelyd i Gaerdydd ym mis Gorffennaf. Beth bynnag, roedd bod yn barod am y diwrnod ym mêr ei hesgyrn. Cawsai ddigon ar gamu ymlaen trwy hap a damwain yn ifanc iawn. Llithrodd Gwenno trwy ddrws y bws cyn i'r llanw trwsgl o gyrff droi'n dagfa ar y rhiniog.

Ar y ffordd gwyliai Gwenno y siopau a'r bobl yn rhubanu heibio iddi a chlywai ddwndwr parhaus y drafnidiaeth ddiddiwedd. Edrychodd yn gyflym o gwmpas y bws. A hithau wedi arfer dehongli a phortreadu gwahanol gymeriadau, sylwodd eto ar y modd roedd gwisg pobl yn dweud rhywbeth yn eu cylch. Roedd siwtiau llanciau'r swyddfeydd fel iwnifform, er mai ffasiwn y dydd oedd y siacedi llydan, llac a'r teis sidan amryliw.

Trodd Gwenno ei golygon yn ôl tua'r ffenest. Gwyddai'n dda mai annoeth fyddai rhoi mwy na chipolwg brysiog ar neb mewn bws neu ar y stryd yn y byd oedd ohoni. A phrin y mentrai neb hyd yn oed hynny ar fws neu'r tiwb yn Llundain, yn ôl a glywsai gan un o'i ffrindiau a fu yn RADA.

Hogan o'r wlad oedd Gwenno yn y bôn, o bentref Llan Ffestiniog, er bod ei theidiau wedi gweithio yn chwareli llechi mawr Blaenau Ffestiniog. I Gwenno, roedd maintioli Caerdydd, er ei bod hi'n brifddinas, o fewn cwmpas ei map meddyliol yn braf. Doedd dim argoel o *megalopolis* amhersonol yr ugeinfed ganrif yn perthyn iddi. Teimlai'n gwbl gartrefol yma.

Wrth wylio cerrynt lliwgar y strydoedd yn pasio'r ffenest, meddyliodd yn sydyn am ei gwisg. Oedd ei gwisg hithau yn addas i'r dydd, tybed? Rhoesai heibio'r denims a wisgai fel arfer gan wisgo sgert laes, flodeuog, gyda blows haf a gwasgod fechan. Doedd hi ddim yn gwisgo teits; roedd y tywydd mor braf, beth bynnag, a'i hesgidiau haf cyn ysgafned â sandalau. Tybed a ddylai hi fod wedi gwisgo teits? Cyfweliad oedd hwn, wedi'r cwbl ac roedd pobl yn disgwyl gwisg mwy ffurfiol mewn cyfweliad. Dim gwrandawiad ar gyfer drama, neu sioe oedd o. Na, twt lol, roedd hi wedi gwisgo'n smart ac yn gweddu i'r achlysur. Os nad oedd hi'n plesio, eu colled nhw fydda' fo.

Llithrodd muriau'r castell heibio a gwelodd safn lydan Heol y Frenhines yn nesáu. Dyma lle roedd y lliaws, fel hithau, yn ymarllwys i geubal barus y ddinas. Dihangodd Gwenno o'r bws ger cornel y castell, a chroesodd Fôr Coch y traffig bygythiol dan y golau gwyrdd.

Edwinodd y llanw dynol erbyn iddi gyrraedd pen draw Heol y Frenhines a thramwyo Dumfries Place. Yna, daeth i gwrdd â llif arall o bobl yn tyrru o'r orsaf rheilffordd gerllaw, cymysgedd o weithwyr a siopwyr wedi dod oddi ar un o drenau'r Cymoedd. Cyn hir, safai bloc tal, gwydrog Tŵr Dewi o'i blaen – 'blwch diaddurn' ar wedd fodern a chawraidd. Wedi dangos ei llythyr apwyntiad, cymerodd hithau'r lifft i'r degfed llawr.

Cyfweliad byr ac ychydig yn od a gafodd Gwenno. Roedd tri o bobl ar y panel, a synhwyrai hithau dipyn o dyndra rhwng y ddau ddyn. Dave Evans a'i holai fwyaf – gŵr hwyliog a rhadlon, cyfarwydd â byd perfformio a'r theatr. Er ei fod yn gwisgo siaced a thei, edrychai'r rheiny fel petaent wedi treulio rhai wythnosau yng ngwaelod basged neu ar lawr. Roedd yr ail aelod, Barbara Lloyd, yn smart ac yn ffurfiol. Trafod materion cyflogaeth ac yswiriant roedd hi, a gwnaeth hynny'n syml ac eglur. Cadeirydd y panel oedd Rhys Gruffydd – gŵr tua deugain oed, dybiai Gwenno, a 'Gog' fel hithau. Roedd ei wallt tywyll wedi dechrau teneuo uwch ei dalcen ac roedd ganddo dipyn o wrid cefn gwlad. Dyma ddyn oedd, yn amlwg, wedi arfer â gwisgo siwt syber a thei. Dywedodd ar y cychwyn ei fod yn newydd i'w swydd, a barnai Gwenno ei fod braidd yn anniddig gyda thuedd Dave i greu monologau dramatig.

Sut bynnag, Dave Evans a esboniodd ofynion y gwaith, gan ei galw wrth ei henw cyntaf, fel y gwneid mewn gwrandawiad ar gyfer sioe.

"Fe fydd yr *events* r'yn ni'n cynnal yn cynnwys dramâu – rhai hanesyddol a rhai ysgafn – a rhai ysgafn hanesyddol! Mae'n rhaid i hanes fod yn hwyl, Gwenno. Fe gawn ni glasuron llenyddiaeth – Cymraeg a Saesneg. Fe fydd yna gyngherddau cerdd, efallai sioeau cerdd – rhai fel 'Y Mab Darogan' am Owain Glyndŵr – fe allwn ni gomisiynu sioeau newydd hefyd..."

Aeth ymlaen i sôn am weithgareddau chwaraeon a Gwyliau Giamocs awyr agored.

"Wyt ti'n cofio 'It's a Knockout'? Mae e wedi 'bennu erbyn hyn, ond roedd sioeau tebyg ar draws Ewrop – 'Jeux sans Frontières'. Fe fydde'n grêt cael sioeau felly ar rai o barciau'r National Trust – fel Castell Penrhyn neu Blas Dinefwr."

"Beth am inni glywed mwy am eich profiadau chi, Miss Llwyd?" torrodd Rhys ar ei draws, "Rydach chithau wedi gwneud dipyn o waith theatr-mewn-addysg, on'd do?"

Goleuodd wyneb Gwenno wrth i Rhys estyn yr agoriad hwn, a soniodd yn afieithus am ei chyfnod gyda chwmni Tŷ Taf yn llwyfannu rhaglenni yn ysgolion cynradd De Morgannwg yn ogystal â sioeau ysgafn i ymwelwyr yng Nghastell Caerdydd a'r Amgueddfa Werin yn Sain Ffagan. Bu gyda chwmni arall yn Aberystwyth, yn gweithio gyda threfnyddion pwnc Awdurdod Addysg Dyfed. Fe wnaethon nhw raglenni i ysgolion am yr Arglwydd Rhys, Jemeima Niclas, am chwedl Cantre'r Gwaelod a thraddodiad morwrol Sir Benfro.

Oedd, roedd rhywbeth yn heintus mewn brwdfrydedd fel'na, meddai Rhys wrtho'i hun.

Bu tipyn o ddadlau rhwng Rhys a Dave wedi'r cyfweliad. Doedd Rhys ddim yn ffafrio dull anffurfiol a di-strwythur braidd Dave. Cafwyd cytundeb rhwng y tri ar restr gytbwys o gwestiynau cyn y cyfweliad – y cyntaf o dri y diwrnod hwnnw – ond aeth Dave dros ben llestri ac anwybyddu amryw ohonyn nhw.

Ym myd addysg y bu profiad Rhys ac roedd cyfweliadau am swyddi yn y byd hwnnw'n eithaf ffurfiol. Gwenai Dave yn braf wrth i'w fos newydd bwysleisio'r angen am batrwm unffurf. Roedd fel petai'n cymryd sylwadau Rhys fel canmoliaeth.

Y twmffat hurt, meddai Rhys wrtho'i hun wrth iddo ddweud ei ddweud. Roedd yn bwysig i bob cyfweliad ddilyn patrwm cyson, meddai, gyda'r cwrteisi hwnnw sy'n nodweddu 'ram dam' swyddogol. Beth petai ymgeiswyr am swyddi'n amau eu bod yn cael eu trin yn wahanol i'w gilydd? Gallai hynny arwain at ensyniadau o ffafriaeth, gyda'r holl firi a ddeuai i ganlyn hynny.

"Rhys, Rhys," meddai Dave yn fwynaidd, gyda'i ddwy law anferth ar led, fel dewin yn ceisio bwrw swyn neu dawelu crochan oedd yn gor-ferwi, "Dim 'da'r pwyllgor addysg na'r Swyddfa Gymreig y'n ni nawr."

"Nage, cwmni preifat ydy Cwmpas Cymru, ond mae'r un safonau yn gymwys yma hefyd. Rydan ni'n gwmni Cyfleoedd Cyfartal, Dave ac mae'n rhaid inni ddilyn canllawiau."

"Ond dy'n ni ddim yn ricriwto pobl swyddfa nac athrawon, Rhys. Recriwtio perfformwyr y'n ni. Mae e'n fyd gwahanol ac yn gwitho mewn ffyrdd gwahanol. Ry'n ni'n moyn tanio deialog sy'n gadael i ymgeiswyr ddangos beth sy 'da nhw i'w gynnig – dod allan o *strait jacket* cyfweliad arferol."

"Roedd y cyfweliad yna'n debycach i fonolog ar adegau," atebodd Rhys yn frathog.

"Mi ddyla perfformiwr da allu addasu i'r sefyllfa, p'run ydi honno'n sioe gomedi neu gyfweliad fel heddiw."

Cododd Dave ei ysgwyddau a gwnaeth wyneb 'chdi ydi'r

bos' hynod o ddiniwed a graslon. Yno gloywodd gwên fawr drosto.

"Ond roedd y Gwenno 'na'n dda, Rhys, on'd oedd hi? Do'dd dim yn llwyd am Gwenno Llwyd!"

"Oedd, roedd hi'n arbennig," ategodd Rhys, heb geisio atgoffa Dave mai ei gwestiwn ef a dynnodd yr ymateb gorau yn y cyfweliad.

"Ond plis, Dave, gawn ni dreio cadw at y sgript yn y sesiynau eraill."

* * *

Rhuthrodd wythnos gyntaf Rhys yng Nghaerdydd heibio fel y gwynt, a daeth prynhawn Gwener. Tua phump o'r gloch roedd Rhys a'r Allegro glas yn gwau yn ansicr a ffwdanllyd tua'r gogledd trwy ddilyw traffig y ddinas ar ei brysuraf. Daliai ei wynt ym mhob cyffordd, yn enwedig ar y Gabalfa Interchange, lle roedd gewynnau sawl ffordd yn ymaflyd am asgwrn cefn Manor Way a'r ffordd am Ferthyr. Ar ôl iddo basio Tongwynlais, heibio i dyrau'r Castell Coch, gwelai lechweddau coediog Dyffryn Taf yn fframio'r rhesi tai o boptu iddo, â'r llawr yn lledu wrth iddo fynd heibio i odre Cwm Cynon. Llaciodd y drafnidiaeth rhywfaint ac anadlai Rhys yn brafiach.

Tu hwnt i Ferthyr, ymdrochai rhostir eang y Bannau yn heulwen Medi, ac wrth iddo rwnian heibio'r Storey Arms gwelodd lond dwy lori o filwyr ifanc ar fin cychwyn ar daith nos drwy'r unigeddau.

"Mi gân nhw noson olau leuad heno," synfyfyriodd Rhys, dim fel y creaduriaid druan a ddeuai yno dan hyfforddiant yng ngerwinder y gaeaf.

Edrychai ymlaen at gyrraedd adref, i Dregraig, ac roedd y milltiroedd yn troi'n oriau wrth iddo lywio'i ffordd trwy fröydd tawel â'u swyn fel hudlath yn yr haul. Meddyliai am Lynne a'r plant am y canfed tro'r wythnos honno. Bron na welai wyneb Lynne trwy'r glesni dwfn a goronai droadau'r ffordd. Clywsai ei llais ddwywaith yn ystod yr wythnos. Roedd wedi ei ffonio unwaith o'r gwesty, a holi sut roedd pawb. Cafodd sgwrs efo Ffion ac Eifion hefyd a hwythau'n dweud dipyn o hynt tymor a dosbarth newydd yn yr ysgol. Ar y nos Fercher, ac yntau yn dathlu ei ben-blwydd ar ei ben ei hun yn llonyddwch y gwesty, canodd y ffôn a chlywodd ddatganiad digon croch o 'Pen-blwydd Hapus' bob yn ail â chwerthin. Ond heblaw am hynny, roedd chwithdod y nosweithiau unig yn y ddinas yn gallu bod yn bur ddiflas.

Erbyn iddo gyrraedd Llanfair-ym-Muallt, roedd Rhys yn barod am hoe fach. Wedi croesi'r bont dros Afon Gwy i Lanelwedd, arhosodd ym mwyty'r Little Chef wrth ymyl cylchfan maes y Sioe Frenhinol, a chafodd botiaid o de a brecwast-drwy'r-dydd i'w sioncio ar gyfer gweddill y siwrnai. Wrth iddo yfed ei de ger ffenest lydan y bwyty, gwelai amlinell hirbell y bryniau tu draw i Faes y Sioe. Byddai'n rhaid iddo roi'r trumiau acw, eto, y tu cefn iddo cyn cyrraedd adref. Dwyawr go lew.

Wrth iddo adael y bwyty a chychwyn ar ail hanner ei daith, daliai profiadau'r wythnos a fu i wibio trwy ei feddwl. Teimlai fel petai rhyw gasét fideo yn ail-lwytho ac yn dangos yr un golygfeydd dro ar ôl tro yn ei ben. Mewn pum niwrnod roedd cymaint wedi digwydd – na, dim dyna'r gair: doedd dim llawer wedi digwydd. Yn hytrach, roedd y fath goflaid o wybodaeth a syniadau wedi ei harllwys am ei ben roedd y cyfan fel darnau o jig-so, yn bentwr driphlith draphlith o'i gwmpas. Un o'i dasgau cyntaf fyddai ceisio gwneud darlun cyflawn ohonyn nhw.

Roedd Rhys wedi hen arfer ag wythnos gyntaf blwyddyn newydd yn yr ysgol (deunaw ohonyn nhw) a'r wythnos gyntaf mewn ysgol newydd – tair ohonyn nhw. Ond bu patrwm a threfn cysurus o gyffredin i'r wythnosau hynny. Edrychai'r patrwm newydd o'i flaen yn bur debyg i Gyfnewidfa Gabalfa – y ffyrdd yn nadreddu i sawl cyfeiriad, heb derfyn gweladwy.

Daeth esgyll englyn Dewi Emrys i'r "Gorwel" i'w gof:

Hen linell bell nad yw'n bod,
Hen derfyn nad yw'n darfod.

Vista ddi-ben-draw felly oedd o'i flaen, a theimlai ias o ansicrwydd ambell dro, bob yn ail â chyffro'r antur. Roedd y posibiliadau mor eang, byddai'n anodd gwybod ble i gychwyn. Cofiai siars olaf Cadeirydd ei banel penodi yn y gwanwyn – un o benaethiaid Demetian Holdings, Olwen Cradock:

"I raddau helaeth, Mr. Gruffydd, eich swydd ddisgrifiad chi fydd popeth y gallwch ei gyflawni'n llwyddiannus. Smo pawb yn cael cyfle felly."

Waeth pa mor flinderus oedd dwyawr olaf y daith, roedd pob milltir yn ei ddwyn yn nes adref. Pasiodd arwydd 'Gwynedd' ar gyrion Mallwyd ac edrychodd ar y mesurydd milltiroedd. Roedd o wedi teithio 93 o filltiroedd ar draws un sir yn unig, sef Powys. Erbyn hyn roedd wedi nosi ac yntau wedi gadael Caerdydd am bump o'r gloch. Gwelsai'r machlud dros Lyn Clywedog wrth iddo ddilyn y lôn fynydd o Lanidloes i Lanbryn-mair ac erbyn iddo gyrraedd Cemaes a Glantwymyn roedd yn nos las fel y galwai Ffion y cyfnos. Ymhell cyn Dolgellau roedd yn nos ddu, yn nherminoleg ei ferch saith oed. Byddai Ffion yn ei gwely erbyn iddo gyrraedd adref, ond byddai Eifion wedi cael aros ar ei draed, gan ei bod yn nos Wener.

Sbel cyn iddo gyrraedd brig yr allt a fyddai'n ei arwain i lawr i'w ddyffryn ei hun, gwelai wawl oren y goleuadau stryd yn yr awyr – yr hugan annaturiol a ddynodai bob tref a phentref erbyn hyn.

Wedi cyrraedd Tregraig, roedd pob siop wedi cau, a dim ond y dafarn ar y groesffordd yn goleuo'i chroeso. Newydd gau roedd y siop sglodion dros y ffordd i'r dafarn, mae'n debyg, yn ôl ei threfn arferol. Tawel oedd ei stryd yntau a goleuadau cyfarwydd ffenestri'r cymdogion yn ei dywys tua'r tŷ. Wrth ddiffodd y peiriant, teimlai ochenaid dawel o ryddhad. Agorodd ddrws y car a safodd am ennyd i ystwytho'i gorff blin. Roedd golau yn ffenest y gegin, a gwelai gysgodion ar y llenni, Ymhen chwinciad roedd drws y tŷ wedi agor a dacw Ffion ac Eifion yn melltennu allan, yn eu pyjamas a gynau nos.

Cododd Ffion ar ei fraich a rhoi'r fraich arall am ysgwyddau Eifion. Wrth eu cefnau roedd Lynne yn wên o glust i glust â direidi yn ei llygaid. Rhoes gusan i Rhys ac meddai, "Doedd yna ddim cysgu yng nghroen Ffion nes bydda Dad wedi cyrraedd adra. Sut siwrna gest ti?"

Ar y soffa yn y lolfa, bu Rhys yn dweud hanes ei wythnos gyntaf yng Nghaerdydd, gydag Eifion a Ffion bob yn gesail, a rhoes anrhegion i'r ddau o waith lledr gydag arfbais Caerdydd arnyn nhw – pwrs i Ffion a waled i Eifion.

"Fydd yna ddim presant bob wythnos, cofiwch," meddai Lynne, "neu mi fydd y tŷ'n llawn dop o bethau erbyn y 'Dolig."

Wedi i'r plant fynd i'w gwelyau, cafodd Lynne a Rhys y

soffa iddyn nhw eu hunain. Ym mreichiau ei gilydd, cafodd Lynne gyfle i holi yn fwy manwl.

"Ydi o'r hyn roeddat ti wedi'i ddisgwyl?"

"Anodd deud. Mae'r cwbwl mor benagored, does wybod yn iawn beth fydda i yn canolbwyntio arno fo – digwyddiadau ar safleoedd, cyswllt efo ysgolion ynteu rywbeth arall. Mae 'na *Master Plan* ar y top, ond dydy o ddim yn fanwl nac yn glir iawn ar lawr gwlad. Ni'n hunain fydd yn treio gwneud hynny – criw hollol newydd a phawb yn ddiarth i'w gilydd."

"Sut griw ydyn nhw? Cymry ydyn nhw i gyd?"

"Ia, Cymry ydyn nhw, a'r rhan fwyaf yn siarad Cymraeg neu'n dysgu Cymraeg. Dylanwad Olwen Cradock ydi hynny, mae'n debyg. Demetian Holdings ydi'r ceffyl blaen yn y cynllun, does dim dwywaith am hynny."

"Ydi hi yng Nghaerdydd hefyd?"

"Nac ydi. Yn Llundain mae hi. Ond mae ganddi hi fraich go hir, ddyliwn i."

"Ydi'r 'criw' yma yn rhai go hwyliog?"

"Ydyn. Ifanc ydyn nhw at ei gilydd – ugeiniau a thridegau – heblaw am y bos, Richard Stroud. Dydw i ddim wedi cyfarfod pawb o'r penaethiaid adran eto, ond mae'r rhai rydw wedi'u gweld tua'r un oed â fi, neu ychydig yn iau. Mae'r criw Addysg a Hamdden yn rhai digon clên, er bod un yn dipyn o geg fawr!"

Chwarddodd Lynne yn ysgafn.

"Yn uwch ei gloch na chdi, wyt ti'n feddwl? Pwy ydi o – ynte hi ydi hi?"

"Dave Evans. 'Trefnydd Achlysuron' ydi'i deitl swyddogol o."

"Ro'n i'n meddwl bod hynny'n rhan o dy swydd di."

"Ydi, o ran syniada a chynllunio. Dave fydd yn gwneud y

gwaith caib a rhaw, yn trefnu safleoedd ac offer ac ati, ac mae o'n nabod lot o bobol yn y maes yna."

Rhoes Lynne bwniad ysgafn iddo.

"Rydach chi'ch dau yn mynd i orfod cyd-dynnu, felly, yn tydach?"

Aeth y ddau i'r gwely yn gynnes eiddgar y noson honno. Wedi caru ac ynghlwm ym mreichiau ei gilydd, bu'r ddau yn cyfrif, rhwng difrif a chwarae, pa sawl noson y bu'r ddau ar wahân. A hwythau'n briod ers deuddeng mlynedd, prin iawn fu'r adegau hynny. Dim ond yr ychydig ddyddiau y bu Lynne mewn ysbyty mamaeth pan aned y plant, ambell i noson pan oedd Rhys i ffwrdd ar gwrs gyda'i waith, a chwta wythnos yn flynyddol, ers wyth mlynedd bellach, pan fyddai Rhys i ffwrdd ar deithiau maes gyda'r ysgol.

"Mi fyddan ni wedi dyblu'r cyfanswm cyn 'Dolig", meddai Lynne,

"Wyt ti'n dal â ffansi inni symud i Gaerdydd?"

Troes Rhys ar ei gefn.

"Wn i ddim. Mae'n rhy fuan i ddeud. Does dim sicrwydd pa mor hir y bydd y prosiect yn para. Os mai tân siafins fydd y cwbwl, mi fydda'n chwith cefnu ar bob dim sy gynnon ni yma. Be' wyt ti'n feddwl, Lynne? Rwyt ti'n 'nabod Caerdydd yn well o lawer na fi."

"Mae 'na lot mwy o Gymraeg yno rŵan na pan oeddwn i ym Mryntaf. Mynd yn ôl i'r Fro Gymraeg oedd y peth mawr bryd hynny. Fasa'r plant ddim yn cael cam. Ond mae prisiau tai yng Nghaerdydd am fod yn broblem."

"Ydyn, maen nhw. Rydw i wedi dod ag atodiada tai y *Western Mail* a'r *South Wales Echo* efo fi. Fe gawn ni sbec arnyn nhw fory, os lici di."

* * *

Bu'r bore Sadwrn yn adlais cysurus o fywyd arferol y teulu. Torrodd Rhys laswellt y lawnt a thocio rhywfaint ar y gwrych o gwmpas yr ardd. Aeth Eifion a'i ffrindiau i grwydro'r fro ar eu beiciau BMX, ei anrheg y Nadolig cynt, tra bu Ffion yn canlyn ei thad o gwmpas yr ardd ac yn adrodd hanesion am ei hwythnos gyntaf yn Safon Un yn ysgol y pentref.

Yn y prynhawn aeth y pedwar yn y car i draeth Dinas Dinlle, i fwynhau heulwen aeddfed Medi, a chael cyfle i ymdrochi oddi ar y cilgant bychan o dywod melfed ym mhen pellaf y promenâd.

Ar fore Sul, aeth y teulu i gapel Bethania, lle roedd Rhys a Lynne wedi ymaelodi ar ôl symud i'r fro. Aeth y plant i'r Ysgol Sul yn y prynhawn a Lynne yn athrawes ar ddosbarth Ffion – y plant ieuengaf.

Digon diflas fu canu'n iach eto, tua phedwar o'r gloch y prynhawn a'r Allegro glas yn cychwyn yn ôl i Gaerdydd. Mwy diflas oedd sylweddoli (a deallai Eifion hynny'n fyw iawn) mai dyna fyddai'r drefn bob wythnos, efallai am hir iawn, os … Ac roedd dau os mawr: os byddai swydd Rhys yn parhau a phrosiect Cwmpas Cymru'n llwyddo ac os byddai'r teulu yn penderfynu aros yn Arfon yn hytrach na symud i Gaerdydd. Deuai'r ail os yn fwy ansicr bob wythnos, wrth i Rhys ddod â'r atodiadau tai efo fo, a'r bwlch cynyddol rhwng prisiau tai yng Nghaerdydd ac yn Arfon yn dod yn fwy amlwg.

Un diddanwch i Rhys ar ei siwrnai'r Sul hwnnw oedd tâp casét a baratôdd Eifion ar ei gyfer. Aethai'r bachgen ati i chwarae rhai o recordiau sengl feinyl ei dad ar ei ddec midi hi-fi ei hun, a'u hailrecordio ar gasét. Gallai Rhys glywed rhai o'i hen ffefrynnau ar beiriant casetiau'r car i ddifyrru'r daith. Doedd ansawdd y sain ddim yn neilltuol o dda, ond roedd Rhys yn falch o glywed yr alawon cyfarwydd, yn enwedig gan fod y derbyniad radio'n diffygio'n llwyr trwy rannau o'r Canolbarth. Dros y misoedd nesaf byddai Eifion yn golygu dau neu dri o gasetiau eraill, a phrynodd Rhys ei hunan amrywiaeth o gasetiau masnachol, yn gerddoriaeth glasurol ac ysgafn, i ddifyrru'r oriau blin o deithio.

PENNOD 6

Mehefin – Hydref 1985

Wedi ffurfio'r consortiwm o gwmnïau i geisio prynu llawysgrif Elis Gruffydd ym mis Mehefin 1985, dechreuodd y wasg ffroeni bod stori fwy na darganfyddiad hanesyddol y tu cefn i'r datblygiad. Daeth yn amlwg i'r sylwebyddion mwyaf craff hefyd fod un cwmni neilltuol yn geffyl blaen, sef Demetian Holdings, cwmni'r uwch-filiwnydd, Syr Edwin Cradock. Cyn hir cafwyd cnawd ar esgyrn y cyhoeddiad gwreiddiol, ac fel hyn y crynhowyd y mater yn y cylchgrawn *Barn*:

> Bydd y consortiwm yn ceisio prynu llawysgrif Elis Gruffydd er mwyn ei chyflwyno'n rhodd i Lyfrgell Genedlaethol Cymru. Yna bydd y grŵp yn ariannu cynllun i hyrwyddo twristiaeth yng Nghymru, efallai gyda thaith Elis Gruffydd yn thema, ond yn y tymor hir, yn cefnogi mentrau cymunedol a busnesau bychain ledled Cymru i geisio adfywio economi mewn gwewyr. Mae'n ymddangos bod y grŵp yn awyddus i gydweithio gyda Bwrdd Croeso Cymru, y Swyddfa Gymreig, Awdurdod Datblygu Cymru, y corff treftadaeth newydd Cadw, awdurdodau lleol, colegau Prifysgol Cymru a llu o gyrff eraill.
>
> Asgwrn cefn y cynllun fydd sefydlu cwmni cyfyngedig trwy warant, gyda chwmnïau'r consortiwm yn cyfrannu a gwarantu'r cyllid – cwmni gyda'i gyfarwyddwr a'i staff ei hun. Bydd ganddo bencadlys yng Nghymru a chyllideb annibynol i wireddu'r fenter. Timeline Wales fydd enw Saesneg y cwmni,

yn ôl y sôn. Bwriedir cael enw Cymraeg hefyd, ond nid yw hwnnw'n hysbys eto. Y tebygrwydd yw mai Olwen Cradock, Is-Bennaeth Demetian Holdings, a chyn-Gyfarwyddwr hynod lwyddiannus cwmni Roadrest, fydd Cadeirydd y corff newydd.

Cyn bo hir, roedd Ysgrifennydd Gwladol Cymru wedi canmol menter a gweledigaeth y consortiwm ac yn apelio ar bob corff cyhoeddus i gefnogi'r prosiect. Mewn datganiad i'r wasg, soniai am y manteision o ran twristiaeth, am hybu ymwybyddiaeth o draddodiad diwydiannol Cymru a chyfle i hybu sgiliau newydd ym myd addysg.

Trwy fis Mehefin 1985 aeth y gwaith o fraenaru'r tir ar gyfer sefydlu Timeline Wales yn ei flaen. Hidiwyd siars Olwen Cradock i achub ar bob cyfle am gyhoeddusrwydd i'r fenter. Un pwynt a wnaed yn gyson gan dîm craidd Timeline Wales oedd na fyddai'n deg lawnsio apêl gyhoeddus i gasglu arian tuag at brynu'r llawysgrif ar adeg pan oedd economi Cymru mor sigledig a diweithdra mor uchel. Dyna pam roedd buddsoddwyr busnes y mudiad a'r cyfalaf allanol yn allweddol i'r prosiect.

Daeth ambell i stori i'r brig oedd heb gysylltiad â'r prosiect newydd o gwbl, ond yn ffrwyth ymgyrch gwbl gynhenid. Enghraifft o hynny fu stori o Gydweli. Cawsai cynllun lleol ei gychwyn i godi cofeb ger Castell Cydweli i'r Dywysoges Gwenllian o Ddeheubarth. Gwenllian a arweiniodd fyddin Gymreig yn erbyn y Norman, Maurice de Londres, ceidwad y castell yn 1136. Wedi colli'r frwydr, dienyddiwyd Gwenllian a'i mab hynaf. Bu creulondeb de Londres yn sbardun i wrthryfel ffyrnig yn Ne Cymru a ysgubodd lawer o'r Normaniaid, yn cynnwys de Londres, o'u cestyll. Cangen leol Merched y Wawr oedd yn arwain yr ymgyrch i godi'r Gofeb yng Nghydweli, ac o'i swyddfa yn Llundain, gwelai Olwen Cradock bwysigrwydd ymgyrchoedd o'r fath a rôl mudiadau Cymreig cynhenid o ran hyrwyddo treftadaeth.

Ar ddechrau Gorffennaf y cawsai cwmni Timeline Wales ei sefydlu'n ffurfiol, gydag Olwen Cradock yn Gadeirydd a chynrychiolwyr cwmnïau'r consortiwm yn Fwrdd Cyfarwyddwyr. Penodwyd Bwrdd Rheoli, gyda Chyfarwyddwr o fyd y cyfryngau. Roedd Richard Stroud wedi bod yn newyddiadurwr ac yn gynhyrchydd teledu. Cymro o Lyn-Nedd oedd o, ond wedi ei fagu'n ddi-Gymraeg. Wedi priodi â merch Gymraeg ei hiaith, Llinos, ymgartrefodd y ddau yn Nyffryn Llynfi, ger Maesteg, a dechreuodd Richard ddysgu Cymraeg. Pan oedd eu merch hynaf, Bethan, yn faban arferai ddweud wrth ei gyfeillion:

"I'm still a few lessons ahead of her, but I'll have to get up speed."

Erbyn i Bethan ddechrau mynd i'r ysgol, roedd Richard yn rhugl ei Gymraeg.

O ran dewis enw Cymraeg i'r cwmni, ystyriwyd Oesoedd Cymru a nifer o enghreifftiau eraill. Roedd Gwenan Briggs ei hunan wedi wfftio trosiadau carbwl fel Llinell-Amser Cymru. Ni fyddai Treftadaeth Cymru yn enw addas i'r prosiect ychwaith, gan ei fod yn clymu'r cynllun yn ormodol wrth y gorffennol. Yn y diwedd, Gwenan a'r Athro Cynfael Lewis, arbenigwr ar hanes y Tuduriaid, a gafodd y syniad mwyaf gafaelgar: Cwmpas Cymru. Esboniodd Gwenan wrth Olwen fod y cynnig yn ddigon eang i gynnwys hanes a daearyddiaeth Cymru, ei diwylliant a'i heconomi drwy'r oesoedd – ei phobl a'i phethau i gyd. Yn fwy na dim, roedd yn gymwys ar gyfer y gorffennol, y presennol a'r dyfodol. Amcan yr enwau a ddewiswyd, felly, oedd "Pontio ddoe, heddiw ac yfory ein gwlad".

Defnyddiwyd yr ymadrodd hwnnw am y tro cyntaf mewn cynhadledd i'r wasg i lansio'r cwmni newydd. Yn graff iawn, dewiswyd Sioe Frenhinol Cymru yn Llanelwedd ym mis Gorffennaf ar gyfer y lansiad hwnnw. Yng nghanol torfeydd hafaidd o bobl cafwyd arddangosfeydd gan gyrff treftadaeth fel yr Ymddiriedolaeth Genedlaethol – un o dirfeddianwyr mwyaf Cymru – a'r corff treftadaeth gwladol newydd a ffurfiwyd gwta flwyddyn ynghynt, Cadw. Roedd Awdurdod Datblygu Cymru a Bwrdd Datblygu Cymru Wledig yn sefydliadau cyfarwydd iawn yn Llanelwedd. Yn y Drenewydd, prin hanner awr o Faes y Sioe, roedd pencadlys Bwrdd Cymru Wledig. Roedd Bwrdd Croeso Cymru hefyd yn bresenoldeb cyfarwydd, gyda'i gynlluniau i hyrwyddo a noddi twristiaeth a lletygarwch yng nghefn gwlad. Cymerwyd cryn sylw o'r fenter gan yr Undebau Amaethyddol, gan fod twristiaeth fferm a phrosiectau cymunedol yn fater o bwys mawr i ardaloedd gwledig. Bu sawl sgwrs ar raglenni Radio Cymru a Radio Wales y BBC, a oedd yn cynnig oriau o ddarlledu o'r Sioe.

Erbyn hyn daethai agwedd amgylcheddol y fenter i'r amlwg hefyd. Roedd diogelu tirwedd ac amgylchedd – treftadaeth natur yn ogystal â threftadaeth ddynol – yn rhan bwysig o'r weledigaeth. Felly byddai Cwmpas Cymru yn cydweithio ag awdurdodau'r Parciau Cenedlaethol, y Comisiwn Cefn Gwlad a Chyngor Gwarchod Natur Cymru ac yn ymgynghori â'r elusennau a mudiadau cadwraeth natur a thiroedd, fel y Gymdeithas Gwarchod Adar a Chymdeithas Tirfeddianwyr Cefn Gwlad.

Cynhaliwyd ail lansiad yn yr Eisteddfod Genedlaethol yn y Rhyl ym mis Awst. Y tro hwn rhoddwyd lle amlwg i'r Llyfrgell Genedlaethol a'r Amgueddfa Genedlaethol. Achubodd y Llyfrgell ar y cyfle drwy wneud arddangosfa o luniau lliw mawr o waith gan Elis Gruffydd oedd yn ei meddiant eisoes – y Cronicl enfawr a luniwyd ganddo yn Calais. Roedd y Bwrdd Croeso yn bresenoldeb amlwg, unwaith eto, a gwnaeth Cadeirydd y Bwrdd araith yn y Babell Lên yn galw am ehangu apêl twristiaeth Gymreig. Roedd yn rhaid cwmpasu diwylliant Cymru yn ei aml agweddau ac nid yr adnoddau diriaethol yn unig. Roedd ceunant, craig a llyn, traeth a morfa, mynydd a chwm eisoes yn atyniadau poblogaidd. Felly hefyd y cestyll a'r plastai, meddai, y trenau bach ac adeiladau diwydiant. Ond roedd angen rhoi sylw i fywydau'r bobl a drigai – ddoe a heddiw – yn y mannau hyn, a gwneud ymweliad twristaidd yn fwyd i'r synhwyrau i gyd, yn cynnwys bwydydd a diodydd lleol yn ogystal â lluniaeth i'r meddwl a'r emosiynau.

Roedd y Rhyl yn lle da i gynnig y fath weledigaeth, mewn gwirionedd: tref lle roedd synau ac arogleuon twristiaeth glan-y-môr yn eistedd ar drothwy un o fröydd diwylliannol mwyaf nodedig Cymru, sef Dyffryn Clwyd. Roedd yn gyfle ac yn her i geisio datblygu ffurfiau mwy crwn a mwy meddylgar ar dwristiaeth. Felly, meddai'r Cadeirydd, roedd y Bwrdd Croeso yn llwyr gefnogi menter a gweledigaeth Cwmpas Cymru / Timeline Wales.

Yn y gynulleidfa y prynhawn hwnnw roedd athro hanes o un o ysgolion uwchradd Môn – Rhys Gruffydd, 38 oed. Ar ymweliad undydd â'r Brifwyl roedd Rhys a'i deulu, a Lynne a'u plant, Eifion a Ffion, wedi mynd i weld sioe 'Syr Wynff a Plwmsan' yn Theatr Fach y Maes. Fel athro, byddai Rhys yn ceisio hyrwyddo gwaith maes hanesyddol, nid yn unig yn ei ysgol ei hun ond ar y cyd ag ysgolion eraill, yn enwedig ysgolion cynradd ei ddalgylch lleol. Ers blynyddoedd, bu'n arwain teithiau tywys ar gyfer cymdeithasau hanesyddol a llenyddol a mudiadau ieuenctid yn wirfoddol; ond yn ddiweddar cawsai ei gyflogi am ddiwrnod neu ddau yn ystod gwyliau'r haf i dywys grwpiau o ymwelwyr o gwmpas rhai o'r cestyll a'r plastai mawr. Roedd cyfaill coleg iddo, archaeolegydd wrth ei alwedigaeth, wedi arall-gyfeirio trwy sefydlu cwmni teithiau tywys, a byddai'n mynd ar alw Rhys sawl gwaith bob haf.

Yn y sesiwn drafod wedi'r anerchiadau, cododd Rhys a gwnaeth apêl ar Cwmpas Cymru i ystyried ymweliadau addysgol gan ysgolion a cholegau yn ddimensiwn ehangach o dwristiaeth. Fel athro ysgol, gwelsai fod ymweliadau ysgol â mannau diddorol yn gallu arwain at dripiau teuluol i'r mannau hynny yn ddiweddarach. Tynnodd sylw at y ffaith fod ymweliadau ysgolion i Gastell Rhuddlan, prin ddwy filltir o Faes yr Eisteddfod, wedi bod yn rhad ac am ddim o dan ragflaenydd Cadw, Adran Henebion y Swyddfa Gymreig, a gofynnodd a oedd Cadw am barhau â'r drefn honno. Ychwanegodd, eto o'i brofiad fel athro, fod plant ar dripiau ysgol yn prynu swfeniriau yn siopau neu stondinau'r safleoedd, a bod rhywfaint o incwm yn deillio o'r ymweliadau.

Troes Cadeirydd y cyfarfod at ŵr canol oed mewn siwt haf olau ar y llwyfan, Richard Stroud, Cyfarwyddwr newydd Cwmpas Cymru. Cododd yntau a dweud mewn Cymraeg croyw iawn:

"Dydw i ddim yn cynrychioli Cadw, ond mae Cyfarwyddwr Cadw wedi fy sicrhau y bydd y drefn honno'n parhau. Ac ymhellach, fe ddywedodd y Cyfarwyddwr, o'i brofiad ym maes twristiaeth, bod plant sydd wedi arfer ymweld â safleoedd hanesyddol yn debyg o dyfu'n oedolion a fydd yn mynd â'u plant hwythau i safleoedd ein treftadaeth."

Cafwyd cymeradwyaeth i'r sylw hwnnw ac eisteddodd Rhys, wedi ei fodloni gyda'r ymateb, a rhyw ias annisgwyl o gyffro'n cerdded ei wegil ynglŷn â'r fenter newydd.

Yn sefyll yng nghefn cynulleidfa'r Babell Lên roedd Gwenno Llwyd, actores ifanc 24 oed. Newydd fod yn ymarfer ar gyfer perfformiad drama yn Theatr y Pafiliwn ar bromenâd y Rhyl roedd Gwenno. Clywsai sôn fod y cwmni newydd yn bwriadu cynnal 'digwyddiadau' ar hyd a lled y wlad – perfformiadau byw o wahanol fathau. Daeth i'r cyfarfod yn y gobaith o glywed mwy am yr agwedd honno o'r cynllun, ac yn wir, fe ddwedwyd yn bendant y byddai'r celfyddydau perfformio yn rhan bwysig o waith Cwmpas Cymru – mewn theatrau a neuaddau, mewn ysgolion, plastai a safleoedd hanesyddol, o dan do ac yn yr awyr agored. "Dod â'r dreftadaeth yn fyw" oedd un ymadrodd a lynodd yn ei chof.

Gwyddai Gwenno fod ambell i gwmni cyfrwng Saesneg eisoes yn llwyfannu dramâu Shakespeare ar lawntiau rhai o'r cestyll ym misoedd yr haf. Cawsai hithau brofiad o actio yn Saesneg, o ddyddiau ei hyfforddiant yn y Bristol Old Vic, a bu am ddau dymor efo cwmni Theatr Clwyd mewn cynyrchiadau o ddramâu gan Alan Ayckbourne a Tom Stoppard.

Wrth fynd allan o'r Babell Lên, aeth Gwenno bron wyneb yn wyneb efo gwraig ifanc yn ei thridegau a dau o blant aflonydd. Ai ciwio i fynd i'r Babell Lên oedden nhw? Darlith am ddylanwad diwylliant Ffrainc ar Emrys ap Iwan? Yna clywodd y wraig yn dweud: "Dacw fo, Dad. Mi gewch chi ddeud hanes Syr Wynff a Plwmsan wrtho fo."

Daeth gwên i wyneb Gwenno. Roedd hithau wedi rhannu llwyfan efo Mici Plwm cyn hyn. Ddaru hi ddim troi i weld pwy oedd Dad, a oedd yn ymwthio allan o'r Babell Lên y tu ôl iddi. Yn hytrach, penderfynodd fynd i chwilio am baned yn rhywle ar y Maes.

* * *

Cam pwysig nesaf y Prosiect oedd yr arwerthiant mawr gan Christie's yn Llundain ym mis Hydref. Gwerthwyd y rhan fwyaf o drysorau Angel Court yn siambr werthu y cwmni yn Old Brompton Road, South Kensington – a rhwng y dodrefn, y llestri a'r serameg, y gweithiau celf a'r llyfrau, gwnaed incwm o £2 filiwn. Roedd plasty a thiroedd Angel Court eisoes wedi eu gwerthu yng Nghaerdydd am £4 miliwn.

Mewn arwerthiant arbennig ym mhrif adeilad Christie's, yn King Street, St. James, roedd y pedair cyfrol o lawysgrifau o Angel Court i'w gwerthu ar Hydref 12fed. Aeth Richard Stroud, Marwin Reynolds a Gwenan Briggs i Lundain gyda'i gilydd ar y trên o Gaerdydd ac yng Nghasnewydd ymunodd Jeff Harris a'r Athro Cynfael Lewis â nhw. Clywsai Jeff na fyddai Cyngor Sir Gwent yn cynnig am y llawysgrif o hynafiaethau Sir Fynwy, ond dywedodd Gwenan wrtho fod asiant ar ran y Llyfrgell Genedlaethol am ddod yno i gynnig am y llawysgrif honno ac am y llawysgrif yn cynnwys *Brut y Brenhinedd* a'r llysieulyfr anhysbys.

Nid oedd y Llyfrgell am gynnig am waith Elis Gruffydd, wrth gwrs, gan fod cwmni Cwmpas Cymru wedi addo'r rhoi'r llawysgrif ar gadw yn Aberystwyth, pe byddai'n llwyddiannus. Yn ôl y disgwyl roedd y Llyfrgell Brydeinig a Llyfrgell y Bodleian yn bwriadu cynnig ac roedd asiant Llyfrgell Huntington o Galiffornia am fod mewn cyswllt ffôn. Dichon mai profi tymheredd y dŵr a wnâi'r tri sefydliad yn y diwedd, gan fod pŵer y consortiwm a gasglodd Syr Edwin Cradock at ei gilydd yn ddigon i beri iddyn nhw wangalonni. "King Edwin and the Knights of the FT100" oedd yr enw a fyddai un o bapurau tabloid Llundain yn ei roi ar y consortiwm drannoeth y sêl.

Wrth esgyn y grisiau marmor i siambr arwerthu urddasol

Christie's, roedd yn amlwg i Gwenan a'i chyd-deithwyr fod yna ddiddordeb mawr, a'r siambr bron yn llawn. Ym mhen draw'r siambr safai pulpud yr arwerthwr, a'i waith coed yn sgleinio'n llawn gymaint â'r enw Christie's, oedd arno mewn llythrennau efydd. Ar hyd yr ochrau roedd seddau a desgiau bychain, lle ceid tua dau ddwsin o deliffonau ac asiantaethau eisoes mewn cyswllt â chleientau pell, rhai yn anhysbys, yn dilyn y catalog ac yn barod i gynnig.

Yn y neuadd, gwelodd y tîm o Gymru Olwen Cradock yn eistedd yn y rhes flaen. Cododd a daeth i ysgwyd llaw, gan ddweud bod ei thad wedi penderfynu cadw draw, rhag i'r ocsiwn gael ei gweld fel brwydr bersonol rhyngddo a rhai o'r prynwyr mawr adnabyddus. Tua wythnos ynghynt, roedd aelod seneddol o Gymru wedi codi cwestiwn yn Nhŷ'r Cyffredin ynglŷn â'r posibilrwydd i'r Bwrdd Masnach atal trwydded allforio pe gwerthid llawysgrif Elis Gruffydd i brynwr tramor. Cafodd yr ateb confensiynol, sef y gallai'r pwyllgor annibynol o arbenigwyr a fyddai'n cynghori'r Bwrdd Masnach ar faterion fel hyn argymell atal trwydded pe baen nhw o'r farn y byddai'r allforio yn golygu colli "gwrthrych o ddiddordeb diwylliannol sydd o bwys cenedlaethol". Roedd yr aelod seneddol wedi ymateb yn eithaf pigog, trwy ddweud ei fod yn gobeithio y byddai'r pwyllgor hwnnw yn rhoi ystyriaeth briodol i eitem oedd o bwys arbennig i Gymru, yn hytrach na: "...making judgements about cultural value according to narrowly Anglocentric criteria".

Llwyddodd i gorddi dipyn ar y dyfroedd ac ennyn dig disgwyliedig *y Daily Mail* a'r *Daily Express* ond roedd wedi taro'r post i'r pared glywed. Efallai y byddai rhai o'r darpar brynwyr rhyngwladol yn ymbwyllo cyn cynnig.

Wrth iddyn nhw aros i'r arwerthiant ddechrau, dywedodd

Olwen iddi glywed bod un darpar brynwr anhysbys yn dod o Brydain ac na fyddai trwydded allforio'n berthnasol petai hwnnw'n ennill y dydd.

"Do's neb yn gwbod pwy yw e. Mae 'da fi bobl wedi bod yn holi, a dyw e ddim yn un o'r *usual suspects* mewn sêls fel hyn. Os o's rhyw agenda neilltuol 'da fe – un o elynion Demetian Holdings, neu Dad yn bersonol, fe alle hwpo'r pris lan yn uchel iawn."

"Yn rhy uchel?" gofynnodd Marwin.

Gwenodd Olwen.

"Dim ond os mai asiant Prydeinig y Getty Foundation yw e!"

Yn y man daeth yr arwerthwr a'i glercod i'r podiwm a chyfarch pawb yn foneddigaidd, cyn mynd ati i roi braslun o'r amrywiaeth o lawysgrifau oedd ar werth y bore hwnnw. Er bod tua hanner cant o lawysgrifau o wahanol leoedd yn y sêl arbenigol hon, daeth yn amlwg mai Elis Gruffydd oedd 'seren y sioe'. Disgrifiwyd y llawysgrif, ar sail adroddiad dilysu gan yr Athro Cynfael Lewis a Gwenan, fel hanes manwl taith trwy Gymru yn 1525, yn yr iaith Gymraeg, yn llawn disgrifiadau byw o bobl a lleoedd ac yn rhoi Elis Gruffydd ar yr un gwastad â Gerallt Gymro yn y ddeuddegfed ganrif, Thomas Pennant yn y ddeunawfed a George Borrow yn oes Victoria. Tra bod John Leland, 'hynafiaethydd y Brenin' yn gyfoeswr i Elis ac wedi gwneud taith debyg iawn tua degawd yn ddiweddarach, ysgerbwd moel iawn, heb ei gaboli, oedd gwaith Leland, tra bo llyfr Elis Gruffydd yn gorffolaeth rhadlon byw, llond ei groen.

Aeth yr arwerthwr ymlaen i ddisgrifio Elis ei hunan fel milwr ym myddin Harri VII a Harri VIII, gŵr a dreuliodd flynyddoedd yn y garsiwn Seisnig yn Calais: rhywun, felly, oedd yn llygad-dyst i'r tyndra peryglus yng ngwleidyddiaeth Lloegr ac yn enwedig yn Calais o dan Harri VIII.

"Ladies and gentlemen, if you wish to have a lively, knowledgable and street–wise guide on a tour of Tudor Wales, Ellis Griffith is the man for you! Who, then, is going to open the bidding for this remarkable manuscript?"

Dechreuodd y cynigion ar unwaith. Er bod llond y siambr o bobl, dim ond dyrnaid oedd yn cynnig, a gwyddai Olwen yn bur dda pwy oedden nhw. Roedd cynrychiolwyr o'r Llyfrgell Brydeinig a Llyfrgell Bodley yn codi eu dwylo ac Olwen ei hunan, wrth gwrs, ar ran Cwmpas Cymru. Fe wyddai bod Llyfrgell Huntington yn cynnig ar y ffôn, yr holl ffordd o San Marino yn Califfornia, yn ogystal â thri a oedd yn gwbl anhysbys. Wedi cychwyn gyda chynnig o £50,000 i brofi'r tymheredd, buan y cododd y swm i chwarter miliwn, gydag un cynigydd dienw ar y ffôn yn rhoi naid llyffant dros ben pob cynnig o eiddo Olwen Cradock heb brin gymryd gwynt.

Bu sawl saib wrth ddisgwyl am genadwri ar y ffonau. Ceid trafod dwys, weithiau, rhwng y cynigwyr anweledig a'u cynrychiolwyr yn yr ystafell ocsiwn. Gwyliai pawb yn y gynulleidfa wrth i'r sibrwd dwys fynd rhagddo ac fe deimlai Olwen Cradock a thîm Cwmpas Cymru y tyndra yn y siambr yn cynyddu. Ysai Jeff Harris am gael tanio sigarét, ond doedd wiw iddo wneud.

Yn y diwedd, dim ond Olwen ac un o'r cynigwyr dienw oedd yn y ras ac roedd pawb yn dal eu gwynt pan gyrhaeddwyd y swm o £950,000. Roedd Olwen yn barod i daro'r miliwn, a phob llygad yn y siambr yn pendilio rhyngddi hi a'r cynrychiolydd wynepgoch ar y ffôn. Am unwaith bu saib go hir. Ac yna ysgydwodd y cynrychiolydd ei ben. Roedd yr arwerthwr ar bigau'r drain hefyd, a gofynnodd;

"No further bid from your client?"

Ysgydwodd ei ben eto ac ateb "No" yn bur floesg.

Bu ysgwyd dwylo a llongyfarch rhadlon pan drawodd yr arwerthwr ei forthwyl ar y pulpud, gyda Chwmpas Cymru'n fuddugol. Daeth cynrychiolydd y Llyfrgell Brydeinig draw i'w llongyfarch. Roedd hwnnw'n adnabod yr Athro Lewis yn dda. Synnai yntau fod un o'r cynigwyr wedi dal ati cyhyd, fel petai am wneud ei orau glas i rwystro Cwmpas Cymru rhag cael y llawysgrif. Er na ddwedwyd hynny, roedd y posibilrwydd wedi taro Olwen Cradock hefyd. Yn ddiweddarach, gofynnodd Marwin iddi a oedd yn credu mai Sefydliad Getty oedd y cynigydd cudd.

"Nag'w, dim o gwbwl. Mae cyfaill 'da fi sy'n adnabod y Getty Foundation yn dda. Do'dd dim diddordeb 'da nhw yn Elis Gruffydd, yn ôl a wedodd e. A dyw Getty ddim yn whare gêms fel 'na, ta beth."

Serch hynny, ni allai Olwen lai na dyfalu pwy a fu mor benstiff, i yrru pris y llawysgrif lawer yn uwch na'r disgwyl ac i ba ddiben.

Gwerthwyd y llawysgrifau eraill am symiau llawer is. Prynodd y Llyfrgell Genedlaethol *Frut y Brenhinedd* ac, yn hollol annisgwyl, cafwyd cynnig llwyddiannus ar y ffôn gan Gyngor Sir Gwent am y gyfrol o hynafiaethau Mynwy. Wedi taro'r morthwyl ar y fargen honno, cyhoeddodd yr arwerthwr bod cais hwyr Cyngor Gwent wedi bod yn bosibl oherwydd rhodd hael iawn gan unigolyn preifat, a fynnai fod yn ddienw. Edrychodd Marwin i gyfeiriad Olwen, ond ni wnaeth honno unrhyw ystum o gydnabyddiaeth. Roedd Jeff Harris ar ben ei ddigon.

"It's like Newport County winning the F.A. Cup!" meddai, wedi neidio o'i sedd yng nghanol y siambr syber.

Wrth adael adeilad Christie's, a gwynt yr hydref yn ysgubo'n finiog trwy geunant unionsyth King Street, troes Olwen at Richard Stroud:

"Mae'r bêl 'da chi, nawr, Richard. Rhedwch 'da hi, chi a'ch tîm, rhedwch reit i'r pen!"

Heb fod ymhell o'u holau roedd aelod arall o'r gynulleidfa yn Christie's yn cyrraedd y stryd. Diflastod, yn hytrach na llawenydd, oedd yng ngwedd y gŵr canol oed hwnnw, yn ei gôt Burberry ddrud. Roedd cerbyd Cwmpas Cymru wedi gollwng y brêc: byddai'n rhaid dryllio'r olwynion cyn iddo fynd yn rhy bell.

Pennod 7

Medi 1986

Ar fore Llun yn Nhŵr Dewi, cafwyd un o'r cyfarfodydd tîm yr hoffai Richard Stroud eu cynnal o bryd i'w gilydd. Ond wrth i Rhys fynd i mewn i'r ystafell gynhadledd y tro hwn, gwelodd ar unwaith y byddai'n gyfarfod arbennig. Yn eistedd wrth ochr Richard, ym mhen y bwrdd, roedd Olwen Cradock. Dyma'r tro cyntaf i Rhys ei gweld ers diwrnod ei gyfweliad am y swydd. Roedd rhai wynebau dieithr i Rhys yno hefyd, ond buan y cyflwynwyd pawb gan Richard Stroud, a oedd yn y gadair. Am y tro cyntaf, cyfarfu Rhys â'r Athro Cynfael Lewis, Dr. Gwenan Briggs, Marwin Reynolds, cyfreithiwr swyddogol Cwmpas Cymru, yn ogystal â Cynrig Jenkins, Dirprwy Bennaeth Cadw.

Gofynnwyd i Gwenan Briggs roi braslun o gynnwys Llawysgrif Elis Gruffudd, prif ased Cwmpas Cymru.

"Mae'n hollol bendant mai gwaith Elis Gruffydd ydi o. Ar wahân i'w lawysgrifen bersonol, sy'n hollol nodweddiadol ohono fo, mae o'n cyfeirio at ei hen gartref yn y Gronant ac at eglwys Llanasa fel y man lle cafodd ei fedyddio ac mae o'n sôn hefyd am aelodau o deulu Mostyn – ei berthnasau."

"Beth am ei werth hanesyddol?" gofynnodd Rhys. "Ydi o'n disgrifio Cymru gyfan?"

"Ydi, mae o – ac mae'r dyddiad y sgwennwyd y llyfr yn eglur erbyn hyn. Fe wnaeth Elis ei daith yn 1525, cyn iddo fo ymgartrefu yn Calais. Mae hyn tua deg mlynedd cyn i John Leland gychwyn ar ei deithia fo yng Nghymru. Ar wahân i bump sir y Dywysogaeth a Sir y Fflint, o gyfnod Edward I, mae Elis Gruffydd yn cyfeirio at wahanol rannau o'r wlad wrth eu hen enwau. Enwau arglwyddiaethau a chantrefi'r Mers oedd y rhain – sef cyn y Deddfau Uno. Doedd saith o siroedd – rhai fel Sir Ddinbych, Maldwyn a Mynwy ddim yn bodoli bryd hynny."

Gofynnodd Olwen: "Mae rhai yn y wasg wedi cymharu'r daith hon 'da thaith Gerallt Gymro yn 1188. Ody Elis Gruffydd yn dilyn ôl traed Gerallt?"

"I ryw raddau, ond aeth o ar ffordd groes. Mi gychwynnodd Gerallt a'r Archesgob o Henffordd a mynd trwy Dde Cymru yn gyntaf, gan orffen y siwrnai yn ninas Caer. Mae Elis yn cychwyn yn Amwythig, wedyn aeth trwy Groesoswallt a Wrecsam i Sir Fflint. Yn naturiol, mae o'n rhoi llawer o sylw i Sir Fflint ac i ogledd Powys, sef Sir Drefaldwyn wedyn. Hanner diwrnod a dreuliodd Gerallt ar Ynys Môn, ond mi fuodd Elis yno am tua deng niwrnod ac aeth cyn belled â Chaergybi."

"Beth am weddill y wlad?"

"Fe aeth i'r pedair Esgobaeth a'u heglwysi cadeiriol – wedi gwirioni yn Nhyddewi a phalas gwych yr Esgob yno. Fe welodd o'r mynachlogydd mawr – a oedd yn dal yn gymunedau byw, bryd hynny; Glyn-y-Groes, Ystrad Fflur, Margam, Abaty Nedd, Tyndyrn. Fe welodd Elis nhw cyn bod unrhyw fygythiad gwirioneddol i'w cau. Mae'n bwysig cofio mai gwlad gwbl Gatholig oedd Cymru yn 1525. Wrth gwrs, roedd Abaty'r Maes Glas, ger Treffynnon, yn bwysig i Elis, a Ffynnon Gwenffrewi, lle byddai cannoedd o bererinion yn dod. Roedd dau dŷ crefydd pwysig yng Nghaerfyrddin. Pan gyrhaeddodd Elis yno, roedd ffwdan mawr yn y Priordy – roedd Syr Rhys ap Thomas, Arglwydd Dinefwr, newydd farw..."

“Y Rhys ap Thomas a aeth â byddin o Gymry i Bosworth?”

“Ie, ac mae rhai yn dweud mai fo laddodd Rhisiart III. Roedd llu mawr o bobl yng Nghaerfyrddin ac fe welodd Elis ŵyr ac etifedd ifanc Syr Rhys, sef Rhys ap Gruffydd, a gafodd ei ddienyddio gan Harri VIII yn ddiweddarach. Roedd Tŷ’r Brodyr yng Nghaerfyrddin ac fe gafodd Elis ganiatâd i fynd yno i weld yr hen bencerdd, Tudur Aled, a oedd yn ddyn gwael yn ei wely, meddai Elis.”

Roedd Rhys yn brysur yn gwneud nodiadau wrth i’r manylion bentyrru.

“Yn fras iawn, mae Elis Gruffydd yn enwi tua chwe chant o wahanol leoedd yng Nghymru, tua chant ohonyn nhw yn drefi, neu gymunedau lled drefol, a rhyw fath o farchnad yno. Mae o’n trafod pentrefi ac eglwysi plwyf, plastai ac ystadau, y mynachlogydd a’u tiroedd amaethyddol. Ac, wrth gwrs, mae’r cestyll ganddo fo hefyd – y rhan fwyaf ohonyn nhw mewn cyflwr pur dda, dros ganrif cyn y chwalu a gafwyd gan filwyr Cromwell yn dilyn y Rhyfel Cartref.”

“’Ody e’n sôn am waith a diwydiant?”

“Ydi, llawer iawn; ffwrneisi haearn, cloddfeydd plwm ac arian, y porthladdoedd a’u llongau a’r holl fasnach oedd ar y môr. Mae’n sôn am droelli a nyddu gwlân yng nghartrefi cefn gwlad a’r pandai oedd yn dechrau ymddangos ar lannau’r afonydd. Wrth gwrs, mae o’n rhoi lot o sylw i ffermio – tyfu cnydau a magu da byw.”

Edrychodd Olwen yn graff ar Richard, a oedd newydd roi ei feiro ar y pad sgwennu o’i flaen.

“Beth y’ch chi’n feddwl, Richard?”

“Mae Elis Gruffydd yn sgorio’r pwyntiau i gyd. Ma fe’n gwmws beth r’yn ni’n moyn ar gyfer prosiect cenedlaethol sy’n cwmpasu Cymru gyfan.”

Yna, heb nodyn o'i blaen, aeth Olwen Cradock ati i amlinellu cyd-destun sefydlu Cwmpas Cymru.

"Mae'r wythdege wedi bod yn gyfnod anodd iawn i Gymru. Y diwydiant dur wedi colli dros hanner ei weithwyr ers 1979, y diwydiant glo wedi colli 21,000 o swyddi yn Ne Cymru ers 1978, a hanner y pylle glo o'dd yn weddill o'r diwydiant wedi cau. O ran diwydianne cynhyrchu, mae mwy na thraean o'r holl swyddi wedi diflannu mewn ugen mlynedd. Ar ddiwedd y flwyddyn ddiwetha roedd 170,000 o bobl yn ddi-waith yng Nghymru – dros 13% o'r holl weithlu."

Amneidiodd tuag at Richard, wrth ei hochr, a dywedodd:

"Mae Richard a finne wedi trafod hyn i gyd o'r bla'n, ond efalle y bydd e'n newydd i rai ohonoch chi. Erbyn heddi r'yn ni angen creu miloedd o swyddi newydd yng Nghymru – gwahanol fathau o swyddi – ar hyd a lled y wlad.

Un diffyg mawr yw prinder cyllid o'r sector breifat i fusnese bach. Wrth gwrs, o'r sector breifat mae'r rhan fwyaf o'r trethi sy'n mynd i'r pwrs cyhoeddus yn dod, ond wy'n sôn nawr am gyfraniade uniongyrchol gan y sector breifat. Galle hynny fod yn hwb i fusnese bach – siope, bwytai a chludiant lleol. Fe alle gynnwys nawdd i grŵp cymunedol i gwrdd ag angen lleol – maes whare i blant a phobol ifanc, canolfan ddydd i'r henoed a'r anabl. Gall Cwmpas Cymru fod yn sianel ar gyfer y buddsoddiade hyn. Mae'n rhaid inni wneud Cymru'n fagned deniadol i fusnese modern, llwyddiannus a fydd yn creu swyddi safonol

Fel man cychwyn ar gyfer y gwaith o greu swyddi, mae twristiaeth yn gyfrwng amlwg. Er nad yw e'n talu cyfloge da, fel y byddai'r ffatri neu'r gwaith yn ei dalu, mae e'n gallu llanw'r bwlch tra bo strategaeth dymor hir yn cael ei pharatoi. Diwydiant tymhorol yw twristiaeth, wrth gwrs, ond dyw pob math o dwristiaeth ddim yn dibynnu ar fisoedd yr haf. Fe all twristiaeth *up–market* ddenu pobl y tu hwnt i'r tymor gwylie, a chreu patrwm o *away weekends* sy ddim yn golygu mynd i Lundain neu un o'r dinasoedd mawr.

Rhoi delwedd well i Gymru yw un o'r anghenion mawr ac mae twristiaeth o'r math hyn yn gallu rho hwb i hynny. Nawr te, beth yng Nghymru sy'n denu pobl, sy ddim yn moyn gwylie glan-y-môr traddodiadol?"

Heb ennyd o betruso, cynigiodd Rhys:

"Y tirlun i ddechrau ac adeiladau hanesyddol. Mae'r mynyddoedd wedi bod yn denu cerddwyr a dringwyr ers dwy ganrif ac mae hen gestyll, eglwysi a phlastai wedi bod yn rhan o'r apêl erioed."

Gwenodd Olwen wrth ymateb.

"Dyna'n gwmws yw'r prif asedau. Treftadaeth yn yr ystyr eang – natur, adeiladwaith a diwylliant Cymru. Bydd twristiaeth treftadaeth yn rhoi delwedd fwy chwaethus a statws uwch i Gymru yn y wlad a'r dref. Bydd hynny'n rhoi hwb i waith y WDA a chyrff eraill yn denu cwmnïe mawr i ddod yma – yn enwedig cwmnïe mewn meysydd modern – electroneg, cyfrifiaduron, banciau masnachol.

Maes pwysig arall yw'r cyfryngau. Mae sefydlu Sianel Pedwar Cymru eisoes wedi arwain at ffurfio nifer o gwmnïau ffilmiau bychain i gyflenwi'r sianel â rhaglenni Cymraeg. Mae'n ddiddorol bod llawer o'r rheiny yng Ngwynedd – sir sy'n diodde llawer o dlodi o dan yr wyneb."

Roedd yn amlwg i Gwenan, ers sbel bellach, beth oedd bwriad Olwen yn ei chyflwyniad.

"Ac rydach chi'n gweld llawysgrif Elis Gruffydd yn rhan o strategaeth newydd ar gyfer twristiaeth yng Nghymru?"

"Yn union, Gwenan! Dyna'n gwmws beth yw'r syniad.

Ond nage rhan o'r strategaeth. Yr allwedd i'r strategaeth! Elis Gruffydd yn agor y drws i gyfoeth hanesyddol a naturiol Cymru."

Daliai Gwenan i edrych braidd yn ansicr, a gofynnodd:

"Ond sut bydd hyn i gyd yn cael ei drefnu – sut bydd y costau'n cael eu rhannu rhwng y cwmnïau preifat a'r cyrff cyhoeddus? Mi fyddai'r Llyfrgell Genedlaethol yn falch iawn o fod yn rhan o gynllun fel hwn, ond er bod y llawysgrif yn ein gofal ni, does gan y Llyfrgell ddim cyllid i ddatblygu prosiect mawr o'i chwmpas hi."

"Nag o's, siŵr iawn. Y sector breifat fydd yn ariannu rhwng 80% a 90% o'r prosiect, trwy sianel Cwmpas Cymru ac mewn ymgynghoriad efo cyrff swyddogol a chymunedau Cymru. Cyfraniad mwyaf y Llyfrgell, yr Amgueddfa Genedlaethol a'r cyrff treftadaeth eraill fydd neilltuo amser i'w staff arbenigol – arbenigwyr fel chi – roi cyngor ac arweiniad a darparu gofod i arddangosfeydd ac achlysuron.

Aeth ymlaen i sôn am gyfraniad llawysgrif Elis Gruffydd i'r strategaeth hon.

"Os yw Elis wedi cyfeirio at le arbennig a gwneud sylw am y lle, bydd siawns i wau hynny miwn i achlysur cyhoeddus yn lleol – carnifal y dref, cyngerdd, neu ddarlith mewn Gŵyl Gelfyddydau. Beth am gael *float* ynglŷn ag oes y Tuduriaid yn rhan o'r Gala lleol?"

Edrychai Cynfael Lewis ychydig yn anghysurus wrth feddwl am rywun yn portreadu Harri VIII ar gefn lori, a dichon i Richard sylwi ar hynny. Troes ato a dweud:

"Mae'r Athro Lewis wedi paratoi darlith gyda sleidiau am gyfnod Elis Gruffydd. Mae e'n barod i fynd i annerch cymdeithasau hanes, *civic societies*, y W.I., Merched y Wawr a grwpiau eraill o dro i dro."

Dywedodd Gwenan Briggs ei bod hithau'n paratoi darlith ar y llawysgrif, a'i bod yn bwriadu cyhoeddi llyfr amdani ymhen rhyw flwyddyn.

Tro Cynrig Jenkins oedd hi wedyn, i siarad ar ran Cadw:

"Corff newydd yw Cadw, wrth gwrs, ond dwyflwydd oed; ac r'yn ni'n awyddus i ddenu mwy o ymwelwyr i'n safleoedd – a llawer mwy o bobl leol, nid twristiaid yn unig. Mae cael y gymuned leol i ymwneud â'r adeilade yn ein gofal yn fan gwan 'da ni ar y funud. Bydde Cadw yn hapus iawn i ddigwyddiade Cwmpas Cymru gael eu cynnal yn yr henebion ry'n ni'n eu gwarchod yn uniongyrchol."

Troes tuag at Dave Evans, a oedd yn eistedd wrth ochr Rhys ac meddai:

"Rwy'n falch o weld Dave yma. Mae Dave wedi bod yn trefnu pethe ar safleoedd Cadw o'r blân – cyn dyddie Cadw! Cymerwch chi gastell Caerffili, er enghraifft – un o gestyll mwyaf Ewrop. Rwy'n siŵr y bydd Dave yn cytuno y bydde Caerffili yn lle ardderchog i gynnal digwyddiade pwysig."

Nodiodd Dave ei gytundeb.

"Falle y bydde'n syniad da i rai o'n ni fynd draw i Gaerffili, i weld y potensial."

Cytunwyd ar hynny ar unwaith. A dyna, mewn gwirionedd, fu penderfyniad mwyaf ymarferol y bore hwnnw o ran Rhys a'i dîm, penderfyniad a fyddai'n tonni cylch ei ganlyniadau ymhell ac yn ddramatig iawn yn y misoedd i ddod.

Medi 1986

Aeth rhai dyddiau heibio cyn yr ymweliad â Chastell Caerffili. Erbyn hynny, roedd Gwenno Llwyd wedi cychwyn ar ei swydd, yr aelod cyntaf o dîm perfformio Cwmpas Cymru i ddod i'w lle.

Yn hen *camper van* Volkswagen Dave Evans yr aeth y criw bychan o bedwar i Gaerffili. Byddai Martin Grey, Swyddog Addysg Cadw, yn eu cyfarfod o flaen y castell. Digon aflêr oedd fan Dave, gydag offer amrywiol, esgidiau cerdded a chotiau ar wasgar yma ac acw. Cyfaddefodd iddo gysgu yn y fan lawer gwaith pan oedd yn gweithio ar hyd a lled y wlad.

"Fel boi *freelance* rhaid bod yn garcus. Do'dd dim *expense account* i ga'l 'da fi. Siawns y bydd Cwmpas Cymru yn fwy caredig!"

Cyrhaeddodd y tîm – Rhys, Dave, Jill a Gwenno – dref Caerffili tua chanol y bore. Daethant yno heibio i'r ystâd ddiwydiannol a Threcenydd, gan gyrraedd cefnau parc mawr y castell. Ymhen dwy stryd wedyn, troesant i Heol y Castell, a dyma strwythur cawraidd y gaer yn torsythu o'u blaenau. Cawsant le i barcio wrth ymyl y Gofeb Rhyfel, wedyn croesi'r ffordd a cherdded i fyny'r llwybr troed a redai'n gyfochrog â Heol y Castell. Roedden nhw'n dilyn argae enfawr y castell, gyda ffos lydan o'i flaen. Wedi croesi pompren gref o dderw dros y ffos, daethant at y tŷ porth bygythiol, gyda'i ddau dŵr talgryf. Yno y cyfarfu Martin Grey â nhw.

Croesawodd Martin nhw a'u tywys trwy fwa'r tŷ porth, lle

bu'r pont-godi a phorthcwlis yn yr Oesoedd Canol. Tu draw i'r tŷ porth safai strwythur digrif o anghymarus: cwt pren, wedi ei baentio'n wyrdd, lle byddai ymwelwyr yn talu'r pris mynediad tan yn ddiweddar. Erbyn hyn, roedd ystafell fodern, olau wedi ei chodi ar bwys y tŷ porth ar gyfer mynediad ac yn cynnwys siop swfeniriau fechan. Cyflwynodd Martin y criw i Geidwad y castell, gŵr cringoch, canol oed a hwyliog o'r enw Fred Watkins. Un o feibion Cwm Rhymni oedd Fred ac er na fedrai siarad Cymraeg, roedd yn ymfalchïo bod ei ddwy wyres yn dysgu'r iaith yn yr ysgol, "I missed out on the Welsh, although three of my grandparents spoke it. Lost generation, we are, but the youngsters will have it now."

Er iddo fod yno o'r blaen, roedd anferthedd y lle yn dal yn rhyfeddod i Rhys. Cwmpasai 30 acer o dir, ond y dŵr oedd un o'r nodweddion amlycaf. Yn hytrach na ffos o ddŵr o gylch y muriau allanol, fel a geid mewn llawer o gestyll, roedd dau lyn mawr yn amgylchynu'r safle cyfan. Cysylltid y ddau lyn gan sianel gul ym mhen gorllewinol y castell. Un o gryfderau'r cynllun oedd bod sianelau eraill o'r llyn yn gwahanu dwy brif ran y castell ei hunan, yn ogystal â llwyfan eang o dir ychwanegol yn y pen gogleddol heb unrhyw adeilad arno, dim ond gwregys o fur cynnal a'i codai fel ynys welltog o'r llyn. Yr hen enw Cymraeg ar hwn oedd y Weringaer. Tu draw i hwnnw, wedyn, roedd esgair o graig lle codwyd amddiffynfa fechan yn ystod y Rhyfel Cartref, cyfnod Cromwell ac yno y darganfu archaeolegwyr olion caer Rufeinig fechan. Yn ôl wrth ymyl mynedfa'r castell, yn y pen dwyreiniol, roedd llain helaeth o dir glas yn ymestyn wrth gefn yr argae – yn gorwedd ar ben yr argae, mewn gwirionedd, ar bwys y brif fynedfa ac yn wynebu'r dref. Gymaint â chae pêl-droed, meddai Rhys wrtho'i hun, ond i chi beidio â chicio'r bêl i'r llyn bob munud.

Esboniodd Martin Grey hynt y castell a'r digwyddiadau dramatig a fu yn ei hanes.

Llawr dyffryn llaith a graeanog oedd safle'r castell yn wreiddiol, gyda dwy nant yn llifo drwyddo, Nant y Gledyr a Nant yr Isca. Yn 1268 dyma Gilbert de Clare, Iarll Morgannwg, a oedd hefyd wedi trawsfeddiannu arglwyddiaeth Senghennydd, yn penderfynu codi castell ar y safle. Gwelai fantais strategol yn y lle gan fod pedwar o ddyffrynnoedd ucheldir Blaenau Morgannwg yn cyfarfod yno. Ni chafodd ei gaer oes hir. Yn 1270 daeth Llywelyn ap Gruffudd, Tywysog Cymru â'i fyddin dros y Bannau a llosgi'r castell yn ulw.

Wedi 1271, aeth de Clare ati i adeiladu o'r newydd – castell mwy a chadarnach y tro hwn. Efelychodd gynllun Castell Kenilworth, yn swydd Warwick, oedd â dau lyn ac argae yn ei warchod. Adeiladwyd argae gref i ddal dŵr y ddwy nant a chodwyd llwyfannau uchel o dir, gyda muriau cynhaliol o feini yn sefyll lathenni uwchben y dŵr, wrth i'r llynnoedd gronni. Cafodd y gwaith lonydd ar ôl rhyfel 1276-77, pan gollodd Llywelyn ei holl diroedd y tu allan i Wynedd Uwch Conwy; a darfu pob bygythiad pan laddwyd Llywelyn yng Nghilmeri yn 1282. Cwblhawyd y rhan fwyaf o'r adeiladu yng Nghaerffili erbyn 1290: yr unig waith mawr a wnaed wedyn fu helaethu'r neuadd fawr, y siambrau preswyl a'r capel gan Hugh Despenser yn yr 1320au.

Un o nodweddion trawiadol Castell Caerffili yw'r gragen o dŵr, ar bwys ward canolog y castell, sy'n gwyro draw tuag at y llyn. Hen stori gwrach oedd mai milwyr Cromwell a geisiodd ffrwydro'r tŵr yn aflwyddiannus ar ôl y Rhyfel Cartref. Yr esboniad mwyaf tebygol, meddai Martin, oedd bod sylfeini'r tŵr wedi suddo a'r mur wedi hollti, gyda hanner y tŵr yn gwyro'n ddramatig.

Penllanw taith Martin Grey fu ymweld â neuadd fawr y castell. Wedi ei helaethu gan Hugh Despenser, roedd yr adeilad tua 24 metr o hyd, gyda ffenestri gothig tal yn goleuo'r gofod eang. Safodd y pedwar wrth y drws am ysbaid, yn drachtio awyrgylch y lle.

"Mae hi bron iawn fel Eglwys Gadeiriol," meddai Rhys.

"Dyma chi fan i berfformo," meddai Dave, "Beth ti'n feddwl, Gwenno?"

Roedd llygaid Gwenno wedi gloywi. Gyda muriau o feini trwchus, y nenfwd uchel a'r rhwyllwaith o wydrau mân yn y ffenestri, roedd lleisiau'n cario'n rhwydd yno. Cerddodd Gwenno i ganol y llawr ac yna safodd a dechrau canu.

Torrai'r alaw ar lonyddwch y neuadd – sain hudolus y gân werin 'Seren Syw'. Roedd llais Gwenno fel pe bai'n nyddu hugan o risial clir dros y gofod eang. Safodd pawb yn stond, a Dave yn wên o glust i glust. Caent brofi ernes o'r hud y gall perfformwyr da ei daenu mewn mannau fel hyn. Trawodd gipolwg ar Rhys, wrth ei ochr. Roedd yntau'n amlwg wedi ei gyfareddu, a sylwodd Dave ei fod yn dilyn pob nodyn ac ystum o eiddo Gwenno yn llygadrwth.

"Mae prydferthwch ail i Eden
Yn dy fynwes gynnes feinwen,
Fwyn gariadus liwus lawen,
Seren syw, clyw di'r claf."

Cymeradwyodd pawb pan ddaeth y gân i ben. Ffug ymgrymodd Gwenno'n hyderus ac meddai:

"Mi fedran ni wneud pob math o bethau mewn lle fel hyn: anterliwt, pantomeim, sioe giamocs, sioe ddawns."

Cytunodd Martin:

"Rydan ni'n cynnal lot o bethau gwahanol yma'n barod – dramâu Shakespeare, consarts efo corau meibion, *banquets* ar gyfer cwmnïau mawr."

"Oes 'na geginau yma?" holodd Rhys.

"Dim i baratoi bwyd, nac oes. Mae prydau bwyd yn cael eu cario i mewn. Cwmnïau arlwyo efo faniau arbennig. Dim ond cegin i roi popeth ar y platiau a'u cadw nhw'n boeth sydd yma – ac i olchi'r llestri wedyn."

"Dewch, bois," meddai Dave, gan edrych ar ei wats.

"Mae caffi dros y ffordd i'r castell: dishgled o goffi da. Beth am fynd yno i drafod syniade?"

Wedi gadael anferthedd y castell, croesodd y pump Heol y Castell at stryd o dai cyffredin a siopau bychain. Yno, yn eu canol, roedd caffi bychan gydag aroglau coffi ffres a bacwn yn ffrio yn dod i'w cyfarch wrth i Dave agor y drws.

O gwmpas un o'r byrddau, parhaodd y sgwrs frwdfrydig a ddechreuasai yn neuadd y castell. Awgrymodd Rhys y gellid trefnu rhaglenni theatr-mewn-addysg i ysgolion yn y castell, yn seiliedig ar rai o'r digwyddiadau yn ei hanes, neu noson o adloniant llys i oedolion, gyda storïau a chanu a dawns o'r Oesoedd Canol, neu gyfnod y Tuduriaid.

Cynigiodd Martin y posibilrwydd o ddod â chonsort o offerynnau hanesyddol i'r neuadd, a hwythau'n cyfeilio i ddawnsfeydd llys Tuduraidd neu ganu madrigal:

"Fe fyddai hynny'n cyd-fynd yn dda â chyfnod Elis Gruffydd."

"Greensleeves are my delight," dechreuodd Dave ganu'n dawel, a chyda gwên fawr.

"Os mai Harri VIII sgrifennodd hi," trodd Martin ato'n eithaf sychlyd, "Mae'r arbenigwyr yn meddwl mai i Oes Elisabeth mae'r gân yn perthyn."

Tynnodd Dave ystumiau a chodi ei aeliau,

"Wel, *we live and learn*, on' tefe!"

"Mae hi'n dal yn gân Duduraidd, felly! Mi fyddan ni i gyd yn dysgu petha newydd yn ystod y misoedd nesaf – lot ohonyn nhw," torrodd Rhys ar draws, "Dyna sut y mae'r prosiect yma'n mynd i lwyddo."

Cytunodd pawb, a rhoes Gwenno wên o gymeradwyaeth iddo fo.

Gwyntyllwyd nifer o syniadau eraill dros goffi ac ni allai Dave wrthod temtasiwn y cig moch, felly archebodd frechdan bacwn. Wrth iddyn nhw drafod, gwnaeth Rhys ychydig o nodiadau yn nhudalennau plaen ei filofax – anrheg a roesai Lynne iddo cyn cychwyn ar ei swydd newydd.

Ystyriodd Dave ddweud jôc am *yuppies*, ond daliodd ei wynt gan fod Rhys newydd achub ei gam. Mewn dyddiadur A5 rhacs, a hwnnw'n feichiog gan fân bapurau, y byddai Dave yn nodi trefniadau a manylion cyswllt ei waith ei hun.

Erbyn dau o'r gloch y prynhawn roedd y seiat ar ben, a phedwarawd Cwmpas Cymru yn ôl yn Nhŵr Dewi. Eisteddodd pawb o gwmpas desg Rhys, a chafodd Gwenno gyfle i sôn am ei phrofiadau yn mynd â dramâu addysgiadol o gwmpas ysgolion. Disgrifiodd daith o gwmpas ysgolion cynradd Môn – 'Seiriol Wyn a Chybi Felyn' yn cyplysu'r gerdd â hanes saint Cristnogol cynnar yr ynys. Penllanw'r prosiect fu taith maes a wnaed gydag ysgolion y cylch i Abaty Penmon a Ffynnon Seiriol.

"Shwd y'ch chi'n sgripto drama felly?" holodd Jill. "Dyw'r plant ddim yn gofyn cwestiyne o hyd ac yn torri ar draws?"

"Mae hynny'n rhan bwysig o'r sioe," atebodd Gwenno. "Rydan ni'n annog y plant i gymryd rhan, i gynnig syniadau sut i yrru'r stori ymlaen ac i ddeud eu barn am y cymeriadau."

"Odyn nhw ddim yn newid diweddglo'r stori felly?"

"Mae'n rhaid cynllunio beth ydi'r dewisiada sy ar gael. Efo stori Cybi a Seiriol, mi fuon ni'n trafod sut y gallai'r ddau sant berswadio'r Brenin Maelgwn Gwynedd i roi tir iddyn nhw i godi eglwysi. Wrth gwrs, roedden ni'n treio osgoi'r opsiwn bod Maelgwn yn lladd y ddau ohonyn nhw!"

"A fasa hynny ddim yn beth annisgwyl efo Maelgwn Gwynedd," ychwanegodd Rhys.

"Do'dd e ddim yn Mr. Nice Guy, felly?" awgrymodd Dave.

"Nag oedd, yn bendant. Dyna un broblem sy'n codi pan ydan ni'n portreadu cymeriadau hanesyddol ar sgrin neu ar lwyfan. Fe ddeudodd un hanesydd ein bod ni'n barod iawn i sôn amdanyn nhw fel 'ffigurau pwysig a dylanwadol' neu hyd yn oed fel 'arwyr eu hoes'. Ond llinyn mesur personol y boi hwnnw oedd: 'Faswn i'n licio cyfarfod â hwn ar noson dywyll?'"

"Dyw Maelgwn Gwynedd ddim yn y categori hwnnw?"

"Faswn i ddim isio cyfarfod Maelgwn Gwynedd liw dydd golau, Jill, a finnau'n dreifio tanc!"

Cawsai Rhys ei hunan beth profiad o brosiectau theatr mewn addysg. Yn gynnar yn ei yrfa fel athro, roedd ef a phedwar arall o athrawon o'r dalgylch wedi ffurfio grŵp amatur a fyddai'n gweithio gydag adrannau ac aelwydydd yr Urdd, y tu allan i oriau ysgol. Gwnaethant ambell i sioe fel cyfrwng i drafod problemau cyfoes gyda chlybiau ieuenctid y sir.

"Ydach chi am gymryd rhan pan fydd gynnon ni sioe, felly?" gofynnodd Gwenno.

"Mi faswn i wrth 'y modd," meddai Rhys, "ond dim ond os fedra i roi digon o amser i'w wneud o'n iawn. Anodd deud beth arall fydd gen i ar y gweill erbyn hynny."

"Os yw pethe'n mynd yn dda, Rhys," cynigiodd Dave, "fe fyddwch chi'n jyglo dwsin neu ugen o brosiecte ar yr un pryd erbyn y gwanwyn. *Luxury* fydd mynd ma's i berfformo."

Gwyntyllwyd nifer o syniadau ar gyfer 'digwyddiadau' cymwys i thema Duduraidd Elis Gruffydd. Roedd Dave yn adnabod aelodau o gwmnïau a fyddai'n ail-greu brwydrau hanesyddol. Bu bri mawr ar y rhain ers y saithdegau, yn enwedig rhai o gatrodau cwmni y Sealed Knot. Byddai'r rhain yn adlunio brwydrau'r Rhyfel Cartref rhwng y Brenin a'r Senedd yn 1642-48 – rhwng y Cafalîrs a'r Pengryniaid, fel y gelwid hwy gan y bardd cyfoes Huw Morys, ac eraill. Pobl wedi ymserchu yn y cyfnod a'r pwnc oedd aelodau'r grwpiau hyn, a byddent yn paratoi eu gwisgoedd, eu harfau a'u cyfarpar eu hunain ar sail ymchwil manwl a chrefftwaith medrus.

Wedi i bawb ymadael, arhosodd Rhys wrth ei ddesg i gofnodi trafodaethau a phrofiadau'r diwrnod. Roedd am roi'r pentwr o syniadau ac awgrymiadau a gawsant yng Nghaerffili ac wedyn ar gof a chadw. Pwy ŵyr pa rai ohonyn nhw a allai ddatblygu yn brosiectau diddorol?

Erbyn chwech o'r gloch roedd y swyddfa fawr yn wag, a'i gydweithwyr newydd wedi codi llaw arno wrth droi tua thref.

Un o'r rhai olaf i fynd oedd Brian Jenkins.

"Don't stay too late, Rhys," meddai, â'i dafod yn ei foch, "or you'll have Clive Jenkins and ASTMS after you for breaking union regs."

Gwenodd Rhys.

"He's not your uncle, by any chance, is he? Clive Jenkins?"

"Not in a month of Sundays! Port Talbot man he is, not in the same league at all!"

Chwarddodd yn iach wrth droi am y drws, gan danio sigarét arall wrth fynd.

Yn yr unigrwydd tawel, estynnodd Rhys at y ffôn, a deialu ei rif cartref. Cofiai siars taer Richard Stroud ar ei ail ddiwrnod yn y gwaith.

"Croeso i chi ffonio gartref o'r swyddfa, Rhys. Ry'ch chi angen siarad 'da'ch teulu yn aml, yn enwedig gyda phlant ifanc ac mae ffonio o'r gwesty yn mynd i gostio ffortiwn i chi. Mae gweithiwr hapus yn weithiwr effeithiol."

Rhyw ddwywaith yr wythnos, felly, pan fyddai prysurdeb y swyddfa wedi gostegu, byddai Rhys yn sgwrsio gyda Lynne a'r plant a chyfnewid hanesion y dydd, straeon cyfredol pentref ac ysgol.

Y straeon hynny oedd flaenaf yn ei feddwl wrth iddo gerdded yn ôl i'r gwesty trwy dawelwch anghyffredin Heol y Frenhines. Yn yr orig honno, gallai wthio holl sialensau swydd a lleoliad newydd i'r encilion – am y tro, beth bynnag.

Pennod 9

Hydref 1986

Llithrodd Porsche 911 Carrera Olwen Cradock yn osgeiddig i faes parcio Gwesty'r Angel. Roedd y car wedi tynnu sylw sawl un wrth iddi droi i mewn i gefn y gwesty oddi ar Heol Westgate. Digon cyfyng oedd y maes parcio, ond roedd Olwen wedi trefnu iddynt gadw lle iddi yno, gan ei bod hi a'i thad yn gwsmeriaid rheolaidd. Gyda'i chês unnos, aeth Olwen yn syth i'r cyntedd a chofrestru. Doedd dim ystafell gadw reolaidd ganddi, ond roedd un o'i hoff stafelloedd yn digwydd bod ar gael – stafell â'i threm tuag at fur a thŵr cloc Castell Caerdydd.

Edrychodd ar ei wats. Roedd ganddi awr wrth gefn. Penderfynodd gael cawod, wedi'r daith o Lundain ar hyd yr M4 – cawod ac yna hoe fach gyda thebotiaid o de Earl Grey.

Prif nod ei thaith oedd cinio gyda Marwin Reynolds a chyfarfod preifat i ddilyn. Yna, roedd am ymweld â swyddfa Cwmpas Cymru i gael sgwrs gyda Richard Stroud am hynt y prosiect hyd yn hyn.

Cyrhaeddodd Marwin yn brydlon a chawsant ginio ym mwyty'r gwesty. Sgwrs ddigon cyffredinol a fu dros ginio, a soniodd Olwen am y troeon y bu'n dod gyda'i thad i'r gemau rygbi rhyngwladol ym Mharc yr Arfau, a'i hatgofion am gwrdd â sêr y tîm cenedlaethol a mawrion Undeb Rygbi Cymru. Yn aml iawn, byddai arweinyddion llywodraeth leol a rhai o wleidyddion amlwg Cymru yn rhan o'r gwmnïaeth hefyd. Oherwydd statws amatur Rygbi'r Undeb, roedd

Syr Edwin Cradock wedi bod yn noddwr hael i'r gamp ac yn arbennig i brosiect enfawr y Stadiwm Genedlaethol, a gawsai ei chwblhau fesul rhan rhwng 1970 a 1984.

Ar ôl cinio, archebodd Olwen goffi yn ei hystafell ac ymneilltuodd y ddwy am sgwrs gwbl breifat. Ni wyddai Marwin beth yn union fyddai pwnc y sgwrs. Y cyfan roedd Olwen wedi ei ddatgelu ar y ffôn oedd:

"Mae rhywbeth wedi codi ei ben a allai fod yn niweidiol i Timeline Wales. Wy i am ddod lawr i Gaerdydd i chi a fi gael ei drafod e'n gyfrinachol."

Dros eu coffi, amlinellodd Olwen yr hyn oedd yn peri pryder iddi.

"Y'ch chi'n cofio'r *phantom bidder* yn Christie's o'dd wedi gyrru pris llawysgrif Elis Gruffydd yn llawer uwch na'r disgwyl?"

"Odw. Gawsoch chi wybod pwy oedd e?"

"Naddo, ddim o gwbl. Ond rwy'n amau bod mwy i'r mater na'r llawysgrif. Mae sawl cwmni, fel y gwyddoch chi, yn bartneriaid yn Timeline Wales – sori, Cwmpas Cymru – wy heb arfer defnyddio'r enw Cwmra'g 'to! Dyma'r pryder sy gen i: yn ddiweddar, mae rhai o'n partneriaid ni wedi bod yn dargede ar gyfer *takeover bids* – y cyfan gan wahanol gwmnïe, cwmnïe â dim cysylltiad 'da'i gilydd. Neu, felly mae'n edrych ar yr wyneb, ta beth!"

"Alle fe fod yn gyd-ddigwyddiad?"

"Wel, galle. Ond mae 'Nhad yn 'nabod y byd busnes yn well na neb a ma' fe'n ofni drwg yn y caws. Coeliwch chi fi, Marwin, dyw e ddim yn ffaelu'n amal!"

"Oes rhai o'ch partneriaid chi'n bygwth tynnu ma's o'r cynllun?"

"Na, dim 'to. Ond os daw mwy o brobleme, galle fe ddod i hynny."

"Shwd y'ch chi am i fi helpu, 'te?" holodd Marwin.

Gwenodd Olwen. Doedd dim angen amlhau geiriau gyda Marwin, ond yn hytrach mynd at graidd y mater ar unwaith.

"Odw, rwy angen eich help chi ac rwy'n barod i dalu *retainer* personol, cwbl annibynol, i chi am y gwaith, sy tu hwnt i'ch swydd chi fel Ymgynghorydd Cyfreithiol Cwmpas Cymru."

"Ond os yw e'n fater o ddiogelu'r prosiect, mae e'n rhan o'r briff hwnnw, ta beth, Olwen."

"Eitha reit, ond cwmni cyhoeddus yw Cwmpas Cymru, a bydd ein Hadroddiade Blynyddol ni'n ddogfenne cyhoeddus. Smo fi am i'r gwaith hwn ymddangos ar lyfre'r cwmni. Gwaith ditectif fydd e, i radde."

Esboniodd Olwen ei bod yn ansicr ai gelyniaeth tuag at Demetian Holdings fel cwmni, neu at Edwin Cradock fel gŵr busnes pwerus oedd wrth wraidd y peth, neu ynteu rhywbeth arall, hollol anhysbys. Roedd y 'rhywbeth arall' yn ei phoeni yn fwy na gelyniaeth fasnachol – rhywbeth y bu ei thad yn ei wynebu ers degawdau.

Os mai gelyniaeth tuag at Cwmpas Cymru a'i amcanion oedd sail yr ymyrraeth, yna roedd yn fater dieithr ac anesboniadwy iddi. A oedd rhywun neu rywrai – cefnog a phwerus – eisiau atal y prosiect a'r datblygiadau buddiol a ddeuai yn ei sgil? A oedd elfen wleidyddol ar waith yma? Ond pwy fyddai eisiau atal y prosiect? Neb yn y byd gwleidyddol confensiynol, yn sicr. Roedd y llywodraeth a'r gwrthbleidiau – pob un blaid seneddol – wedi canmol y cynllun am ei amcanion economaidd a chymdeithasol.

Os oedd rhyw grŵp eithafol ar waith, yn gwrthwynebu rhoi hwb i economi a diwylliant Cymru'n benodol, roedd y peth yn "hollol *bizarre*" yng ngeiriau Olwen. O reidrwydd, byddai'n wahanol iawn i'r grwpiau bychain, ymylol o benbyliaid eithafol a ymborthai ar atgasedd ethnig. Os mai criw felly oedd ar waith yma, roedd yn griw gydag adnoddau ariannol enfawr at ei alw.

Ymatebodd Marwin yn gwbl ymarferol.

"Mae cwmni ditectif y bydd ein ffyrm ni yn ei ddefnyddio o dro i dro. Y'ch chi am imi roi nhw ar waith?"

"Na, gwell peido. Bydd y ffioedd yn mynd ar lyfre'ch cwmni chithe, a'ch partneriaid chi'n holi beth yw'r achos. Mae cwmni 'da un o hen ffrindie 'Nhad – y Prosser Enquiry Agency – ac ma' fe yma yng Nghaerdydd."

Estynnodd i'w bag llaw a rhoi cerdyn busnes printiedig i Marwin. Yn Dumfries Place roedd swyddfa'r cwmni, o fewn golwg i Dŵr Dewi a chwarter milltir o'i swyddfa hithau yn encil syber St. Andrews Crescent.

"Fe fu e'n fantais i 'Nhad allu cyflogi hen gyfaill o ddyddie ysgol – rhywun o'r tu allan i *goldfish bowl* Llundain. Mae Ted Prosser yn ddyn triw ac mae ei ferch e, Fran, yn bartner yn y busnes nawr."

Craffodd Marwin arni am ennyd ac meddai'n bwyllog:

"Y'ch chi'n deall, Olwen, bod yn rhaid i bopeth fod yn gyfan gwbl o fewn y gyfraith, os y'ch chi am i mi ymgymryd ag e?"

"Wrth gwrs, Marwin. Cyn-blismon yw Ted Prosser ei hunan. Os o's *dirty tricks* ar waith, ein hymateb ni fydd dadlennu'r peth i'r byd, a defnyddio gorchmynion llys i'w hatal nhw, os bydd rhaid. Mae swp o gyrff newydd – *regulatory bodies* – i gadw trefn ar y brocers a'r busnese ariannol yn Llundain sy ar fin dod miwn, hefyd. Pwy bynnag yw'r bobol sy'n bygwth Cwmpas Cymru, fydden nhw ddim yn moyn gweld eu dillad isa brwnt nhw'n hedfan yn y gwynt!"

Chwarddodd y ddwy, a chyda'r awyrgylch wedi ysgafnu'n

sydyn, estynnodd Olwen at yr hambwrdd gwresogi wrth ei phenelin a thywallt cwpanaid arall bob un o'r pot coffi arian.

* * *

Swyddfa bur foel, ond trefnus a glân, oedd swyddfa'r Prosser Enquiry Agency – desg ffrâm fetel fodern, â wyneb a drôrs o bren laminedig a dwy gadair freichiau ysgafn, cefn uchel yn ei hwynebu. Sedd swyddfa o ledr oedd y tu ôl i'r ddesg. O boptu'r waliau moel, o liw pastel cynnes, safai rhes o gypyrddau ffeilio dan glo. Roedd seidbord bychan yng nghornel y swyddfa, tegell trydan a blychau te a choffi yn sefyll ar hambwrdd o ddur sgleiniog a hwnnw'n ddi-staen. Dim slym o le yw hwn, meddai Marwin wrthi ei hunan, pan ddaeth drwy'r drws am y tro cyntaf. Roedd yn hollol wrthgyferbyniol i ddelwedd y ffilmiau o swyddfa ditectif preifat.

Trwy ffenest y swyddfa fe welid traffig gwibiog Dumfries Place, a phobl yn mynd a dod i'r bwyty Eidalaidd dros y ffordd, lle ceid brechdanau a baguettes ar gyfer y cannoedd o weithwyr swyddfa a lafuriai gerllaw, nifer ohonyn nhw yn Nhŵr Dewi.

Roedd gwydr dwbl y ffenest yn mygu sŵn y stryd yn bur effeithiol ac felly cafwyd sgwrsio tawel a di-straen rhwng Marwin Reynolds a Ted Prosser. Gŵr tal, solet ei safiad a gyfarchodd Marwin wrth ddrws y swyddfa. Gyda'i wallt byr wedi britho, ei drem dreiddgar a gwrid awyr iach ar ei wedd, roedd yn bictiwr o hen blismon. Cyn-Arolygydd gyda Heddlu Morgannwg oedd Ted, wedi ymuno â'r heddlu yn llanc ifanc yn 1936. Cafodd ei ddirprwyo i'r Fyddin yn 1941, a dywedai ei record swyddogol iddo fod yn Heddwas Milwrol mewn gwahanol wersylloedd yng Nghymru a Lloegr.

Gwnaeth hynny am gyfnod byr, ond cafodd ei drosglwyddo'n gyfrinachol i rengoedd MI5, pan fu pryder mawr ynglŷn ag ysbiwyr.

Wedi dychwelyd at yr heddlu yn 1945, dyrchafwyd Ted a bu'n Arolygydd am ddeuddeg mlynedd olaf ei yrfa. Yn 51 oed, yn 1969, dewisodd ymddeol yn gynnar pan ffurfiwyd Heddlu De Cymru. Yn 1970 y sefydlodd y Prosser Enquiry Agency ac agorodd ei swyddfa yng Nghaerdydd, ei gartref ers pan adawodd y Ceinewydd yn ddeunaw oed.

Cyfaill ei ieuenctid, Edwin Cradock, a roes y benthyciad dilog a alluogodd Ted i gychwyn ei fusnes; a bu hwnnw'n gwsmer pur dda iddo wrth i'w fusnesau yntau dyfu'n ymerodraeth fasnachol. Roedd Ted yn neilltuol o falch, felly, o gael cais gan Olwen Cradock i gwrdd â Marwin Reynolds.

Esboniodd Marwin gefndir a natur prosiect Cwmpas Cymru wrtho, er bod Ted wedi dilyn yr holl straeon newyddion amdano yn y wasg. Gwrandawodd yntau'n astud wrth i Marwin sôn am amheuon Olwen Cradock bod bygythiad i'r cynllun. Nodiodd Ted; roedd Olwen wedi ei ffonio ddeuddydd ynghynt i leisio'i phryder, a rhoesai fanylion am y cwmnïau a dargedwyd hyd yn hyn.

"'Wy wedi delio â sawl cês o *industrial espionage* dros y blynydde, ond ma hwn yn achos rhyfedd dros ben. Beth alwn i fe – *commercial sabotage*? Fe weles i ambell achos o hynny hefyd – rhwng dau gwmni'n cynhyrchu'r un pethe. Ond, do's dim *motive* amlwg y tu ôl i hwn, Miss Reynolds. Shwd mae'r bobol hyn yn mynd i elwa o atal eich project chi? Do's neb arall am lawnsio project tebyg. Felly pa fantais yw e?"

"Yn hollol, Mr. Prosser. Dyna'r dirgelwch sy'n poeni Olwen a minne. Ody e'n ffordd o 'neud drwg i Syr Edwin a Demetian Holdings, efalle?"

"Mae gelynion 'da Syr Edwin, yn ddigon siŵr, ond ma hon yn ffordd rownd abowt a chostus ofnadw o geisio 'i fwrw fe."

Ar y ffôn y noson gynt, roedd Olwen wedi dweud yn gyfrinachol wrth Ted bod posibilrwydd i'w thad gael ei ddyrchafu i Dŷ'r Arglwyddi. Tybed, awgrymodd, a fyddai methiant prosiect uchelgeisiol fel Cwmpas Cymru yn achosi digon o niwed i'w enw da i atal y dyrchafiad? Ai dyna, felly, oedd y nod?

Gwenu wnaeth Ted wrth ateb Olwen.

"Gwario miliyne i stopo dy dad rhag dod yn Baron Cradock of Ceinewy? Na, dyw'r Lords ddim mor bwysig nawr ag o'n nhw pan o'dd Edwin a finne'n gryts. Ma rhywbeth mwy mewn golwg 'da'r bois hyn, wedwn i."

Dros ddesg ei swyddfa, edrychodd Ted ym myw llygaid Marwin ac meddai:

"Ro'dd Olwen yn gweud efalle bod politics wrth wraidd y peth, Miss Reynolds. Grŵp o bobl am greu niwed i Gymru trwy ladd y project hyn a'r holl jobs a'r busnes a ddaw gyda fe. Beth y'ch chi'n 'i feddwl o hynny?"

"Mae e'n eitha posib, Mr. Prosser. Gyda'ch profiad chi o'r natur ddynol, y'ch chi'n meddwl bod e yn y ras?"

Nodiodd Ted ei ben yn bwyllog.

"Ma' fe'n 'neud mwy o sens na'r un syniad arall – er mai bach iawn o sens yw hynny 'fyd. Pwy fydde am 'neud y fath beth?"

Roedd gwedd Marwin yn bur ddwys wrth ateb:

"Gobeitho y gallwch chi ddod o hyd i hynny, Mr. Prosser. O ddifri, nawr, falle bydd dyfodol y prosiect cyfan yn dibynnu arnoch chi yn y diwedd."

Wedi ennyd o ddistawrwydd, cynigiodd Ted,

"O'ch chi'n sôn am y natur ddynol, Miss Reynolds. Ma fe'n

bosib bod pobl yn y grŵp hyn sy'n gwrthwynebu'r project am resyme gwahanol – gelyniaeth bersonol, casineb tuag at Gymru, neu bethe eraill smo ni'n gwbod dim obiti nhw. *Mixed motives* yn gyrru'r peth."

"Ody hynny'n gwneud eich gwaith chi yn fwy anodd, Mr. Prosser?"

"Nag yw, mewn gwirionedd. Efalle bydd e'n help, hyd yn o'd. Gore yn y byd os taw'r gelynion amlwg yw'r gelynion cudd hefyd. Ma Olwen wedi rhoi manylion i fi am y cwmnïe sy wedi ca'l trafferthion. Cwmnïe cyhoeddus y'n nhw i gyd, a bydd cofrestr o'u *shareholders* nhw ar ga'l. Fe fydd yn eitha hawdd dod o hyd i'r cynigion gawson nhw am werthu'u siârs, a phwy yw'r cwmnïe sy'n cynnig amdanyn nhw. Ma newyddion busnes y papure newydd yn riporto pethe fel 'ny!

Mater arall, Miss Reynolds, fydd dod o hyd i fois yr arian mawr sy tu cefen i'r peth. Nhw yw'r bois sy'n hwpo'r syniad o *takeover* yn dawel bach gyda *directors* a grwpie o *shareholders*, codi'r awydd i brynu cwmni arall a'i lyncu fe. Ma nhw'n galler cwato tu ôl i bob math o *proxies* a dêls preifet. Ma' fe fel plico winwns, ond fe gawn ni atebion yn y man. Ond wrth gwrs ry'ch chi'n gyfarwydd â hyn i gyd o ran cyfraith busnes."

"Odw, ond mae *takeovers* yn y wlad hon yn cael eu harolygu gan banel o bobl busnes yn Ninas Llundain. Ma fe'n ca'l ei alw'n Takeover Panel ond ma fe'n delio â *mergers* rhwng cwmnïe 'fyd."

"Dim cyfraith gwlad, felly?"

"Dim yn uniongyrchol, ond ma'r drefen yn newid. Ma'r Office of Fair Trading a'r Monopolies and Mergers Commission yn arolygu cwmnïe ar ran y llywodraeth ac yn ymyrryd weithie. Erbyn hyn, mae'r llywodraeth yn sefydlu corff newydd i gadw gwell trefen ar yr holl fusnes a diogelu buddsoddwyr. Y Securities and Investment Board yw hwnnw, a bydd lot o ryw fyrdde er'ill o dano fe. Ma'r newidiade hyn i gyd ar ganol dod miwn nawr."

Gwenodd Ted Prosser yn gynnil.

"Wel, 'te. Os yw strywie'r bois hyn am ddod o dan lygad rhai o'r byrdde newydd, fe fydd yn rhaid i ni lanhau 'u sbectol nhw! Nawr 'te, Miss Reynolds. Ma Fran, y ferch, yn mynd i ddelio 'da ochr Llundain y mater. Ma Olwen am drefnu fflat fach iddi yno – fflat sy'n eiddo i Demetian Holdings. Rwy wedi ffeindo bachan ifanc o'r gogledd i ddilyn hynt Timeline Wales. Ma fe'n dod o Sir Fôn, ond yn byw yn G'dydd nawr. Ma fe'n fachan ffein iawn – digon o hiwmor 'da fe. Ma 'da fi berson arall i fonitro trefniade *admin* y cwmni."

Pwysodd ymlaen dros y ddesg, fel pe'n dadlennu cyfrinach wrth Marwin.

"Y'ch chi'n meddwl y gallech chi berswado Richard Stroud i roi gwaith i'r ddau hyn gyda Timeline Wales? Bydd yn rhaid iddyn nhw gael eu hapwynto a mynd ar lyfre'r cwmni yn hollol strêt, rhag ofon bod ysbïwr yno'n barod, mewn jobyn gweinyddol – rhywun fydde'n gweld y llyfre, fel 'tae."

O fewn llai na mis, roedd dau aelod newydd wedi ymuno â thîm Cwmpas Cymru.

Pennod 10

Hydref 1986

Dros filoedd o flynyddoedd, bu Afon Wysg yn naddu ei llwybr hir trwy ucheldiroedd De-ddwyrain Cymru. Llwybr hynod o unionsyth fu hwnnw ar y cyfan ac eithrio rhyw dro cryman yn fuan yn ymyl ei tharddiad ar lechweddau Mynydd Wysg. Yn y fan honno, hyd heddiw, mae'r Bryniau Duon yn bwrw eu trem dros Ddyffryn Tywi. Daw siwrnai'r afon i ben ar ddolydd breision Gwent ac mae'n arllwys i'r môr ym mhorthladd prysur Casnewydd. Mae'r ddinas honno'n cydnabod ei dyled i'r afon yn ei henw llawn, Casnewydd-ar-Wysg.

Tua chanol siwrnai'r afon, ceir bro fechan o ddoldir gwyrdd uwchlaw Crughywel. Yn y fan honno gorwedd triongl o dir braf, lle daw Afon Rhiangoll a Nant Cwm-gu i ymuno ag Afon Wysg. Tynnwyd llygaid barcud y Normaniaid at y fro hon, a buan y rhoesant eu crafangau amdani. Sefydlwyd castell bychan yno gan farchog o'r enw Picard, a dyna gychwyn ystâd fechan Tre-tŵr.

Wedi dyddiau teulu Picard, yn y bymthegfed ganrif, daeth maenor Tre-tŵr yn eiddo i uchelwr ifanc, pwerus o Gymro, Syr William Herbert; ond fe roes yntau'r ystâd a'r castell i'w hanner brawd, Rhosier Fychan. Erbyn hynny, roedd y castell, â'i dŵr crwn a chul ar ben bryncyn, yn annigonol fel cartref i uchelwr. Roedd teulu Picard wedi rhoi cychwyn ar godi neuadd o garreg gerllaw, ond ailadeiladwyd y cyfan gan Syr Rhosier Fychan a'i fab, Syr Thomas. Adeilad ac ynddo ddwy res deulawr o siambrau yn groesgongl i'w gilydd oedd y Llys Tre-tŵr newydd, gyda'r naill res yn wynebu'r gogledd a'r llall yn wynebu'r gorllewin. Codwyd dau fur cadarn o feini i droi buarth mewnol y llys yn sgwâr caeedig, gyda thŷ porth yn fynedfa iddo. Yn ddiweddarach, yn yr ail ganrif ar bymtheg, trowyd rhan helaeth o'r llys yn blasty yn null y Dadeni, gyda'i ffenestri gwydrog yn batrwm trefnus a simneiau urddasol yn adlewyrchu statws y perchnogion. Diflannodd yr uchelwyr yn eu tro, a daeth y Llys a chragen foel yr hen gastell i ofal Cadw.

I'r llecyn tawel hwn, yn drwm gan "flas y cynfyd", y gyrrodd Rhys yr Allegro glas un bore o hydref. Daeth â Jill a Gwenno gydag o, gan edrych ymlaen at ymweliad mwy cyffrous na dyddiau tawel, arferol y Llys. Yn Nhre-tŵr, roedd arwyddion o brysurdeb anghyffredin i'w gweld eisoes. Ar ymyl y ffordd safai bws ac arno enw cwmni o Gaerdydd, yn ogystal â bws mini Coleg Addysg Morgannwg yn sefyll o flaen tŷ porth y Llys. Wedi parcio gerllaw roedd dau gerbyd oedd yn gyfarwydd i Rhys, fan Dave Evans a Vauxhall Cavalier Martin Grey.

Martin Grey a wnaeth y cysylltiad gwreiddiol â'r Coleg. Roedd myfyrwyr a staff Coleg Addysg Morgannwg yn bwriadu cynnal rhaglen theatr mewn addysg ar gyfer ysgolion cynradd yn Llys Tre-tŵr. Dros gyfnod o wythnos, byddai disgyblion ugain o ysgolion yn mynychu'r sesiynau – ysgolion o ddalgylchoedd pur agos, rhwng Crughywel ac Aberhonddu yn ne Powys, Merthyr ym Morgannwg Ganol a Glyn Ebwy yng Ngwent. Fyddai Cwmpas Cymru yn barod i noddi'r fenter? Wedi trafod gyda Cadw, y Coleg Addysg a'r tri Awdurdod Addysg, cytunodd Cwmpas Cymru i noddi holl gludiant yr ysgolion a chyflenwi pŵer ychwanegol ar gyfer y safle, sef cynhyrchydd trydan symudol, wedi ei guddio y tu cefn i'r Llys ar gyfer creu rhai effeithiau sain theatrig a miwsig y cyfnod. Er mwyn cywirdeb hanesyddol, dim ond goleuni naturiol, ambell i gannwyll gŵyr a chanhwyllau brwyn oedd i'w gweld yn y Llys – a byddai'r rheiny yn bynciau trafod rhwng y plant a'r perfformwyr yn ystod y sioe.

Yn nhŷ porth Llys Tre-tŵr fe geir porth cyfyng ar gyfer cerddwyr a phorth llydan ar gyfer ceffyl a throl. O dan oruchwyliaeth Cadw, dim ond y porth cyfyng a fyddai ar agor i ymwelwyr fel arfer, ond heddiw roedd y porth mawr led y pen ar agor hefyd a rhialtwch lliwgar i'w weld trwy'r fynedfa.

Yn wynebu Rhys a'i gydweithwyr, roedd rhyw lun ar farchnad wedi ei gosod, gyda stondinau pren, pob un ag adlen o gynfas liwgar drosti. Crogai baneri amryliw o gwmpas y buarth, yn amlwg ar byst ac ar ganllawiau'r galeri agored ar lawr uchaf y Llys. O'u cwmpas, yn gwibio fel gwenyn, roedd ugain neu fwy o bobl ifanc, rhai mewn gwisgoedd Tuduraidd ac eraill mewn crysau-T a jîns. Mewn ffwdan hwyliog, roedden nhw'n gosod nwyddau ac offer ar y stondinau ac yna'n clirio'r llanast o focsys cardbord, a fu'n dal y stoc, oddi ar y buarth. Saesneg oedd iaith y sgwrsio, ond Cymreig oedd yr holl acenion.

Daeth un o'r merched draw at Rhys ac estyn ei llaw, "Mr. Gruffydd? Nia Tegwen ydw i. Croeso i Dre-tŵr!"

Esboniodd mai darlithydd Drama yn y Coleg oedd hi a'i bod hi a thri aelod o'r staff yn arwain yr wythnos o weithgareddau gyda'u myfyrwyr. Ffrwyth llafur a chynllunio tîm y Coleg oedd y rhaglen hon, heb unrhyw ymgynghoriad efo Cwmpas Cymru, ond roedd Nia'n awyddus i Rhys a'i dîm weld y rhaglen ar waith a thynnu eu llinyn mesur arni.

"Mae yna sôn y byddwch chi'n cynnal lot o raglenni eich

hun yn dilyn hyn. Gobeithio bydd gwaith y criw sy gynnon ni yma o werth i chi ei drafod."

Roedd Dave Evans a Martin Grey eisoes wedi bod yn astudio'r trefniadau y tu mewn i'r Llys ac wedi rhybuddio'r criw i ddisgwyl am Rhys a'i gydweithwyr cyn dechrau. Cyflwynodd Jill a Gwenno eu hunain ac wedi deall cefndiroedd y ddwy mewn addysg a drama, taniodd y sgwrs rhyngddynt a Nia ar amrantiad.

Aeth y pedwar ohonyn nhw i brif neuadd y Llys, lle roedd byrddau a meinciau o bren wedi eu gosod ar gyfer gwledd. Roedd Dave a Martin ar ganol sgwrs gyda dau o bobl – un yng ngwisg uchelwr Tuduraidd a'r llall mewn siaced frethyn fodern a thei o wlân. Un o'r darlithwyr, Brian Humphreys, oedd yr uchelwr a'r gŵr arall oedd Ken Lyall, un o benseiri cadwraeth Cadw.

Cnewyllyn y sgwrs oedd y cyfaddawd a oedd yn angenrheidiol mewn achlysur fel hwn, rhwng cyfleu naws ac ymddangosiad y Llys fel y byddai gynt, a diogelu pob maen a choedyn yn yr adeilad, a'i gadw yn ei ffurf bresennol.

"Do's dim sicrwydd perffaith sut le o'dd yma yn y Llys bedair canrif yn ôl," meddai Ken Lyall. "Felly, does dim hawl 'da ni i newid yr adeilad a'i 'heneiddio' fe fel r'yn ni'n meddwl y bydde fe. Ma pob hawl 'da ni i wisgo'r lle yn grand ambell waith, fel ma'r myfyrwyr wedi ei wneud heddi. Ond, mae'n rhaid gallu symud popeth yn ôl fel ro'dd e, wedi i ni gwpla, heb adel unrhyw farc parhaol o gwbl."

Cafodd criw Cwmpas Cymru gyfle i sgwrsio gyda'r myfyrwyr yng nghanol eu prysurdeb. Roedden nhw a'u darlithwyr wedi dyfeisio stori am wledd briodas yn y Llys tua 1580 – 'neithior' oedd yr hen enw. Ar y cyd â'r dathlu, roedd ffair yn cael ei chynnal yno hefyd, a rhialtwch gwerinol y ffair yn gwrthgyferbynnu â diddanion bonheddig y neithior; y siwglwr a dawnsio twmpath yn y buarth ac yn y neuadd fawr dawns llys, cân a stori. Roedden nhw wedi pennu cymeriadau ar gyfer chwarae rôl a llunio sgript benagored, er mwyn i gyfraniad ac ymateb y plant gael llywio rhywfaint ar ddatblygiad y perfformiad.

Un elfen o'r stori fyddai dod o hyd i leidr oedd ar waith yn y ffair, gydag elfen o bantomeim wrth geisio dal y creadur. Yna, rhaid oedd troi'r neithior yn llys barn ar fyrder a byddai trafodaeth, pa gosb i'w rhoi i'r dihiryn. Byddai'r 'ceisiad' – y peth agosaf at blismon pentref ar y pryd – yn disgrifio rhai o gosbau enbyd y cyfnod yn afieithus. Gelwid ar rai o'r plant i fod yn dystion i'r hyn a welsant ac i sicrhau mai'r person iawn a ddaliwyd. Wedi cael y plant i gyd i gymeradwyo wrth ddyfarnu a oedd y lleidr yn euog ai peidio, byddai'r ddedfryd a'r gosb yn nwylo'r sgweiar. Penderfyniad hwnnw fyddai rhoi cosb ysgafn, oherwydd natur lawen, deuluol y neithior. Felly câi y lleidr ei roi yn y pilwri yn y buarth, a'i beledu â sbwngiau dyfrllyd – elfen arall o bantomeim hwyliog a fyddai'n sicr o ddal a chynnal diddordeb y plant.

O stondin i stondin yn y ffair, ceid gweithgareddau ymarferol i'r plant. Caent gribo gwlân a'i droelli â gwerthyd llaw, paentio llestri a dysglau amrwd o law'r crochenydd a thrin bwa a saeth ar y lawnt y tu cefn i'r llys. Er mwyn diogelwch, gosodwyd y targedau i'w saethu rhwng parwydydd cul o rwydi, fel rhwydi criced. Yng nghegin y llys byddai un o'r gweision yn dangos sut roedd creu cannwyll frwyn, gyda'r saim tawdd yn ffrwtian ar radell uwchben basged dân a honno allan o gyrraedd y plant.

Yn Saesneg y byddai'r rhan fwyaf o'r sesiynau'n cael eu cynnal, ond roedd tair ysgol Gymraeg yn dod yno, un o

Gaerffili, un o ardal Merthyr a'r drydedd o Frynmawr. Er mai Saesneg oedd iaith y mwyafrif o'r myfyrwyr, roedd wyth yn siaradwyr Cymraeg, a nhw fyddai'n arwain y sesiynau ar gyfer yr ysgolion Cymraeg.

Cynhaliwyd dwy sesiwn gyntaf y rhaglen y diwrnod hwnnw, yng nghwmni ysgolion cynradd cyfrwng Saesneg lleol. Arhosodd criw Cwmpas Cymru yn Nhre-tŵr trwy gydol y bore, a gwylio perfformiadau'r myfyrwyr ac ymateb bywiog y plant – plant rhwng 9 ac 11 oed. Gwelsant y canolbwyntio craff yn y gweithdai ymarferol a gwrando ar y banllefau brwd wrth geisio dal y lleidr yn y ffair, yn ogystal â'r chwerthin heintus wrth fwrw sbwng ar ôl sbwng at y dihiryn yn y pilwri, nes bod hwnnw'n ddiferol o'i gorun i'w sodlau. Yn y cefndir ceid cerddoriaeth offerynnol y cyfnod yn cyfeilio i'r ddawns llys, a drwm a phibgorn yn pyncio'r twmpath dawns. Deuai'r miwsig o seinyddion cudd o gwmpas y neuadd a'r buarth.

Cafwyd paned a brechdan yng nghwmni'r myfyrwyr amser cinio, ac aeth Jill a Gwenno ati i helpu'r criw i ailosod popeth yn ei le ar gyfer y prynhawn.

Fel yn y bore, aeth gweithgareddau'r prynhawn yn hwyliog ddigon ar y cychwyn, ond yna, yn gwbl ddirybudd, darfu miwsig y twmpath dawns yn llwyr. Edrychodd pawb yn syn. Ond chwarae teg i'r myfyrwyr a'u darlithwyr, daliodd y criw ati i ddawnsio, wrth i rai ohonyn nhw ganu'r alaw ac ymunodd Gwenno â nhw yn y canu.

Yr eiliad y methodd y sain, rhoes Dave Evans a Ken Lyall edrychiad sydyn ar ei gilydd, a chan feddwl yr un peth, prysurodd y ddau allan i gefn y Llys. Roedd eu rhagdybiaeth yn iawn. Nid yn unig roedd y cynhyrchydd trydan wedi peidio â chynhyrchu, roedd aroglau llosgi'n dod o'r peiriant a thafod bychan o fwg yn codi o'r carbiwretor. Rhuthrodd Ken i ddiffodd yr injan rhag i'r petrol yn y tanc ffrwydro, tra rhedodd Dave i estyn y diffoddwr tân a gedwid yn swyddfa Ceidwad Llys Tre-tŵr. Cyn hir roedd y Ceidwad a Martin Grey wedi ymuno â'r grŵp, tra bu Rhys, Jill a Gwenno yn helpu'r myfyrwyr i gynnal y sioe.

Datgysylltodd Ken a Dave y peiriant yn llwyr o geblau'r seinyddion a'i symud cyn belled ag y gallent oddi wrth yr adeilad. Daeth Brian Humphreys atynt, yn ei wisg Duduraidd, yn bryderus ei wedd.

"Allwn ni ddal ati?"

"Pawb i aros y tu mewn i'r Llys," atebodd Ken Lyall, "gwell peido dod â'r plant allan ar gyfer y bwa-a-saeth, er ei fod e'n eitha pell oddi wrth y *generator*. Dyw'r carbiwretor ddim yn tasgu mwg nawr, ond gwell whare'n saff."

Parhaodd gweddill y prynhawn yn ddidramgwydd, ond bu holi manwl wedi i'r bws ysgol olaf adael. Roedd Dave eisoes wedi gwneud galwad ffôn i gontractiwr y peiriant trydan, a daeth yntau draw, yn fwg ac yn dân ei hunan, yn ei fan o Aberhonddu. Wedi archwilio'r peiriant yn fanwl, troes olwg anghrediniol tuag at y criw oedd yn gwylio pob symudiad o'i eiddo.

"Somebody's buggered it up. The wiring on the carb's been stripped down. The bloody thing's been shorting like mad. Dam' lucky you didn't have a fire."

"You mean it's been done deliberately?" holodd Rhys.

"Too bloody right. Every machine that leaves my shop gets inspected before it goes out – and inspected properly. None of my lads could miss this sort of damage. Look at it!"

Craffodd pawb at y lle roedd ei fys yn pwyntio. Roedd düwch llosg i'w weld yn glir, lle roedd rhai o wifrau'r carbiwretor wedi eu dinoethi o'u llewys polyfeinyl a'r gwaith hwnnw'n amlwg wedi ei wneud â chyllell Stanley, neu lafn tebyg.

Cwynai'r perchennog y câi drafferth hawlio yswiriant am ddifrod bwriadol fel hyn, ond dywedodd Rhys ar unwaith y byddai Cwmpas Cymru yn talu'r costau. Rhoes Dave ei big i mewn trwy awgrymu wrth y contractiwr blin, pe bai'n darparu peiriant am weddill yr wythnos y byddai Cwmpas Cymru yn talu am wyliwr-diogelwch i gadw golwg ar y peiriant drwy'r dydd a'i roi dan glo dros nos. Cytunwyd ar hynny.

"Beth sy'n mynd ymlaen, Mr. Gruffydd?" holodd Nia Tegwen ar ôl i'r contractiwr adael. "Rydan ni allan yng nghefn gwlad. Dyma un o'r llefydd tawela fues i yn'o fo erioed. Dydi lle fel hyn ddim yn berwi o fandals gefn dydd gola."

A dim fandaliaid sy'n gwybod yn union beth mae'n nhw'n ei wneud, meddai Rhys wrtho'i hun.

"Mae'r peth yn ddirgelwch i minna, Nia," oedd unig ateb Rhys, "ond fe wnawn ni'n siŵr y bydd goruchwylio manwl yma am weddill yr wythnos."

O'r swyddfa yn y Llys fe wnaeth Rhys alwad ffôn i Richard Stroud, a dweud beth oedd wedi digwydd. Cytunodd yntau i hurio cwmni diogelwch i arolygu'r safle a dywedodd y byddai'n trefnu hynny ar unwaith.

"Fe fydda i yn y swyddfa yn hwyr heno, Rhys. Dewch chi a Dave draw am sgwrs, pan fyddwch chi yn ôl yn y ddinas."

Cyn i bawb wasgaru, gwnaeth Rhys bwynt o longyfarch y myfyrwyr ar lwyddiant diwrnod cyntaf eu sioe:

"And full marks all round for carrying on so effectively in spite of the technical hitch we had. Whether it's on fieldwork or in the classroom, we always need to watch out for the unexpected."

Diolchodd yn breifat i Nia Tegwen a'r darlithwyr eraill am

esbonio'r sefyllfa wrth athrawon yr ysgol. Peth da na wyddent hwythau mo'r stori gyflawn, ymresymai Rhys wrtho'i hun.

Gyda'r nos, yn swyddfa Richard Stroud, adroddodd Rhys a Dave hynt a helynt y dydd yn fanwl. Byddai angen llunio adroddiad llawn ar bapur drannoeth. Tawedog iawn oedd Richard wrth wrando ar yr hanes, a bu'n myfyrio am funud neu ddau wedyn, cyn siarad.

"Ychydig ddyddie yn ôl fe ges i sgwrs hir 'da Olwen Cradock, yma, yn hwyr y prynhawn. Rown i'n meddwl mai dod i gael *progress report* oedd hi, ond roedd rheswm arall dros yr ymweliad. Wnaeth hi ddim manylu, ond fe ges i rybudd i fod yn garcus rhag i rywun amharu ar ein gweithgaredde ni. Mae hi'n credu bod rhywrai'n awyddus i weld Cwmpas Cymru yn ffaelu – yn ffaelu'n llwyr. Dyw hi ddim yn siŵr pa mor bell ma'r bois hyn yn barod i fynd, ond d'os dim amheueth 'da fi mai *sabotage* o'dd yr hyn ddigwyddodd yn Tre-tŵr heddi."

Edrychodd y ddau arall ar ei gilydd yn syn. Yna troes Dave yn ôl tuag at Richard a dywedodd yn bwyllog:

"Pwy bynnag fu'n shafo'r weirs trydan 'na, ro'dd e'n gwbod beth o'dd e'n neud. Gobeitho mai dim ond atal y pŵer o'dd ei amcan e. Ond pe bydde'r *generator* wedi mynd ar dân a'r tanc petrol wedi chwythu pan o'dd y plant yn practiso y bwa saeth tu fas i'r Llys, gallen nhw fod wedi diodde anafiade drwg iawn ac efalle gwa'th na 'ny."

Dyfnhaodd sobreiddiwch Richard ymhellach fyth ac meddai:

"Cyn i chi gyrraedd yn ôl, fe ges i Cynrig Jenkins o Cadw ar y ffôn. Ma fe'n barod i'r sioe yn Tre-tŵr fynd yn ei blân, ar yr amod ein bod ni'n darparu seciwriti proffesiynol. Felly, rwy i wedi trefnu i Safeguard Security anfon tri o fois yno am weddill yr wythnos. Bydd un o'n nhw â chyfrifoldeb dros wylio'r *generator.*"

Cymerodd saib am ennyd cyn ysgwyd ei ben.

"O'wn i wedi rhagweld ambell i broblem gyda digwyddiade ar safleoedd – tywydd gwael, pobl yn canslo – ond dim rhywbeth fel hyn, bois bach!"

Ni fu trafferthion o gwbl yn Nhre-tŵr trwy weddill yr wythnos. Dychwelodd tîm Cwmpas Cymru yno am ddau o'r dyddiau hynny, er mwyn sicrhau bod popeth yn ddiogel yn achos Rhys a Dave, yn ogystal â gwerthfawrogi ymdrechion Coleg Addysg Morgannwg a gweld plant yr ysgolion yn mwynhau. Yn ffodus, ni fu sôn am y digwyddiad yn y wasg. Erbyn diwedd yr wythnos ymwelodd tua 700 o blant â'r hen Lys. Roedd Nia Tegwen a'i chydweithwyr hefyd wedi bwrw ymaith yr amheuon a ymddangosodd mor sydyn ar brynhawn Llun.

Ni thaenodd presenoldeb gwŷr cadarn Safeguard Security unrhyw gysgod anghysurus dros yr achlysur ychwaith. Roedd y tri yn gwisgo dillad cyffredin ac roedd un ohonyn nhw, Griff Parrish, yn gymeriad hwyliog a chanddo dri o blant o oedran cynradd ei hun. Hawliai Griff gysylltiad cynharach na neb â phrosiect Cwmpas Cymru. Ef oedd un o'r tri swyddog diogelwch a fu'n gwrando ar Gwenan Briggs yn datgelu pwysigrwydd llawysgrif Elis Gruffydd yn Angel Court. Ac nid Llys Tre-tŵr fyddai ei gyswllt olaf â'r prosiect.

PENNOD 11

Hydref – Tachwedd 1986

Bu'r wythnosau nesaf yn ferw o brysurdeb i Rhys ac i dîm Cwmpas Cymru. Gwaith swyddfa a chyfarfodydd busnes fu cryn swm ohono. Ar wahân i estyn cylch gwaith yr Adran Addysg a Diwylliant, roedd Rhys wedi ymadael â gwesty'r Palace erbyn hyn ac yn aros mewn llety gwely a brecwast ar Heol Cyfarthfa. Golygai hynny y gallai gerdded i'w waith yn bur hwylus, ond roedd ganddo awydd dod â'i feic i Gaerdydd erbyn y gaeaf.

Wedi cryn ymgynghori, cytunodd Richard Stroud a Rhys ar aelodaeth Pwyllgor Ymgynghorol o ddeg o bobl o wahanol feysydd ym myd addysg. Rhoes Rhys gynlluniau a rhaglen ar y gweill ar gyfer cyfarfod cyntaf y Pwyllgor ym mis Ionawr. Aeth i'r afael hefyd ag ymgyrch gan y llywodraeth i hyrwyddo addysg a hyfforddiant galwedigaethol, yn arbennig ym maes technoleg. Roedd arian cyhoeddus i'w gael ar gyfer ysgolion i gefnogi'r cynllun, gyda'r nod o ddiwygio cwricwlwm pobl ifanc rhwng 14 a 18 oed. Elfen bwysig o'r cynllun oedd darparu cyfnodau o brofiad gwaith gyda chwmnïau neu gyrff allanol, ond bu'n dalcen caled cael busnesau bychain lleol i ddarparu lleoliadau, oherwydd yr angen i fentora'r disgyblion a strwythuro'r profiadau gwaith. Dechreuodd Rhys lunio cynllun i gynnig grantiau bychain gan Gwmpas Cymru i fusnesau a gynigiai brofiad gwaith byr, ond roedd llawer o waith datblygu patrwm o gytundeb, a fyddai'n bodloni a diogelu pawb.

Bu'n llawer hawsach trefnu lleoliadau gwaith gyda'r cyrff cyhoeddus. Cafodd ymateb ar unwaith gan Martin Grey, o Cadw, yn cynnig cydweithio. Cyrff arall a ddangosodd ddiddordeb ar eu hunion oedd Comisiwn Cefn Gwlad Cymru a Bwrdd Datblygu Cymru Wledig. Trefnodd gyfarfod efo'u swyddogion yn y Drenewydd yn fuan.

Yn y cyfamser, roedd mwy o achlysuron cyhoeddus ar y gweill. Bu Dave Evans yn cynllunio sawl digwyddiad ar gyfer cyfnod y Nadolig. Roedd Rhys ac yntau wedi cytuno ar raglen yn cynnwys dau gyngerdd rhwng Tachwedd a Rhagfyr a sioe theatr mewn addysg i ymweld â chastell neu blasty yn y gogledd. Erbyn hyn roedd pump o berfformwyr amser llawn wedi eu cyflogi, yn ychwanegol at Gwenno Llwyd. Roedd gan y cyfan sgiliau a phrofiadau amrywiol – ym myd actio, canu, chwaraeon a'r cyfryngau. Un nodwedd amlwg a oedd yn gyffredin rhyngddyn nhw oedd eu bod yn gyfathrebwyr da yn Gymraeg a Saesneg. Cytunodd Rhys a Dave ar enw anffurfiol, Criw Cwmpas, i'w roi ar y garfan hwyliog.

Yr ail i'w benodi, ar ôl Gwenno Llwyd, oedd Huw Parker, brodor o Gaerfyrddin. O ddyddiau ysgol i ddyddiau coleg bu'n chwarae pêl-droed i dîm ieuenctid Cymru. Pan oedd yn fyfyriwr, bu'n sylwebydd chwaraeon i gwmni radio lleol Sain Abertawe. Yng Ngholeg Cerdd a Drama Cymru y gwnaeth ei hyfforddiant a bu yntau, fel Gwenno, yn gweithio i Gwmni Tŷ Taf yng Nghaerdydd.

Tra bu'r tîm newydd yn ymarfer o dan gyfarwyddyd Dave Evans, roedd amserlen Rhys yn frith o gyfarfodydd; ac fe ymwelodd â Swyddfeydd Addysg yr wyth sir a phencadlysoedd nifer o gwmnïau a chyrff hyfforddi. Pleser digymysg iddo, felly, oedd y troeon y gallai drefnu ymweliad o'r fath ar ddydd Gwener, neu ddydd Llun, fel y gallai ymestyn ar ei benwythnos gartref gyda'r teulu.

O bryd i'w gilydd câi gyfle i gwrdd â Dave a Chriw Cwmpas, wrth iddyn nhw baratoi ar gyfer rhaglen y gaeaf. Roedd cyngherddau'r Nadolig eisoes ar y gweill mewn dwy o hen gadeirlannau Cymru, sef Tyddewi a Llanelwy. Dewiswyd y ddwy oherwydd y disgrifiadau manwl a roesai Elis Gruffydd ohonyn nhw.

Fe gafodd Rhys gopïau teipysgrif o'r rheiny gan Gwenan Briggs. Bwriadai gael darlleniadau ohonyn nhw yn ystod y ddau gyngerdd. Serch hynny, prif nodwedd y cyngherddau fyddai rhaglen o garolau, yn cynnwys rhai Cymraeg a Saesneg. Câi'r rhain eu canu gan gorau ieuenctid y ddwy sir, Dyfed a Chlwyd gyda'u cerddorfeydd ieuenctid yn cyfeilio ac yn rhoi datganiadau offerynnol. Byddai unawdwyr a phartïon lleol yn cymryd rhan, hefyd, rhai'n cyflwyno carolau plygain traddodiadol. Comisiynwyd un o gyfansoddwyr ifanc Cymru i lunio alaw a gosodiad newydd ar gyfer y garol hynaf yn yr iaith Gymraeg o tua 1250, 'Mab a'n Ganed', gwaith y Brawd Ffransisgaidd Madog ap Gwallter, brodor o Lanfihangel Glyn Myfyr.

Gwenno Llwyd fyddai'n canu'r garol, a chafodd Rhys gyfle i wrando arni'n ymarfer. Un o gryfderau mawr Dave Evans oedd ei rwydwaith eang o gydnabod ym maes y celfyddydau a'i ddawn i wneud defnydd effeithiol ohono. Cafodd ganiatâd i gynnal ymarferion yn y Coleg Cerdd a Drama yng ngerddi Sophia, lle bu'r cyfansoddwr yn cyfeilio i Gwenno a'i chyfarwyddo. Rhoes Dave wahoddiad i Rhys ddod i wylio'r ymarferion ac wedyn aeth y criw perfformwyr i gyd i dafarn y Claude ar Heol Alban.

Aeth yn sgwrs frwd rhwng Dave a'r cyfansoddwr am y posibilrwydd o gynnal cyngherddau Gŵyl Ddewi yn y cadeirlannau eraill, ac achubodd Rhys ar y cyfle i gynnal sgwrs fwy hamddenol efo perfformwyr newydd Cwmpas Cymru. Tair merch a thri dyn oedd y tîm bellach, er nad oedd y gymhareb wastad yn gwbl fwriadol. Doedd y dosbarthiad daearyddol ddim mor gytbwys.

Roedd dau o Gaerdydd, sef Melanie Brownlow a Joseff (Joe) Harvey, un o Gaerfyrddin, sef Huw Parker, un o Abergwaun, Llinos Davies, a dau o Wynedd, sef Gwenno a Robin Guest. Roedd Huw, Llinos a Robin yn gyn-fyfyrwyr o Goleg Cerdd a Drama Cymru ac ymroes y tri i hel atgofion a diweddaru ei gilydd am eu profiadau gwaith a hynt cyd-fyfyrwyr eraill.

Yn Ysgol Theatr y Bristol Old Vic y cawsai Gwenno ei hyfforddiant proffesiynol ac oddi yno aeth i'w swydd gyntaf gyda chwmni Rep yn Lloegr. Ym mar y Claude, dechreuodd hithau holi mwy ar Rhys ynglŷn â'i gefndir, a gwibiodd awr ddiddan heibio cyn i Dave godi ar ei draed, fel barnwr yn cau eisteddiad mewn llys barn.

Ar amrantiad, roedd hud yr orig wedi ei dorri, a throes pawb tuag adref. Ar droed roedd Rhys, a cherddodd beth o'r ffordd yng nghwmni Gwenno a Huw Parker, oedd ill dau yn lletya draw yn Nhreganna. Wedi cyrraedd yn ôl i'w lety y noson honno, roedd rhyw gyffro annisgwyl yn tanio meddwl Rhys. Wrth gwrs, roedd cwmnïaeth criw o berfformwyr bywiog o hyd yn cynhyrchu rhywfaint o drydan, ond roedd Rhys yn gwbl ymwybodol mai wyneb a llais Gwenno Llwyd oedd gwifren fyw y trydan heno. Yn gwbl fwriadol, troes ei feddwl i gyfeiriad arall ar unwaith. Byddai'n ddydd Gwener yfory ac erbyn nos Wener byddai'n ôl adref efo Lynne a'r plant. Nos Wener...

* * *

Hwylustod mawr i Rhys fu gallu trefnu ei gyfarfod yn y Drenewydd ar gyfer prynhawn Gwener. Byddai ar ei ffordd adref felly cyn pump o'r gloch. Cyrhaeddodd Ladywell House, pencadlys Bwrdd Datblygu Cymru Wledig, cyn hanner dydd. Adeilad modern yng nghanol y dref oedd y lle ac roedd un o swyddogion Comisiwn Cefn Gwlad Cymru wedi trefnu i fod yno hefyd, gan ei fod ar waith yn y Canolbarth yr wythnos honno.

Roedd y ddau gynrychiolydd yn awyddus iawn i glywed beth oedd gan Cwmpas Cymru i'w gynnig i gefn gwlad. Rhannai'r ddau, Wayne Griffiths o'r Comisiwn Cefn Gwlad a Guto Waring o'r Bwrdd Datblygu, amryw o'r un pryderon.

"Mae diweithdra a diboblogi yn hen broblem yn y Canolbarth yma," esboniodd Guto Waring. "Ond mae dirwasgiad y blynyddoedd diwetha wedi gwneud y sefyllfa'n llawer gwaeth. Mae pobol yn dechre anobeithio – incwm amaethyddol yn isel a'r cwotâu llaeth yn gwasgu ar y ffermwyr llaeth. Ac 'rwan, ar ben bob dim, mae effaith y 'fallout' o Chernobyl wedi lladd y farchnad ddefaid ar gyfer miloedd o ffermydd. Mae twristiaeth yn diodde hefyd, am nad oes gan bobol arian i fynd ar wylie!"

Rhoes Wayne Griffiths ei big yntau i mewn yn blwmp ac yn blaen:

"Un o ganlyniada sefyllfa o ddirwasgiad tymor hir yng nghefn gwlad ydi bod y *vultures* yn heidio yma i chwilio am dameidia go flasus..."

Edrychodd Rhys yn syn, ond roedd y ddau yn amlwg yn unfarn.

"Pwy ydi'r *vultures*, felly?"

"Cwmnïa mwyngloddio," atebodd Wayne ar ei union.

"Maen nhw'n manteisio ar brisia isel tir mynydd,

tirfeddianwyr yn barod i werthu pan mae'r farchnad amaethyddol yn fflat, a'r ffaith bod pobol leol yn barod i dderbyn unrhyw waith sy ar gael, er bod y cyfloga'n isel."

"Am be' maen nhw'n chwilio, os ydi'r economi mewn dirwasgiad?" holodd Rhys.

Guto a atebodd:

"Mae 'na fwyna prin iawn mewn hen, hen systema o greigia, fel sy gynnon ni yn y Canolbarth – pethe fel Monazite, ac mi gewch chi Thorium a Cerium efo hwnnw'n aml iawn."

"'Dydw i ddim yn wyddonydd o gwbl," meddai Rhys, "ond beth maen nhw'n neud efo mwynau fel – be' ddeudsoch chi – Thorium?"

"Lot o betha: y sglein neu'r *glaze* ar serameg, gwydr a metelau, printio a llifliwio. Mae ganddo fo iws yn y diwydiant niwclear hefyd."

Buan y cafodd Rhys ddeall bod cynnydd mawr wedi bod mewn ceisiadau am hawl i gloddio am fwynau yn y Gymru wledig. Er bod y Parciau Cenedlaethol yn gallu gwrthod y ceisiadau hyn gan amlaf, roedd bröydd gwledig y tu allan i'r Parciau, hyd yn oed rhai â dynodiad Ardal o Harddwch Naturiol Eithriadol, yn wynebu nifer o geisiadau o'r fath.

Codwyd calonnau Guto a Wayne rywfaint gan argymhellion Rhys ar gyfer cynlluniau profiad gwaith i bobl ifanc, gyda nawdd ychwanegol gan Cwmpas Cymru ar ben y ddarpariaeth gan gynllun y llywodraeth. Gwelai'r ddau ddigon o alw am brofiadau gwaith o'r fath yn y sectorau amgylchedd a busnesau yng nghefn gwlad a'r trefi marchnad.

"Siawns y bydd yn haws inni gadw'n pobol ifanc yma," meddai Wayne.

O'r Drenewydd, gyrrodd Rhys ar ei hynt tuag adref, a

chyrraedd yn gynt na'r naw o'r gloch arferol. Erbyn hyn roedd y dyddiau wedi byrhau a meinwynt Tachwedd yn chwalu'r dail ar hyd y ffyrdd o'i flaen.

Adref, wedi i Eifion a Ffion fynd i'w gwelyau, swatiodd Rhys a Lynne, yn ôl eu harfer, ar y soffa gyda glasiad o win. Roedd Lynne wedi bwrw golwg dros yr atodiadau tai ar werth a ddygai Rhys o Gaerdydd bob nos Wener. Daeth yn ddefod ddigon diflas am fod eu neges yn glir iawn. Codi oedd hanes prisiau tai o hyd, yn arbennig yng Nghaerdydd ei hun. Ond roedden nhw'n codi mewn trefi fel Pontypridd hefyd, pobman o fewn cylch cymowta hwylus i'r brifddinas.

"Beth am iti ddod lawr i Gaerdydd un penwythnos, inni gael mynd ati o ddifri i sbio ar dai?" awgrymodd Rhys.

"Mi fasa Mam neu dy fam di'n hapus i gymryd y plant dros y Sul. Mi fedri di ddal y trên fore Gwener, a mi gymera inna bnawn i'r brenin. Mae'r gwesty bach yn Cathedral Road lle bues i'n aros adeg y cyfweliad yn hwylus iawn. Mi gawn ni ddau ddiwrnod i chwilota am rwbath fedran ni ei fforddio."

Roedd Lynne yn hoffi'r syniad.

"Mi fydd yn rhaid i chdi drefnu efo'r swyddfeydd tai ymlaen llaw ar gyfer mynd i weld tri neu bedwar o dai go addawol. Fel arall, fe gawn ni sgawt penagored – gweld be sy ar werth a pwy sy'n gwerthu."

Ychwanegodd wedyn:

"Ma' rhai o fy hen ffrindia yn dal i fyw yng Nghaerdydd. Mi ro i ganiad i ambell un i ofyn am syniada."

Ysgafnhaodd y sgwrs gryn dipyn ar feddwl Rhys. Roedd rhyw anesmwythyd wedi gafael ynddo yn ystod y dyddiau diwethaf. Doedd o ddim yn hollol siŵr pam – ai twyllo'i hun roedd o? Ar ei daith adref yn y car o'r Drenewydd, a chasét caneuon pop Eifion yn ei glyw, nid y pryderon am fwyngloddio yn y Canolbarth oedd yn gogrdroi yn ei feddwl, na'r cyfleoedd profiad gwaith i bobl ifanc bröydd Powys. Mynnai'r noson ddiddan yn y Claude a'r sgwrsio dwys gyda Gwenno Llwyd ymwthio i flaen ei gof.

Pennod 12

Hydref – Tachwedd 1986

Babel o leisiau oedd y strydoedd o'i chwmpas i Fran Prosser, strydoedd prysur ag enwau trawiadol fel Threadneedle, Poultry, Cornhill, Leadenhall a Cheapside. Enwau oedden nhw yn sawru o ganrifoedd o brynu a gwerthu angenrheidiau cyffredin. Doedd dwndwr ceir a faniau Llundain ddim yn tarfu cymaint yma – ddim liw dydd, beth bynnag.

Dwndwr pobol oedd yma'n bennaf, pobol yn prysuro o un adeilad busnes i'r llall, fel petaent â'u gwynt yn eu dyrnau'n barhaus. Adeiladau busnes oedd yn britho'r Ddinas – mannau allweddol fel y Gyfnewidfa Stoc a'i thŵr talsyth, y banciau mawr a'r tafarnau hynafol yn swatio yng nghheseiliau'r strydoedd. Yn y tafarnau hyn, yn aml, y ceid trafod bargeinion drudfawr.

Hon oedd y Filltir Sgwâr, ar lan ogleddol Afon Tafwys, rhwng Canolfan y Barbican a Thŵr Llundain. Amddiffynfa filwrol y tu allan i furiau Llundain oedd y Barbican gwreiddiol ac fe godwyd Tŵr Llundain gan William y Concwerwr i sicrhau gafael y Norman ar y ddinas a'i phorthladd prysur.

Llosgwyd y rhan fwyaf o'r Filltir Sgwâr yn ulw yn Nhân Mawr Llundain yn 1666, a'i hailadeiladu gan gynllunwyr o athrylith fel Christopher Wren. Bu ailddatblygu mwy diweddar o lawer, wedi cyrchoedd bomio'r Ail Ryfel Byd. Yn 1972 cawsai adeilad o bwys ei agor, sef Tŵr y Gyfnewidfa Stoc – cawr gwydrog, moel a diaddurn yn Old Broad Street. Er ei daldra – can metr a 26 llawr – gerllaw iddo fe safai horwth mwy fyth. Tŵr Banc National Westminster oedd hwnnw ac yn brolio 183 metr o daldra a 47 o loriau. Canolfan i fusnes rhyngwladol y banc oedd y tŵr, a dyna un o brif nodweddion y Filltir Sgwâr erbyn hyn.

Erbyn 1986 roedd gwerth £301 biliwn o gyfranddaliadau cwmnïau yn perthyn i gwmnïau masnachol a sefydliadau fel cynlluniau pensiwn, cwmnïau yswiriant, elusennau a'r llywodraeth. Lleiafrif o stoc, bellach – 18% - oedd yn nwylo buddsoddwyr unigol.

Hyd yn ddiweddar, byddai prynu a gwerthu cyfranddaliadau'r holl gwmnïau a restrid gan y Gyfnewidfa Stoc yn digwydd ar lawr agored y Tŵr. Ond yn hydref 1986, newidodd pethau yn ddramatig. Gwanhawyd y ffiniau rhwng gwahanol fathau o fasnachwyr stoc ac aeth y banciau rhyngwladol ati i brynu cwmnïau yn y maes a chwyldroi'r farchnad cyfranddaliadau. Ar yr un pryd, roedd y Gyfnewidfa wedi mabwysiadu dulliau electronig o brynu a gwerthu, gyda chyfrifiaduron a sgriniau digidol yn arddangos dylif y delio. Buan y deuai'r trawsnewid hwn i ddwyn yr enw chwedlonol, y *Big Bang.*

Daeth y Ddinas yn ganolfan ar gyfer bancio, yswiriant a buddsoddi o bedwar ban byd. Yn y dyddiau hynny, roedd y trin a'r trafod yn nhafarnau'r Filltir Sgwâr yn llawn cyffro, bron yn orffwyll ar adegau, a bu Fran Prosser yn dyst i hynny. Treuliodd oriau lawer yn y tafarnau, dan esgus cwrdd â chyfaill neu gariad. Roedd Fran yn giamstar ar dynnu sgwrs yn ddiniwed wrth bryderu am ei ffrind hwyrfrydig, a chael hwn a'r llall i gadarnhau'r amser ar ei wats Rolex.

Sawl tro bu brocer neu glerc yn ceisio gwneud dêt efo'r ferch ifanc, lygatddu gyda'i gwên ddireidus. Trwy ddirgel ffyrdd, mor ddeheuig â chonsuriwr, fe droai Fran y sgwrs at rai o'r cwmnïau a gefnogai Cwmpas Cymru. Gan symud ei stondin o dafarn i dafarn ar wahanol adegau, casglodd swmp o wybodaeth i'w adrodd, ar lafar ac ar bapur, wrth Olwen Cradock a Marwin Reynolds.

Doedd nosweithiau Llundain ddim yn fêl i gyd. Un tro, pan oedd Fran yn gadael un o glybiau'r ddinas, gwelai ddau ddyn ifanc yn llercian yng nghornel y stryd, â choleri eu siacedi wedi eu troi i fyny. Wrth iddi eu pasio, trodd y ddau i'w dilyn, a synhwyrai Fran y bygythiad wrth i sŵn eu traed nesáu. Doedd yr hen blismon, Ted Prosser, ddim wedi gadael i'w ferch ymuno â'r busnes heb hyfforddiant trwyadl. Wrth i Fran weld adlewyrchiad un o'r dynion wrth ei hysgwydd mewn ffenest siop, â'i fraich yn codi i afael ynddi, trodd hithau, gafael yn y fraich a bwrw'r dyn ar ongl dros ei hysgwydd nes iddo daro'n galed yn erbyn ei bartner, a baglodd hwnnw drosto. Wrth i'r ail gwympo ar ei liniau, rhoes gic egr iddo yn ei geilliau nes ei fod yn griddfan ar y palmant. Gyda ffitrwydd ei loncian a'i rhedeg beunyddiol, roedd Fran wedi hen ddiflannu cyn i'r naill na'r llall godi ar ei draed.

Parhaodd ymgyrch Fran yn ysbeidiol wrth i'r Nadolig nesáu; a bu diodydd y dathlu'n gyfrwng hwylus i lacio tafodau'r dynion ifanc, hyderus oedd ar lwybr cyfoeth cyflym. Un tro gwahoddwyd Fran i barti swyddfa cwmni o froceriaid, gan glerc oedd wedi ei ffansïo'n ddybryd – er mai siom gafodd hwnnw yn y diwedd. O ran Fran, bu'r parti'n hael iawn ei ddanteithion – yn wybodaeth yn ogystal â bwyd a diod.

Ond yng nghanol y prysurdeb hwn, tua diwedd Tachwedd, cafodd Fran neges gan ei thad fod trafferth pellach wedi taro Cwmpas Cymru.

* * *

Winciai y sêr rhynllyd yn ddisglair uwchben y strydoedd culion, a'r rheiny dan eu sang gan bobl yn tyrru i'r un cyfeiriad. Yn eu cotiau gaeaf a'u sgarffiau, roedd oedolion a phlant yn heidio i eglwys gadeiriol hynafol Tyddewi. O heolydd y ddinas leiaf ym Mhrydain, roedd y llwybr i lawr y grisiau yn arwain tuag at yr eglwys, a honno'n frith o oleuadau heno. Safai Cadeirlan Dewi Sant ar lan afonig fechan Alun, lle cawsai clas mynachaidd ei sefydlu bymtheg canrif yn ôl. Yr enw swynol Glyn Rhosyn oedd ar y llecyn cysgodol er, mae'n debyg, mai Glyn y Rhos oedd yr ystyr gwreiddiol, sef llain o rostir pur foel.

Wrth i'r dorf nadreddu tua'r Gadeirlan, gadawyd y strydoedd yn dawel, â dim ond ceir wedi eu parcio driphlith draphlith i achwyn am y prysurdeb. Ar gyrion Tyddewi safai rhes o fysus ac arnynt enwau cwmnïau lleoedd yng ngorllewin Cymru, a bysus-mini ac arnynt enwau ysgolion Dyfed.

Y tu mewn i'r eglwys, roedd y seddau'n prysur lenwi ac ysbryd hwyliog ar gerdded. Er bod pump wythnos cyn y byddai'n Nadolig, roedd rhaglen y Cyngerdd heno yn ernes o'r dathlu tymhorol.

Lleolwyd y cyngerdd yng nghorff yr eglwys, sef y gofod eang o flaen sgrin fawr ganoloesol y Grog, â'i gerfluniau maen, yn cynnwys Dewi Sant ei hunan. Tu ôl i'r sgrin, torsythai pibau organ enfawr y Gadeirlan, a fyddai'n cyfeilio i'r carolau cynulleidfaol. Roedd aelodau Cerddorfa Ysgolion Dyfed yn eu lle o flaen Sgrin y Grog ac roedd y ddau gôr ieuenctid – cynradd ac uwchradd – yn ymgynnull yn y seddau blaen, o dan lygaid eu hathrawon. Roedd tîm perfformio Cwmpas Cymru yn eu lle hefyd, Gwenno Llwyd yn bwrw golwg dros sgôr y garol 'Mab a'n Rhodded' a'r lleill dros sgriptiau'r darlleniadau o waith

Elis Gruffydd neu'r darlleniadau traddodiadol o'r Ysgrythur. Gerllaw safai Richard Stroud, yng nghwmni Cynfael Lewis, Gwenan Briggs a Marwin Reynolds yn sgwrsio gyda Deon y Gadeirlan. Safai Dave Evans a Rhys Gruffydd wrth y porth deheuol – prif fynedfa'r eglwys, yn gwylio'r stiwardiaid lleol yn hebrwng pobol i'w seddau. O'r porth, fe welai Dave y dyrfa'n cynyddu, a thipyn o oedi'n datblygu o flaen y dorau.

"R'yn ni'n lwcus i gael noson sych," meddai wrth Rhys, ond prin wrando wnaeth hwnnw, wrth iddo wylio'r bwrlwm diddan yng nghorff yr eglwys.

Roedd Olwen Cradock wedi bwriadu dod i Dyddewi, ond bu'n rhaid iddi gynnal cyfarfod brys â phennaeth cwmni rhyngwladol oedd newydd gyrraedd Llundain y bore hwnnw. Rhoes Richard ymddiheuriad ar ei rhan wrth gyflwyno'r cyngerdd. Dim ond deng munud yn hwyr oedd y cyngerdd yn cychwyn, a seddau'r Gadeirlan yn llawn. Bu cymeradwyaeth wresog i eitemau agoriadol y ddau gôr ifanc ac i'r gerddorfa a fu'n cyfeilio. Gwrandawyd yn astud ar ddisgrifiad Elis Gruffudd o Dyddewi yn 1525, gyda'r cyfieithiad Saesneg yn dilyn. Yna, wedi i'r gynulleidfa ganu'r ail garol, cododd Gwenno i ganu carol Madog ap Gwallter. Trydanodd ei llais y Gadeirlan ac atseiniai'r nodau ar feini hynafol y muriau a'r nenfwd derw, fel petaent yn rhan o'r perfformiad.

Yna'n gyflym a dirybudd, brasgamodd swyddog yr heddlu a nifer o blismyn trwy'r prif borth a gwasgaru ar draws yr adeilad. Edrychai pawb yn gegrwth wrth i'r prif swyddog fynd at y Deon a Richard gan esbonio'i neges yn dawel. Aeth Richard at Gwenno a gofyn iddi atal ei chân, tra aeth y Deon at feicroffon y cyflwynydd. Roedd pawb yn syfrdan wrth i'r Deon gyhoeddi yn Saesneg:

"I'm deeply sorry, ladies and gentlemen and all you young

people here, but I've just been informed by Superintendent Davies here that we have to halt the concert immediately. Superintendent Davies will explain."

Daeth yntau at y meic ac esbonio bod yr heddlu wedi derbyn rhybudd ar y ffôn yn eu hysbysu bod bom wedi ei gosod yn y Gadeirlan. Oherwydd hynny, gofynnwyd i bawb adael yn drefnus, fesul rhes ac ar gyfarwyddyd yr heddlu. Byddai plismyn yn hebrwng pawb i fyny i'r stryd uwchlaw'r Gadeirlan, a byddai'r Uwch-Arolygydd a'r Deon yn rhoi mwy o wybodaeth i bawb yno. Oherwydd maint y Gadeirlan a'r amser a gymerai i chwilio'r lle'n fanwl, dywedodd yr Uwch-Arolygydd na fyddai'n bosib bwrw ymlaen â'r cyngerdd y noson honno:

"For that reason, please take any coats and handbags with you. The concert organisers will take charge of all the musical instruments when the building is declared safe, and they will be returned to their owners or the schools they came from. The children and young people here at the front will be evacuated first – starting *now.*"

Aeth y Deon ato gydag awgrym arall, a chyhoeddodd yr Uwch-Arolygydd y byddai drws mawr gorllewinol y Gadeirlan – yn union y tu cefn i'r gynulleidfa – yn cael ei agor er hwyluso'r llif allan o'r eglwys.

"If you exit that way you can walk round to your left to rejoin the path up to the Pebbles Lane."

Er y cyffro a'r pryder, fe wagiodd y Gadeirlan yn hynod o drefnus mewn llai na chwarter awr, a heb unrhyw argoel o banig. Bu staff Cwmpas Cymru yn cynorthwyo i gyfarwyddo'r bobl. O lôn gul y Popls, ym mhen ucha'r llwybr troed, cyfeiriodd yr heddlu bawb i Sgwâr y Groes, i aros yno nes byddai'r Gwasanaeth Tân wedi cyrraedd. Yna, cafodd pawb fynd am eu ceir ac i'w bysus a chychwyn am adref, gyda rhai o'r plant iau yn eu dagrau, ond llawer mwy yn gweld y cyfan fel tipyn o antur.

Cymhlethwyd pethau rywfaint wrth i rai o'r rhieni fynnu mynd â'u plant iau, oedd wedi dod yno ar y bysus, adref yn eu ceir efo nhw, ond llwyddwyd i gadw cyfrif manwl o bawb a wnaeth hynny, cyn i'r holl drafnidiaeth adael Tyddewi. Cymerodd Rhys a Dave ofal am y gwaith hwnnw. Cymerodd yn agos at awr i'r ceir a'r bysus adael y ddinas, ond roedd amryw o drigolion Tyddewi yn dal i sefyllian yn y Sgwâr yn sgwrsio am sbel wedyn.

Wedi i'r artistiaid adael, a'r gwasanaeth tân a'r heddlu wrthi'n archwilio'r adeilad, bu'r Uwch-Arolygydd Davies yn holi Richard, Dave a Rhys am drefniadau'r noson:

"Felly cyngerdd Nadolig syml yw hwn, heb unrhyw agwedd wleidyddol iddo fe?"

Rhys a atebodd.

"Ia, mae o'n rhan o raglen gan Cwmpas Cymru i drefnu digwyddiadau trwy Gymru gyfan. Mae yna gyngerdd arall i fod yn Llanelwy mewn pythefnos."

Nodiodd Davies:

"Wrth gwrs, rwy'n gwbod am Timeline Wales a'r holl arian mae e'n ei fuddsoddi yng Nghymru. Fy nghwestiwn i yw, pam ar wyneb y ddaear fydde neb yn moyn targedu cyngerdd fel hyn? A'r lle'n llawn plant a'u teuluoedd?"

"Mae e'n ddirgelwch llwyr," meddai Richard.

Gofynnodd Rhys:

"Yr I.R.A. roddodd y rhybudd ar y ffôn?"

"Annhebygol iawn," oedd yr ateb.

"Fel arfer, bydd yr I.R.A. yn defnyddio cod wrth ffonio, i ddangos mai nid *hoax* yw e. Doedd dim shwd beth 'da'r alwad hon. Ond mae'n amlwg reit bod rhywun am beri diflastod i chi."

Edrychodd triawd Cwmpas Cymru ar ei gilydd ac yna dywedodd Richard:

"Mae bygythiadau wedi bod i'r Prosiect ers rhai wythnosau, Superintendant, ac rwy'n siŵr y cadwch chi'r hyn rwy am ddweud nawr rhag cyrraedd y wasg a'r cyfrynge..."

Aeth ati i sôn am y *takeover bids* yn erbyn cwmnïau Cwmpas Cymru ac am y digwyddiad yn Llys Tre-tŵr ym mis Hydref. Edrychai'r Uwch-Arolygydd yn gynyddol syn wrth wrando.

"Mae gelynion pwerus 'da chi, gyfeillion. Pwy sy tu cefn i beth fel hyn?"

Ysgydwodd y tri eu pennau. Roedd y *takeover bids* yn newyddion i Rhys a Dave hefyd.

"Does neb yn gwybod," atebodd Richard, "Mae e'n ddirgelwch llwyr. O safbwynt yr elfen busnes, rwy'n credu bod Miss Olwen Cradock yn gwneud ei hymholiadau ei hunan."

Nodiodd yr Uwch-Arolygydd:

"Mae Syr Edwin ac Olwen Cradock yn bobol uchel iawn 'da ni yn y rhan hon o Gymru, fel ry'ch chi'n gwbod. Dyw'r heddlu'n gallu gwneud dim am y *takeover bids* ond mae'r bygythiad hyn, heno, a'r digwyddiad yn Tre-tŵr, yn drosedde difrifol. Fe fydd yn rhaid i chi gadw'r heddlu yn y pictiwr os yw'r trafferthion hyn yn parhau. Bydd angen gwneud *sweep* llawn o Eglwys Llanelwy cyn y cyngerdd nesaf, os y'ch chi am fwrw 'mlân 'da fe."

"Dyna'n gobaith ni," meddai Richard, "os yw'r Eglwys yng Nghymru am barhau i'n cefnogi ni. Bydd yn rhaid ymgynghori â Heddlu Gogledd Cymru, wrth gwrs, a bydd Miss Cradock am drafod y sefyllfa gyda Bwrdd Cwmpas Cymru hefyd."

Tra oedd yr heddlu a'r gwŷr tân yn dal ar waith, cyfarfu Rhys â rhai o'r athrawon, trefnydd cerdd y sir a'r hyfforddwyr cerdd teithiol. Roedd pawb yn ddig am y ffasiwn ymyrraeth, yn enwedig gan i rybuddion ffug brinhau'n sylweddol ers rhai blynyddoedd bellach. Wedi i ymgyrch fomio'r I.R.A. ar dir mawr Prydain ddechrau yn y saithdegau gwnaeth nifer fawr o rybuddion ffug darfu ar achlysuron cyhoeddus o bob math. Prinhaodd y rheiny dros y blynyddoedd, yn enwedig wedi iddynt gael eu dynodi'n droseddau â phenyd o garchar.

Tri achos o ffrwydro gan yr I.R.A. a gafwyd ar y tir mawr ers troad yr wythdegau: yn erbyn milwyr ym mharciau brenhinol Llundain yn 1982, yn siop fawr Harrod's yn 1983, eto yn Llundain, a'r bomio yng ngwesty'r Grand yn Brighton yn 1984, yn ystod Cynhadledd Flynyddol y Blaid Geidwadol. Cawsai 23 o bobl eu lladd yn y cyrchoedd hyn, a bu ond y dim i'r Prif Weinidog, Margaret Thatcher, fod ymysg y lladdedigion yn Brighton.

Wrth sgwrsio â'r athrawon, addawodd Rhys y byddai pawb a brynodd docynnau i'r cyngerdd yn cael eu harian yn ôl ac y byddai ysgolion ac awdurdodau addysg yn cael eu digolledu am gostau'r cludiant. Ond i lawer un, y cwestiwn mawr oedd a fyddai Cwmpas Cymru'n ad-drefnu'r cyngerdd yn Nhyddewi?

"D'ych chi ddim am ildio i'r jiawled hyn, gobeitho?" meddai un athro cerdd yn blwmp ac yn blaen, "Os gwnewch chi 'ny, bydd popeth Cymraeg a Chymreig o dan gwmwl. Gelynion Cymru y'n nhw, a ma'n rhaid stopo'r bygyrs!"

Cytunodd sawl un arall, gan bwysleisio'r amod sylfaenol o gadw'r plant a phawb arall yn ddiogel. Gwnaeth y cadernid hwn argraff ddofn ar Rhys ac addawodd y byddai'r neges yn cyrraedd Bwrdd Cwmpas Cymru. Ategwyd hyn gan Richard

Stroud, pan gyfarfu yntau â'r athrawon yn dilyn sgwrs gyda'r Prif Swyddog Tân. Roedd hwnnw wedi ei hysbysu bod arbenigwyr yr heddlu ar eu ffordd gyda chŵn ffroeni a allai adnabod deunydd ffrwydrol.

"They can be brought in before a scheduled event. Your events have already been targeted, so you'll need to arrange that every time from now on."

Sgwrsio a diddanu aelodau'r corau a'r gerddorfa ieuenctid yn Sgwâr y Groes y bu aelodau Criw Cwmpas, tan i'r bysus a'r bysus-mini eu cludo am adref. Yna, troesant hwythau am dafarn y Farmers, lle cafwyd croeso cynnes gan y cwsmeriaid lleol ac aelodau'r gynulleidfa oedd wedi taro i mewn. Yn y man daeth Richard, Rhys a Dave i'r fei, ond doedd ganddyn nhw ddim llawer o atebion i'r rhibidirês o gwestiynau. Wedi diolch i bawb am eu gwaith ar noson mor ddyrys, gadawodd Richard. Roedd wedi trefnu galw, ar ei ffordd adref, ym Mhencadlys Heddlu Dyfed-Powys yng Nghaerfyrddin, gan fod y Prif Gwnstabl Cynorthwyol, mewn galwad i radio car yr Uwch-Arolygydd Davies yn Nhyddewi, wedi gofyn am sgwrs.

Gadawodd tîm Cwmpas Cymru y Farmers yn fuan ar ôl Richard. Roedd yn tynnu at yr amser cau deddfol am hanner awr wedi deg. Dave a Rhys oedd wedi cludo chwech aelod y criw perfformio o Gaerdydd i Dyddewi – tri gyda Dave yn y camper fan a thri gyda Rhys yn ei gar. Cadwyd at yr un drefn ar y ffordd adref.

Yn fwy, efallai, na Dave, roedd Rhys yn ei elfen yn rhoi balm ar emosiynau briw, ymysg y plant a'r oedolion, a chododd ei seren yng ngolwg tîm ifanc Criw Cwmpas y noson honno. Wedi cyrraedd Caerdydd, a hithau'n gryn hanner nos, gollyngodd Rhys ei gyd-deithwyr o un i un. Gwenno oedd yr olaf i adael, yn Grosvenor Road.

Ar fympwy'r funud, estynnodd hithau ar draws sedd flaen y car a rhoes gusan i Rhys ar ei foch. Yn reddfol bron, troes ei wyneb tuag ati ac ar amrantiad trodd yn gusan ar wefusau – a honno'n gusan hir. Yn y lled-dywyllwch, doedd dim modd dweud a oedd y naill na'r llall wedi cochi. Am ennyd, wedyn, syllodd y ddau yn fud ar ei gilydd, a'r golau stryd oren yn wreichion yng nghorneli eu llygaid. Ar yr union foment honno, un syniad a fflachiodd drwy feddwl Rhys: ydw i am fynd i'r gwely efo chdi?

Dywedodd y ddau "Nos dawch" yn dawel a chaeodd Gwenno ddrws yr Allegro ar ei hôl. Yn ei lety yntau, gefn nos, sgroliai delweddau amrywiol y noson trwy feddwl Rhys. Eto i gyd, mynnai'r ennyd honno yn y car gyda Gwenno frigo sawl gwaith, cyn y daeth cwsg i'w ran.

* * *

Rhyw orig yn gynharach, ym mhencadlys yr heddlu yng Nghaerfyrddin, roedd Richard Stroud wedi cael sgwrs gyda Phrif Gwnstabl Cynorthwyol Heddlu Dyfed-Powys. Yn union wedi hynny gwnaeth alwad ffôn i Olwen Cradock yn Llundain, i'w hysbysu am yr helbul yn Nhyddewi. Ond roedd Olwen yn gwybod eisoes. Pan oedd prysurdeb gwagio'r gadeirlan ar ei anterth, aeth Marwin Reynolds draw i'r Farmers a'i ffonio oddi yno. Ond fe gafodd Olwen fwy o gig ar esgyrn y stori gan Richard, wedi'r sgyrsiau a gawsai yn Nhyddewi.

Dywedodd Olwen, gyda'i phendantrwydd arferol:

"Wy'n dod i Gaerdydd yfory ac rwy'n moyn 'summit conference' yn Tŵr Dewi. Fe wedes i wrth Marwin gynne fach. Wy'n moyn i Rhys Gruffudd a Dave Evans fod yno hefyd.

Ond rwy am i chi, Rhys, Marwin a finne gael cwrdd yn breifat wedi 'ny. Ma mwy o wybodaeth 'da fi nawr, Richard, a ma fe'n berwi 'ngwa'd i!"

Pennod 13

Tachwedd 1986

Prin oedd y chwerthin a'r tynnu coes arferol yn swyddfa Cwmpas Cymru drannoeth cyngerdd Tyddewi. Ymgasglodd nifer o'r tîm o gwmpas 'encil' Rhys i gael yr hanes yn llawn. Roedd adroddiadau am y digwyddiad eisoes wedi ymddangos yn y *Western Mail* a'r *South Wales Echo*. Cafwyd pytiau byrion ar raglenni newyddion boreol Radio Cymru a Radio Wales hefyd. Osgôdd Rhys rhag sôn am unrhyw awgrym o gynllwyn bwriadol. Dim ond pranc anghyfrifol oedd o, meddai Rhys, ac yn ffodus, dyna farn y ddau bapur dyddiol hefyd. Dyna fu neges y datganiad byr a wnaeth yr Uwch-arolygydd Davies i'r gohebwyr lleol oedd yn Nhyddewi y noson honno.

"So you think it's just a crank doing this, Rhys?" gofynnodd Brian Jenkins.

"Well, I can't imagine any movement deliberately targeting young people and children, even though it was a hoax."

"The bugger must be a complete nutter," meddai Brian, gan ysgwyd ei ben.

"My Dad said it might be those people who've been burning holiday homes", cynigiodd Mandy.

Tro Rhys oedd hi i ysgwyd ei ben.

"No, Mandy. The people you mean, Meibion Glyndŵr, are out to stop English people buying up second homes in Wales. That was a Welsh concert last night, so whoever made that hoax phone call has to be anti-Welsh."

Cafodd Rhys sgwrs gyda Jill Morrison wrth ei ddesg wedyn. Roedd hithau'n grediniol bod cysylltiad rhwng y digwyddiad yn Nhyddewi a'r tarfu peryglus yn Nhre-tŵr.

"Smo'r ddau beth yn gyd-ddigwyddiad, Rhys. Ma rhywun yn moyn niweidio Cwmpas Cymru."

"Mae'n well inni gadw'n ddistaw am Tre-tŵr ar hyn o bryd, Jill. Unwaith y daw'r wasg i wybod amdano fo, mi fydd popeth rydan ni'n wneud o dan y chwyddwydr. Mi fydd ar bobol ofn gadael i'w plant ddod i'n digwyddiada ni. Rydan ni isio cyhoeddusrwydd, ond mi fydda cyhoeddusrwydd felly'n gallu lladd y prosiect."

Cyn bo hir daeth galwad i Rhys fynd i swyddfa Richard, lle roedd Olwen Cradock yn eistedd yng nghadair y Cyfarwyddwr a Richard, Dave a Marwin mewn hanner cylch o'i blaen hi. Bachodd Rhys yr unig sedd wag wrth ddweud "Bore da" brysiog.

Yn bwyllog iawn, agorodd Olwen y drafodaeth.

"Do'n i ddim wedi meddwl y bydde *crisis meeting* mor fuan yn hanes Cwmpas Cymru. Ond mae'r hyn a ddigwyddodd yn Nhyddewi yn dangos yn glir bod creisis ar ein penne ni. Ry'n ni wedi cynnal dou ddigwyddiad cyhoeddus – Tyddewi a Tre-tŵr – ac ma'r ddou achlysur wedi ca'l 'u tarfu. Ar wahân i hynny, mae nifer o frocers a *jobbers* y Stock Exchange, heb sôn am y cwmnïe sy'n glients iddyn nhw, wedi bod yn ceisio cael *shareholders* rhai o gwmnïe Cwmpas Cymru i werthu'u siârs iddyn nhw. Mewn tri achos, mae hyn wedi arwain at *takeover bids* ffurfiol – y cyfan gan gwmnïe gwahanol. D'yn nhw ddim wedi llwyddo 'to, ond mae'r bygythiad yn niweidio'r cwmnïe sy'n bartneriaid i ni."

"Oes gynnoch chi syniad pwy sy tu ôl i hyn i gyd?" gofynnodd Rhys.

"Nag o's," atebodd Olwen, "ond mae e'n bwysig i ni, nawr, wneud yn siŵr bod gwaith Cwmpas Cymru yn cael ei ddiogelu, yn enwedig *events* cyhoeddus. Ma 'da Richard gynllun ar gyfer hynny."

Ymatebodd Richard ar unwaith.

"Y bwriad ydi cyflogi tîm o gwmni Safeguard Security i fod yn bresennol ym mhob achlysur ac i wneud arolwg manwl o bob *venue* ymlaen llaw. Bydd gofyn i Rhys a Dave weithio'n agos 'da nhw. Hefyd, fe allwn ni gael presenoldeb yr heddlu mewn digwyddiade mawr, fel y cyngerdd nesaf yn Llanelwy ac fe fyddwn ni'n cael *sniffer-dogs* yr heddlu yn Llanelwy ac yn unrhyw achlysur mawr arall."

"Bydd rhaid talu am waith yr heddlu a'r cŵn," ychwanegodd Dave,"Felly hefyd, gyda'r contract i Safeguard Security, bydd cost pob *event* r'yn ni'n ei drefnu yn codi'n ofnadw– efalle'n dyblu neu dreblu."

Nodiodd Olwen:

"Ma'n rhaid bod hynny'n rhan o fwriad ein gelynion ni, ond mae'r cyllid 'da ni i gwrdd â'r coste, mor belled. Mater arall fydd hi os gwnaiff y probleme waethygu."

"Ydi'r heddlu'n ymchwilio i'r hyn a ddigwyddodd neithiwr, Miss Cradock?" gofynnodd Rhys. "Mae 'na droseddu difrifol wedi digwydd. Awgrymodd Superintendent Davies hynny yn Nhyddewi."

"Odyn, maen nhw, a plis galwch fi'n Olwen. Mae Richard wedi cwrdd 'da Assistant-Chief Constable Heddlu Dyfed-Powys nithwr, a ma fe'n mynd i ddod â Heddluoedd eraill Cymru i mewn i'r *loop*. Ond, ma 'da ni gwmni o dditectifs preifet yn gwitho ar y mater hefyd. Yn dawel bach maen nhw'n gwitho, wrth gwrs ac felly, wy ddim yn gallu rhoi adroddiad ar hynny nawr."

Aethpwyd ymlaen i drafod materion ymarferol, yn cynnwys defnyddio setiau radio-llaw gan staff ym mhob achlysur cyhoeddus, a chael codau i'w defnyddio i gyflymu'r ymateb mewn unrhyw sefyllfa amheus. Cafwyd cytundeb i fwrw ymlaen â phob un o'r achlysuron oedd wedi eu trefnu, ar yr amod bod deiliaid y safleoedd yn fodlon a chyda yswiriant ychwanegol i gwrdd â'r risg. Un peth a greodd gryn argraff ar Olwen oedd sylwadau Rhys am daerineb yr athrawon yn Nhyddewi i'r cyngerdd yno gael ei ail-drefnu. Penderfynwyd ei gynnal drachefn ar noson mor agos â phosibl at Ionawr 13, sef gŵyl draddodiadol yr Hen Galan, sy'n cael ei ddathlu o hyd mewn rhannau o Sir Benfro ac yn arbennig yng Nghwm Gwaun.

"Gobitho'r jiawl na fydd 'na *blizzard* bryd 'ny," sibrydodd Dave wrth Rhys pan oedden nhw'n gadael y cyfarfod.

Wedi'r drafodaeth yn Nhŵr Dewi, aeth Olwen, Marwin, Richard a Rhys yng nghar Olwen i westy'r Angel, lle roedd Ted a Fran Prosser yn aros amdanyn nhw yn y lolfa. Aeth y pump i'r stafell gyfarfod roedd Olwen wedi ei bwcio ar eu cyfer. Yno, dros goffi ac wedi i Olwen gyflwyno pawb i'w gilydd, cafwyd adroddiad cynhwysfawr gan Fran.

Roedd hi wedi treulio cyfnodau o ddeuddydd neu dri ar y tro yn Llundain dros dri mis, a daeth o hyd i swm helaeth o wybodaeth. Ar wahân i "witho'r hewl", chwedl Fran gyda gwên ddireidus, gwnaeth lawer iawn o ymchwil desg hefyd. Cawsai fanylion yr ugain cwmni oedd yn rhan o Gwmpas Cymru, a bu'n dilyn prisiau eu cyfranddaliadau yn y wasg yn rheolaidd. Rhoesai sylw manwl i adroddiadau blynyddol y cwmnïau dros gyfnod o bum mlynedd cyn ffurfio Cwmpas Cymru. Bob bore, byddai'n pori yn y *Financial Times* am unrhyw newyddion perthnasol, y cyfan yn atgyfnerthu'r sgyrsiau di-rif a gawsai yn y Ddinas. Rhwng popeth, daeth rhai ffeithiau'n amlwg.

Ffrwyth pennaf ei hymchwil oedd bod un cwmni o froceriaid, o blith y cannoedd a fyddai o bryd i'w gilydd yn prynu neu werthu stoc cwmnïau mawr Cwmpas Cymru, yn delio mwy na'r un brocer arall yn siârs yr ugain cwmni. Cwmni Dunn and Masefield oedd hwnnw, o'i swyddfa yng nghanol y banciau masnachol yn Lombard Street. Gwnâi Dunn a Masefield lawer o waith gyda chwmnïau oedd â'u prif fasnach mewn gwledydd tramor. Hyd yn ddiweddar iawn, doedd cwmnïau estron ddim yn cael delio'n uniongyrchol â'r Farchnad Stoc yn Llundain; dyma'r prif ddrws a gawsai ei agor trwy gyfrwng y *Big Bang* yn yr hydref.

Gyda'i gysylltiadau tramor cryf, roedd un o bartneriaid Dunn a Masefield, sef Mordred Dunn, yn canolbwyntio ar y maes hwn. Darganfu Fran iddo fod o dan amheuaeth, mewn dyddiau a fu, o drefnu masnach gudd gyda De Rhodesia, a ddaeth yn Zimbabwe yn 1980. Wedi i lywodraeth hiliol Ian Smith ddatgan annibyniaeth De Rhodesia oddi wrth Brydain yn anghyfreithlon yn 1965, gwaharddodd llywodraeth Prydain bob masnach â'r wlad. Ond, roedd yn bur hysbys bod y gwaharddiadau'n cael eu torri trwy gyfrwng 'canolwyr' o wledydd eraill. Y sibrwd yn nhafarnau'r Filltir Sgwâr oedd bod Mordred Dunn wedi bod â'i fys yn y busnes hwnnw.

Ar wahân i weithgareddau Mordred Dunn ei hunan, roedd gan y cwmni asiant rhyngwladol â'i swyddfa ym Marseilles yn ne Ffrainc. Auguste Bernal oedd enw'r asiant, a byddai'n trefnu buddsoddiadau gan gwmnïau Ewropeaidd yn Affrica, De America ac America Ganol. Mewn clwb nos drud a chwaethus yn Llundain cafodd Fran achlust mai un o brif ddiddordebau Bernal oedd cwmnïau mwyngloddio. Y noson honno y clywsai'r ymadrodd *rare earths* am y tro cyntaf – y prinfwynau.

Ar y pryd, ni welai Fran unrhyw berthnasedd rhwng y stori neilltuol hon a thrafferthion Cwmpas Cymru. Ofnai mai sgwarnog ddi-fudd oedd ymchwilio i waith Bernal a'i feistri yn Llundain. Ond wedi ffureta digon i gael enwau rhai o'r busnesau a fu yn prynu stoc yr ugain cwmni, fe sylwodd fod y mwyafrif ohonyn nhw â rhyw gysylltiad â mwyngloddio mewn gwledydd tramor. Gan amlaf, roedd y prynwr yn un o grŵp o gwmnïau a gynhwysai fusnes mwyngloddio yn ei bortffolio, ond heb fod yn uniongyrchol yn y maes hwnnw. Doedd dim un o ugain cwmni Cwmpas Cymru yn y diwydiant mwyngloddio, felly prin bod y strategaeth a ddatgelai Fran yn gwneud llawer o synnwyr – heblaw mai eu bwriad oedd tarfu ar brosiect Cwmpas Cymru.

Gwelwyd sobrwydd dwys ar wynebau pawb wrth i Fran gwblhau ei hadroddiad. Wedi ennyd o ddistawrwydd, cymerodd Olwen at yr awenau drachefn.

"Sdim llawer o amheuaeth, bellach, beth sy'n mynd mlân fan hyn. Ond, mae gen inne stori ges i noson y gyngerdd yn Nhyddewi. Ro'n i wedi trefnu bod yno, fel y gwyddoch chi, ond y bore hwnnw fe ddaeth galwad ffôn gan Syr Edwin i weud bod hen gyfaill, sy ar fwrdd Cwmpas Cymru, wedi dod i Lundain ac am ga'l sgwrs 'da ni ar frys.

Syr Brychan Saunders yw e, pennaeth cwmni gwestai mawr Odyssey. Ma un hotel 'da fe 'ma, yng Nghaerdydd, a dou yn Llundain. Bachan o Aberhonddu yw Syr Brychan, ond ma fe'n byw yn Florida nawr. Mae gwesty mawr 'da fe yn Miami. Fe dda'th i Lundain i weud wrth Dad a finne bod *outbreaks* gwael o salmonela wedi bod mewn pedwar o'i hotels e mewn dou fis – yn Tunis, Tenerife, Barcelona ac yn Istanbul. Mae stoc cwmni Odyssey wedi colli tipyn o dir ar y Dow Jones ac ar yr F.T. Ond petai'r byg yn taro'r gwesty yn Miami, yn Paris, neu yn Llundain, byddai'n cael crasfa ar y farchnad. Do's neb wedi bod yn beryglus o wael nac wedi marw o'r gwenwyn. Ond mae ar Syr Brychan ofon, rhag i achos o Listeria, neu rywbeth tebyg, ddigwydd, a phobl yn marw o ganlyniad. Ma' fe'n bendant bod y bwydydd wedi eu gwenwyno'n fwriadol."

"Ody'r heddlu wedi holi staff y cegine, Olwen?" holodd Ted Prosser.

"Odyn, yn Istanbul a Barcelona, y ddou ddiwethaf, ar gais Syr Brychan ei hunan. Roedd un o staff y gegin yn Barcelona wedi diflannu cyn i'r heddlu ddechre holi. Ro'dd e'n byw mewn fflat yn y ddinas, ond ro'dd y fflat yn wag pan aeth yr heddlu yno."

"Beth am *finger prints*?" gofynnodd Fran.

"Cannoedd ohonyn nhw, ond sdim record 'da'r dyn yn Sbaen. Ro'dd e'n dod o Foroco – yr hen ran Sbaenaidd – a ma'r trywydd wedi mynd yn oer bellach, medde Brychan."

Ymdawelodd Olwen am ennyd, cyn ychwanegu:

"Mae rhai o *shareholders* cwmni Odyssey yn Lloegr yn hen ffrindie i Syr Brychan. Wedon nhw bod yr *approach* i brynu 'u siârs nhw wedi dod trwy gwmni Dunn and Masefield, yn union fel y dwedodd Fran."

"Does dim byd y gallwn ni neud yn erbyn y bobol hyn?" holodd Richard yn daer.

Ysgydwodd Olwen ei phen.

"Do's dim cyfraith yn ca'l 'i thorri 'da busnes y siârs. Mater arall yw'r hyn sy'n digwydd i Odyssey Hotels, ond do's dim un achos wedi bod yn y wlad hon, mor belled."

Ar hynny rhoes Marwin ei barn yn dawel ac eglur:

"Maen nhw am fod yn eitha carcus rhag achosi gwenwyn

bwyd yn Llundain, neu Gaerdydd, neu fe fydd y wasg yn ffroeni cynllwyn *dirty tricks*. Fe fydde hynny yn cryfhau ein hachos ni a gwaith yr heddlu sy'n ymchwilio i helbulon Tre-tŵr a Tyddewi."

Edrychodd pawb arni'n ddisgwylgar.

"Mae'n bosib gwneud cwyn ffurfiol i'r Stock Exchange ac i'r Office of Fair Trading os gallwn brofi bod Dunn a Masefield yn ceisio peri niwed bwriadol i gwmnïau. Ond, yn fy marn i, yr *events* fydd ein siawns gore ni o ddala rhai o'r bois hyn wrth eu gwaith, hyd yn oed os bydd e'n golygu bod *one-to-one* rhwng y gynulleidfa a dynion seciwriti! Unwaith y cawn ni rywun mewn llys barn, mae gobaith dod â'r gêm fochaidd 'ma i ole dydd."

Edrychodd Olwen tuag at Rhys a gofyn:

"Ar wahân i gyngerdd Llanelwy, beth arall sy wedi ei drefnu 'da ni?"

Er bod ei ddyddiadur ar agor o'i flaen, ni fu'n rhaid iddo daro'i lygad arno:

"Fe fyddwn ni'n ail-drefnu cyngerdd Tyddewi ym mis Ionawr… Ond cyn hynny, ym mis Rhagfyr, mae gynnon ni wythnos o sioe theatr-mewn-addysg ar gyfer ysgolion."

"A ble fydd hynny?" holodd Olwen.

Caeodd Rhys ei ddyddiadur.

"Castell Caernarfon," meddai'n dawel.

PENNOD 14

Tachwedd 1986

"Mae naws gŵyl yma," meddai Trefnydd Cerdd y sir gyda gwên, wrth ddod i olwg Cadeirlan Llanelwy. Cawsai barcio'i gar ar dir Ysgol Uwchradd Glan Clwyd, tua dau gan llath o'r eglwys. Roedd newydd fod yn cynnal ymarferion côr gyda cherddorfa ieuenctid y sir yn neuadd yr ysgol ac wedi gwneud trefniadau i ymarfer eto yn y Gadeirlan yn y prynhawn.

Nid oedd modd iddo gadw'i gar ym maes parcio bychan y Gadeirlan; roedd yn llawn o faniau'n cludo offer yn ogystal â cheir rhai o swyddogion Cwmpas Cymru, a cheir Deon a Chanon Pencantor y Gadeirlan. Mewn lle amlwg iawn, ger wal allanol y maes parcio, safai dwy o faniau â'r enw Safeguard Security yn fawr ar eu hochrau.

Yn cyd-gerdded â'r Trefnydd Cerdd, Joshua Riding, roedd Rhys Gruffydd, yntau wedi bod yn cwrdd â Phrifathro'r ysgol ar ran Cwmpas Cymru.

"Mae'r gefnogaeth yma wedi bod yn frwdfrydig iawn," meddai Rhys, "er gwaethaf beth ddigwyddodd yn Nhyddewi."

"Yn fy marn i, mae'r cyhoeddiad eich bod chi am roi cynnig arall arni yn Nhyddewi wedi gwneud lles mawr," meddai Joshua.

Safodd y ddau am ennyd yn gwylio'r baneri'n cael eu codi a'r llifoleuadau'n cael eu gosod o gwmpas safle'r Gadeirlan.

"Dydi pobol Dyffryn Clwyd ddim yn genedlaetholwyr

mawr iawn, at ei gilydd," meddai Joshua, "ond mae'r penna defaid wnaeth darfu ar gyngerdd Tyddewi wedi gwneud uffern o gamgymeriad. Wn i ddim sut argraff rydach chi'n ei gael, Rhys, ond mae fel petai'r Cymry wedi troi tu-min ac yn codi dau fys anferthol arnyn nhw."

Gwenodd Rhys. Digon gwir: bu'r ymateb i ddatganiad diweddar Cwmpas Cymru yn galonogol dros ben. Doedd dim un o gyrchfannau'r achlysuron a drefnwyd wedi eu canslo ac roedd yn neilltuol o falch fod ysgolion bro Arfon am y gorau'n bwcio dyddiadau ar gyfer y sioe Nadolig yng Nghastell Caernarfon.

Erbyn hyn roedd y ddau wedi cyrraedd yr eglwys. Saif Cadeirlan Llanelwy ar esgair o dir uwchlaw yr Afon Elwy, sy'n llifo tua'r gogledd i ymuno ag Afon Clwyd. Mewn hen luniau, fe welir tŵr Gothig yr eglwys yn goron ar banorama'r 'ddinas', fel Tyddewi, oherwydd ei statws esgobol. Yn yr hen luniau hefyd, fe welir y bont faen pum bwa dros yr afon yn y blaendir – nodwedd atyniadol iawn i arlunwyr yr oes o'r blaen.

Libart gweddol fychan sydd i'r Gadeirlan, y rhan fwyaf ohono'n laswellt, gyda chofeb urddasol i gyfieithwyr y Beibl i'r Gymraeg ar yr ochr ogleddol a mynwent fechan yn yr heulwen ar yr ochr ddeheuol. Ceir clos neilltuedig yn ymestyn tu draw i'r Gadeirlan, ble saif Plas yr Esgob. Ers deuddydd, bu chwech o ddynion y cwmni yn arolygu'r eglwys a'i libart ac yn eu harchwilio'n fanwl. Fore trannoeth, ar ddydd y cyngerdd, byddai tîm cŵn ffroeni'r heddlu yn cyrraedd i sicrhau nad oedd ffrwydron yn unman.

Griff Parrish oedd yn arwain tîm Safeguard Security ac roedd ei lygaid barcud yn craffu ar bopeth. Doedd dim byd wedi deffro'i amheuon tan brynhawn yr ail ddiwrnod yn Llanelwy. Sylwodd ar ddyn mewn siaced sgio ffasiynol yn ymweld â'r eglwys am yr eildro mewn diwrnod. Trefniant Cwmpas Cymru gyda'r Deon oedd i'r Gadeirlan fod ar agor i'r cyhoedd ac i'r gwasanaethau dyddiol, pob dydd, heblaw am ddiwrnod y cyngerdd. Eisteddodd y gŵr dieithr – dyn yn ei dridegau gyda mwstás Zapata, fel y gelwid y ffasiwn – trwy'r foreol weddi am naw o'r gloch a daeth yn ôl i'r offeren am un ar ddeg. Wedi crwydro o gwmpas yr eglwys am sbel, aeth dros y ffordd i dafarn Bryn Dinas. Gwelodd Griff ef unwaith eto yn y prynhawn, yn ymweld â siop neu ddwy yn y Stryd Fawr ac yn bwrw trem yn fynych tuag at y Gadeirlan a'r holl fynd a dod oedd yno.

Rhoes Griff siars i Phil Watkins – un o'i swyddogion – i newid o'i lifrau gwaith a gofyn iddo ddilyn y dyn o hirbell. Ymhen y rhawg cerddodd y dieithryn i lawr yr allt ac i'r maes parcio cyhoeddus ar lan yr afon. Yno, cerddodd at Ford Escort coch a'i ddatgloi. Brasgamodd Phil yn ôl at yr eglwys i ofyn am gael mynd â fan y cwmni i ddilyn y dyn. Pwy oedd yn sgwrsio gyda Griff ar y pryd ond Rhys Gruffydd, a phan ddywedodd Griff y byddai'n well peidio defnyddio'r fan, gyda'i lifrai amlwg, ymatebodd Rhys ar unwaith.

"I've got my car here. Come with me and we'll see where he goes."

Cytunodd Griff ac wrth i Allegro Rhys wthio'i drwyn allan o'r maes parcio, pasiodd yr Escort coch, gan yrru i gyfeiriad Dinbych.

"Good thing he wasn't heading the other way, towards Rhyl," meddai Phil, "we could have lost him."

"But we haven't," meddai Rhys yn dawel, "we're on the trail."

Doedd yr Escort ddim yn mynd ar wib ac ymdonnodd dolydd Dyffryn Clwyd o'u blaenau'n hamddenol, gyda choed min-y-ffordd yn dal i fwrw gweddill prin eu dail amryliw. Cadwodd Rhys yr Allegro dipyn o bellter y tu ôl i'r Escort, rhag codi amheuon y gyrrwr. Gwyliodd yn ofalus wrth iddynt gyrraedd Trefnant, lle gellid troi i'r chwith ar y groesffordd i fynd tua'r Wyddgrug. Ond yn ei flaen heibio'r goleuadau yr aeth y gyrrwr a chyn bo hir roedd yn nesáu at Ddinbych.

Yn hytrach na chanlyn y ffordd osgoi newydd heibio i'r dref, gyrrodd yr Escort i mewn i Ddinbych. Dilynodd Rhys ef i fyny allt serth Stryd y Dyffryn ac arhosodd y car gerllaw i hen neuadd y farchnad Duduraidd. Daeth y gyrrwr allan a brasgamu trwy bortico gwesty'r Bull. Parciodd Rhys a Phil gerllaw, gan ddyfalu beth fyddai'r cam nesaf. Roedd Phil am iddyn nhw ddilyn y dyn i mewn i'r gwesty.

"He's locked the car, maybe he's staying there," meddai. "We could end up sitting here all day."

Cytunodd Rhys ac aeth y ddau i mewn i'r gwesty hynafol. Cnewyllyn o oes y Tuduriaid oedd i'r Bull, ond ychwanegwyd yn helaeth ato yn yr ail ganrif ar bymtheg. Hawliai traddodiad fod y Cyrnol Thomas Mytton, pennaeth un o luoedd Cromwell, wedi gosod ei bencadlys yn y Bull pan oedd ei filwyr yn bwrw gwarchae ar Gastell Dinbych yn 1646. Roedd awyrgylch y cynfyd yn perthyn i'r lle, gyda'i baneli derw tywyll, gwydrau bychain y ffenestri yn eu gwe o blwm a'r grisiau trawiadol â'u pyst a chanllawiau cerfiedig.

Archebodd Rhys goffi i ddau yn y lolfa, lle gallen nhw wylio'r cyntedd a'r dderbynfa. Prin eu bod wedi blasu'r coffi pan ddaeth eu gwrthrych i lawr y grisiau, yn cario cês a sach cefn. Talodd ei fil a gadael y gwesty heb fwrw trem yn ôl. Brysiodd Rhys i dalu am y coffi a rhuthrodd Phil ac yntau am y car. Cadwodd Rhys y car coch o fewn ei drem, wrth iddo adael Dinbych i gyfeiriad yr Wyddgrug, heibio i Dy'n yr Eithin ac

Ysgol y Cwfaint. Erbyn iddyn nhw gyrraedd pentref Bodfari, gofynnodd Rhys:

"Is it worth following him any further? You're the professional, Phil."

"Mold is the next town, isn't it?"

"Yes, and from there he can go to all points east or south. For all we know, he could be heading for London."

Cytunwyd i'w ddilyn ymhellach ac wedi gyrru trwy gyrion yr Wyddgrug, aeth yr Escort ymlaen i Laneurgain ac ymuno â phriffordd yr A55 yno. Roedd yn gyrru'n gyflym tua'r dwyrain i gyfeiriad Caer pan adawodd Rhys y briffordd ar gylchfan Eulo a throi'n ôl i gyfeiriad yr Wyddgrug.

Dychwelodd y ddau i Lanelwy ac aeth Rhys i fwrw golwg dros drefniadau'r cyngerdd tra bu Phil yn adrodd eu hynt wrth Griff Parrish. Yn y Gadeirlan, roedd yr offer sain yn ei le a'r llwyfan o flaen y gangell yn barod, gyda seddau'r côr yn ymestyn i'r ystlysau. Roedd eglwys Llanelwy gryn dipyn yn llai na Thyddewi, ond bu Gŵyl Gerdd yn flynyddol yno bob mis Medi ers 1972 ac roedd trefn a phatrwm wedi ei sefydlu ar gyfer addasu'r gofod yn hwylus.

Edrychai Dave Evans yn fodlon iawn ar y trefniadau ac roedd y Deon wedi cael gwirfoddolwyr gweithgar yr Ŵyl Gerdd i roi help llaw. Chwarddodd Dave pan ddywedodd Rhys sut roedd wedi treulio'r prynhawn.

"Ody *car chase* yn rhan o'r job nawr te? Hen got law a *slouch hat* fydd 'da ti nesa, Rhys Gruffydd!"

Y prynhawn hwnnw fe welwyd nifer o'r heddlu o gwmpas y safle ac fe ddaeth yr uned cŵn ffroeni atynt fore drannoeth – bore'r cyngerdd. Yno hefyd roedd yr Uwch-Arolygydd Nicola Rees o Heddlu Gogledd Cymru.

Tua chanol y bore cynyddodd y tyndra yn aruthrol. Daeth

un o'r heddlu o hyd i sach cefn o gynfas, wedi ei stwffio y tu ôl i un o'r cromenni maen uchel oedd yn cynnal to'r Gadeirlan. Roedd gwifrau trydan i'w gweld yng ngheg y sach, gan nad oedd wedi ei chau'n dynn. Cafodd y Gadeirlan a'i libart ei gwacáu ar unwaith, a chaewyd y ddwy stryd yn ymyl. Rhwygai seiniau aflafar seirens yr heddlu a'r injians tân ar draws synau'r traffig a phrysurdeb arferol y ddinas fechan. Bu'n rhaid i bobl y tai a'r siopau cyfagos, tafarn Bryn Dinas a disgyblion Ysgol Glan Clwyd symud o'r cyffiniau.

Cafodd Uned Difa Bomiau'r Fyddin ei galw ar unwaith ac roedd yn Llanelwy cyn pen hanner awr. Yn sydyn, disgynnodd amdo o dawelwch pryderus dros y ddinas fechan ac roedd yr heddlu ar hyd y ffyrdd cyfagos yn rhwystro unrhyw drafnidiaeth rhag mynd i mewn i Lanelwy. Wedi bron i awr o archwilio manwl a mentrus, gwnaeth yr Uned Difa Bomiau ganfod mai bom ffug oedd yno – weirynnau a batris, dyfais tanio ffug a phecyn o glai crochenwaith wedi eu rhoi at ei gilydd i ystumio bom. Wedi cael eu bodloni bod pob twll a chornel arall yn yr Eglwys a'i chyffiniau wedi eu harchwilio'n drylwyr, ymadawodd yr Uned Fomiau, gan adael y safle o dan awdurdod yr heddlu.

Ailagorwyd y strydoedd, a daeth pawb yn ôl a disgyblion yr ysgol yn eu mysg. Roedd rhai trigolion yn bryderus ynglŷn â gadael i'r cyngerdd fynd rhagddo, ond y consensws wrth far Bryn Dinas oedd "Os ildiwn ni i'r bastards heddiw, fydd dim posib cynnal diawl o ddim yma byth wedyn."

Er na fuont yn ymgynghori â chwsmeriaid y Bryn Dinas, dyna oedd barn Deon ac Esgob Llanelwy, mewn geirfa fwy parchus, a hefyd holl dîm Cwmpas Cymru a'r heddlu. Trwy weddill y dydd, bu swyddogion yr heddlu, yn ogystal â thîm Griff Parrish, ar batrôl yn gyson ac yn weladwy i bawb.

Er gwaethaf y pryderon, roedd y Gadeirlan yn llawn ar gyfer y cyngerdd. a theimlai Rhys ias ar hyd ei wegil wrth glywed y canu a'r miwsig offerynnol yn gwefreiddio'r gynulleidfa. Canodd Gwenno 'Mab a'n Rhodded' heb unrhyw ymyrraeth y tro hwn, a chafodd y darlleniadau o waith Elis Gruffydd wrandawiad astud yn sir enedigol yr hen filwr. Dyma sir enedigol y Dr. Gwenan Briggs hefyd ac roedd hithau yn y gynulleidfa y noson honno, yn gwrando ar y geiriau cyfarwydd.

Roedd Olwen Cradock wedi dod i agor y cyngerdd ac esbonio gwaith a chenhadaeth Cwmpas Cymru. Cafodd groeso gwresog, a chymeradwyaeth gref pan fynegodd ei diolch i'r heddlu ac i dîm Safeguard Security. Roedd yr anerchiad yn ddwyieithog ac fe orffennodd gyda gosodiad pendant yn Saesneg:

"Timeline Wales – Cwmpas Cymru will continue and expand its work. In the words of the well-known song, 'We shall not be moved'."

Roedd ysbryd o ddathlu ar derfyn y cyngerdd, a theimlid hwnnw i'r byw gan un grŵp bychan yn y gynulleidfa. Roedd Lynne a'r plant wedi dod i Lanelwy gyda thad a mam Rhys. Canmoliaeth hael oedd ymateb ei fam a'i dad i'r cyngerdd. Cyflwynodd Rhys ei deulu i griw Cwmpas Cymru, gan ddechrau gydag Olwen. Ni allai Lynne beidio â gwenu pan gyfarfu â Dave Evans – roedd yn union fel disgrifiad Rhys ohono wrth y plant, fel yr arth ffeind Baloo yn y ffilm gartŵn *The Jungle Book*. Diolch byth nad oedd Ffion wedi rhuthro ato a'i alw'n Baloo.

"Gobeithio y bydd pob dim yn mynd fel cloc i chi o hyn allan," meddai Lynne.

Gwenodd Dave.

"Dyw pethe ddim yn mynd fel cloc yn amal iawn yn y busnes hyn, Lynne. Ond – beth ma nhw'n weud mewn gwledd briodas? 'May all your troubles be little ones.' Mae hynny'n iawn 'da fi!"

Roedd Dave wedi trefnu bwffe hwyr i'r tîm yng ngwesty'r Talardy ar gyrion Llanelwy. Eisteddodd Rhys a'i deulu gyda Dave a Chriw Cwmpas, a thrwy siawns, roedd Jill, Lynne a Gwenno'n eistedd wrth ymyl ei gilydd, gyda'r plant yn gwau rhyngddyn nhw, yn nôl danteithion o'r bwffe.

Gan fod y ddwy o Wynedd ac wedi byw am gyfnodau yng Nghaerdydd, bu Lynne a Gwenno yn cymharu eu profiadau am fywyd yn y brifddinas. Doedd Gwenno ddim yn teimlo'n anghysurus wrth sgwrsio gyda Lynne. Dim ond Rhys a deimlai rhyw ffrwtian o nerfusrwydd euog. Roedd Gwenno yn ei hwyliau yn rhannu jôcs gydag Eifion a Ffion, a rhieni Rhys yn gwenu'n rhadlon.

"Hogan bach annwyl ydi hi, ynte," meddai mam Rhys wrth ei mab ar y ffordd allan at y car.

"Ydi, mae hi wedi bod yn help mawr i'r tîm," oedd ateb cloff Rhys.

Wedi rhoi cusan a chwtsh i Lynne a'r plant, cododd Rhys ei law wrth i gar ei dad rwnian yn dawel i gyfeiriad Bodelwyddan.

Caewyd pen y mwdwl ar bethau yn y Gadeirlan yn bur hwylus, er na fyddai'r offer trwm yn cael eu symud tan y bore. Cadwodd Griff Parrish lygad ar bopeth ac fe arhosodd yn gwmni i'r Deon wrth iddo gloi'r Gadeirlan tua hanner nos. Ysgydwodd y Deon law â Griff cyn ymadael.

"You've been a very reassuring presence here, Mr. Parrish, you and your team."

"We try our best, sir. I'm glad the bad guys failed tonight."

Cymylodd gwedd y Deon am ennyd.

"I just can't fathom it, Mr. Parrish. Who on earth would want to ruin joyous occasions like these concerts? There's a malice behind it all – a very ugly malice. I only hope we've heard the last of them."

Yn dawel bach, pryderai Griff nad felly y byddai.

Drannoeth y cyngerdd, cafwyd cyfarfod yng Nghastell Rhuthun, sydd yng nghanol doldir Clwyd. Plasty bonheddig yw'r castell presennol, wedi ei godi ar adfeilion castell canoloesol a wrthsafodd Owain Glyndŵr, ond a chwalwyd gan filwyr Cromwell. Yng nghefn y safle, gellir gweld muriau anferthol yr hen gaer yn torsythu uwchben y ffos ddofn. Bu'r plas yn westy ers blynyddoedd lawer ac yno roedd Olwen Cradock yn aros dros gyfnod y cyngerdd. Mewn ystafell goffi, cyfarfu Olwen â thîm Cwmpas Cymru, yn ogystal â Griff Parrish ar ran Safeguard Security. Ar gais Olwen, roedd y gwesty wedi gosod ffôn yn y stafell ar gyfer unrhyw gyswllt allanol y byddai galw amdano.

Yn amlwg yn y cwmni, roedd yr Uwch-Arolygydd Nicola Rees o Heddlu Gogledd Cymru. Brodor o Lanbedr Pont Steffan oedd hi, ond daeth i Ogledd Cymru fel Arolygydd ifanc, blaengar yn niwedd y saithdegau. Roedd Prif Gwnstabl Heddlu Gogledd Cymru, ar ôl ymgynghori â phenaethiaid tri gwasanaeth heddlu arall Cymru, wedi dirprwyo Nicola i fod yn swyddog cyswllt gyda Chwmpas Cymru, pan fyddai unrhyw weithgaredd cyhoeddus mawr yn cael ei gynnal yng Nghymru. Bu'n goruchwylio trefniadau plismona cyngerdd Llanelwy; a bwriad y cyfarfod hwn oedd pennu meysydd ymholi eraill ar gyfer yr heddlu – materion tu hwnt i awdurdod Cwmpas Cymru a Safeguard Security.

Hysbyswyd hi am y dieithryn amheus a fu'n aros yn y

Bull yn Ninbych a chafodd rif cofrestru'r Ford Escort. Cafodd wybod hefyd am gefndir y tarfu masnachol ar gwmnïau Cwmpas Cymru, er nad oedd hynny'n faes lle gallai ymyrryd yn uniongyrchol. Serch hynny, roedd un mater a gawsai ei wyntyllu gan Fran Prosser wedi bod o gonsýrn sylweddol i Olwen Cradock a Richard Stroud. Esboniodd Richard, yn Saesneg oherwydd presenoldeb Griff Parrish:

"One of the interests of the brokerage company most involved in this business is mining, and there seems to be a strong interest in mining for what's called 'rare–earths' – stuff like lithium, monazite and thorium – and many others, apparently."

Dywedodd hefyd fod Rhys Gruffydd wedi cael sgwrs ddiddorol gyda swyddogion o Fwrdd Datblygu Cymru Wledig a Chomisiwn Cefn Gwlad Cymru, a gofynnodd i Rhys fanylu. Disgrifiodd Rhys yr hyn a glywsai gan Guto Waring ac Wayne Griffith, bod cynnydd mewn ceisiadau am drwyddedau cloddio am fwynau prin yng nghanolbarth Cymru.

Gwrandawodd Nicola yn astud. Pan oedd hi'n gweithio yn Sir Gaerfyrddin, derbyniai'r heddlu gwynion gan dirfeddianwyr am gloddio anghyfreithlon ar eu tiroedd. Clywsai fod rhai o'r troseddwyr wedi ffugio bod yn *potholers* neu'n archaeolegwyr diwydiannol yn archwilio hen gloddfeydd.

Dywedodd Rhys na soniodd Guto na Wayne yr un gair am dyllu arbrofol, ond rhoes fanylion cyswllt y ddau iddi. Treuliwyd gweddill y cyfarfod yn trafod rhaglen Cwmpas Cymru dros y misoedd nesaf ac addawodd Nicola y byddai'n dod i Gaernarfon yn bersonol pan fyddai sioe yr ysgolion yn y castell.

Wedi i bawb arall ymadael, arhosodd yr Uwch-Arolygydd

am sgwrs breifat gydag Olwen Cradock. Meddai Nicola'n bwyllog:

"Rwy'n deall bod y busnes *rare earths* hyn yn cynnig rhyw fath o *motive* ar gyfer y trafferthion ry'ch chi'n gael. Ry'ch chithe'n un o arweinwyr busnes pwysica'n gwlad, Miss Cradock. Mae gen i dri cwestiwn i chi feddwl amdanyn nhw. Dwi ddim yn moyn atebion heddi.

Yn gynta, odych chi'n credu bod tanseilio project Timeline Wales yn mynd i newid y gêm yn fasnachol ar gyfer cloddio am *rare earths* yng Nghymru?

Yn ail, oes digon o'r mwyne hyn ym mynydde Cymru i gyfiawnhau'r fath gost?

Yn olaf, ody'r elw i'r bobol hyn yn mynd i fod yn ddigon i gyfiawnhau'r risg o gael eu dal yn troseddu?"

"Y'ch chi'n meddwl, felly, bod rhywbeth arall tu cefn i'r busnes 'ma?" holodd Olwen, yr un mor bwyllog.

"Heb ymchwilio'n llawer pellach, 'sdim modd gwbod. Cadw'r *events* y'ch chi'n eu trefnu yn ddiogel yw 'mlaenoriaeth i nawr, ond fe dreia i fwrw'r rhwyd yn fwy eang hefyd. Yn y cyfamser, Miss Cradock, os gallwch chi neu Syr Edwin feddwl am elynion busnes fydde'n moyn creu strach mor wael â hyn i chi, plis rhowch w'bod i fi."

Dros y llestri coffi gweigion, ar ôl ymadawiad yr Uwch-Arolygydd, bu Olwen Cradock yn synfyfyrio – synfyfyrio'n hir a dwys. Yna, fel pe'n deffro'n sydyn o drwmgwsg, estynnodd am ei ffôn, â'i gwedd yn llym fel rasel.

Pennod 15

Rhagfyr 1986

"Dowch i gyd! Helpwch ni baratoi'r castell ar gyfer y Nadolig!"

Torrodd llais cryf Robin Guest ar draws y stafell foel, ond doedd dim atsain waliau cerrig na chromen uchel ganoloesol i'w clywed yno. Mewn ystafell ymarfer yng Ngholeg Cerdd a Drama Cymru roedd Robin a'i gydweithwyr. Roedd Rhys Gruffydd wedi llogi'r stafell am wythnos ar gyfer ymarferion sioe Nadolig Castell Caernarfon. Stori'r sioe oedd bod un o uchelwyr Gogledd Cymru, yn 1321, wedi galw marchogion Môn ac Arfon at ei gilydd i gynllunio cyrch yn erbyn Roger Mortimer, un o farwniaid y Gororau a gelyn pennaf y Brenin Edward II.

Dangosai cofnodion y cyfnod fod Cymry hen deyrnas Gwynedd wedi bod yn driw iawn i Edward II, a gawsai ei eni yng Nghastell Caernarfon, er gwaethaf ei helbulon. Cynllun y sgript oedd bod y Cymry yn dod i'r castell i baratoi ar gyfer gŵyl y Nadolig, cyn mynd ati i wynebu Mortimer a'i luoedd wedi'r Calan.

Gwaith plant yr ysgolion cynradd yn y fro fyddai llunio addurniadau Nadolig o wyrddni traddodiadol, sgwennu llythyrau gwahoddiad mewn llawysgrifen hynafol. cynllunio arfbeisiau ar gyfer lifrau'r marchogion, troelli gwlân â gwrthyd a gwehyddu darnau o ddefnydd yn batrymau lliwgar ar wŷdd llaw fechan.

Trefnu ac arwain y grwpiau gwaith hyn fyddai prif orchwyl

Criw Cwmpas, ond câi Melanie gyfle i ddangos techneg canu'r liwt, tra byddai Gwenno yn canu fersiwn syml o 'Mab a'n Rhodded' a dysgu'r plant i'w chanu mewn partïon bychain.

Roedd Huw a Joseff wedi dyfeisio fersiwn syml o declyn ymarfer i farchogion yr Oesoedd Canol. 'Cwinten' oedd hwn – postyn solet â braich yn ymestyn ohono, a tharian fechan ar ben y fraich. Y nod oedd taro'r darian â chleddyf neu waywffon. Ar ei ffurf wreiddiol, byddai'r fraich ar fwlyn tro, a gallai'r darian chwipio'n ôl a rhoi hergwd pur galed i farchog esgeulus. Llwyddodd Joseff a Huw i addasu'r ddyfais, fel na fyddai'r fraich yn pendilio ac mai taro'r darian yn ysgafn a'i chael i gwympo oddi ar fachyn ar y fraich fyddai'r her.

Gyda'r nos, wedi'r ymarfer, byddai Dave a'r criw yn mynd am beint, naill ai i'r Barleymow neu i dafarn y Philharmonic ar Heol y Santes Fair, lle byddai Rhys yn eu cyfarfod. Deuai Jill efo nhw ambell dro, a châi flas ar y sgwrsio, y jôcs a'r tynnu coes. Cwmni o bobl ifanc hyderus yn llawn asbri oedd hwn, a gwelodd Jill ar unwaith fod Rhys wrth ei fodd yn eu cwmni. Erbyn ei hail noson gyda'r criw, cafodd ei hun yn ymresymu mai peth digon naturiol oedd i Rhys roi cryn dipyn o sylw i Gwenno, gan fod cefndir y ddau yng Ngwynedd mor debyg.

Serch hynny, fe sylwodd Jill fod Dave yn bwrw trem go bryderus tuag at y ddau o bryd i'w gilydd. Anesmwythodd Jill wedi hynny. Rhys a Gwenno? Na, doedd y peth ddim yn bosib! Prin wythnos yn ôl, yn Llanelwy, roedd wedi cyfarfod Lynne a'r plant ac wedi cynnal sgwrs ddifyr rhyngddi hi, Lynne a Gwenno. Gyrrodd adref yn bur anniddig, serch hynny, y noson honno. Gwyddai fod bywyd yn gallu bod yn ddigon unig i Rhys, oddi cartref gydol yr wythnos, a'i fod yn troi at ei gydweithwyr am gwmnïaeth. Ond, dim mwy na hynny, plis! O leiaf, meddai wrthi ei hun, fe gâi Rhys wythnos gyfan gartref gyda'i deulu yn ystod sioe yr ysgolion yng Nghaernarfon.

Teithiodd tîm Cwmpas Cymru i Gaernarfon yn fuan ar fore Sadwrn, gyda'r nod o gael cynefino â'r castell a'r siambrau oedd ar gael iddyn nhw yn y prynhawn. Ar fore Sul, gosodwyd byrddau gwaith gogyfer â'r gweithgareddau a sicrhau bod yr offer i gyd yn eu lle. Yna. aethpwyd ati i ymarfer yn ystod gweddill y dydd.

Daeth Griff Parrish a'i dîm i Gaernarfon ar fore Gwener, fel y medrai archwilio'r castell yn fanwl yn y prynhawn. Ar fore Sadwrn daeth cŵn ffroeni'r heddlu yno i wneud eu gwaith, gan adael y lle i Rhys, Dave a'r tîm i ymarfer yn y prynhawn. Ar brynhawn dydd Sul, daeth Lynne a'r plant gyda'i thad i wylio'r ymarferion ac erbyn iddynt adael, tua phump o'r gloch, roedd hi wedi nosi, a'r castell a'i feini erbyn hynny'n iasoer.

Yn ogystal â Lynne a'r teulu, bu Martin Grey, Swyddog Addysg Cadw, hefyd yn gwylio peth o'r ymarferion y prynhawn hwnnw, gan ei fod wedi teithio o Gaerdydd yn gynnar yn y bore. Gadawodd yntau, fel Lynne, yn fuan wedi pump. Yn y cyfamser, roedd Griff Parrish wedi trefnu gyda Cheidwad y castell fod yr adeilad yn cael ei gloi pan fyddai'r staff rheolaidd yn gadael, ond rhoddwyd allwedd un o'r dorau i Rhys, fel y gallai Criw Cwmpas adael pan fyddai'r ymarferion wedi eu cwblhau.

Roedd Rhys wedi trefnu i'r tîm ddal ati i ymarfer tan saith o'r gloch, er y byddai'r castell yn cau yn ystod y gaeaf am hanner-awr wedi pedwar. Ar lawr uchaf Tŵr yr Eryr, prif dŵr y castell, roedd Criw Cwmpas ar waith. Siambr eang oedd yno, wedi ei moderneiddio ar ffurf theatr fechan, gyda'r seddau ar ffurf amffitheatr a'r llawr perfformio yn bur gyfyng, gan mai prif bwrpas y theatr oedd dangos ffilm ar hanes y castell i ymwelwyr. I gloi pob sesiwn o'r sioe i ysgolion, byddai'n fangre i wylio dramodig chwarter awr gan y tîm, wedi ei seilio ar chwedl Breuddwyd Macsen Wledig – chwedl a gysylltir yn aml â thref a chastell Caernarfon. Yno hefyd, y byddai Gwenno'n hyfforddi grwpiau o blant i gyd-ganu fersiwn syml o 'Mab a'n Rhodded'. Y nos Sul honno, a phawb yn eu gwisgoedd pwrpasol ar gyfer y sioe, bu'n rhaid iddynt hefyd wisgo eu cotiau a'u sgarffiau, wrth i oerni'r nos afael.

Yn sydyn, ar ganol yr ymarfer olaf, diffoddodd yr holl oleuadau, nes bod y tŵr cyfan mewn tywyllwch. Chwerthin a wnaeth pawb am funud, ond yna fe ddaeth yn amlwg nad rhyw doriad ysbeidiol oedd hwn, gan na ddaeth y golau yn ei ôl. Gwyddai Rhys nad oedd neb arall yn y castell erbyn hynny a bod y Ceidwad wedi cloi'r prif ddorau cyn ymadael ac wedi gadael allwedd Porth y Frenhines yn ei ofal o. Drws seler Tŵr yr Eryr oedd Porth y Frenhines, yn agor yn uniongyrchol i'r cei, gerllaw tafarn yr Anglesey Arms. Ond byddai'n rhaid tramwyo i lawr y grisiau tro cul mewn twred cyfyng i gyrraedd y gwaelod, a hynny mewn tywyllwch llwyr.

Doedd gan neb fflachlamp yn ei feddiant, a grisiau tro digon anwastad a serth oedd yn arwain i lawr at fuarth y castell. Hawdd iawn fyddai cael damwain wrth faglu yn y tywyllwch a thorri braich neu goes wrth fustachu i lawr y grisiau. Rhys oedd yr unig un a oedd yn gyfarwydd iawn â'r castell, gan iddo arwain teithiau tywys o'i gwmpas lawer gwaith. Cymerodd yr awenau ar unwaith.

"Pawb i roi llaw ar ysgwydd y person nesaf atoch chi ac atebwch eich enwau pan fydda i'n galw, imi gael gwybod ble mae pawb."

Gwnaed hynny'n ddidrafferth, a chafodd Rhys grap ar leoliad pawb a'u cael i ffurfio rhes ar lawr gwastad y theatr.

"Dw i am gychwyn allan o'r theatr a cherdded at ben y

grisiau cyntaf," meddai Rhys. "Dilynwch fy llais i yn ara deg, a stopiwch pan fydda i'n gofyn i chi – pawb â'i law ar ysgwydd y nesa o'ch blaen chi."

Sylweddolodd Dave beth oedd cynllun Rhys ac ymbalfalodd ar hyd y rhes o gyrff nes cyrraedd Joseff, yng nghefn y fintai, a rhoi llaw ar ei ysgwydd.

"Fi fydd yn y cefn – 'bringing up the rear'! Neb i weud 'mod i'n dan din!"

Symudodd yr osgordd yn araf allan o'r theatr ac ar draws cyntedd y siambr nes cyrraedd pen y grisiau carreg. Galwodd Rhys ar bawb i stopio.

"Dim gafael yn ych gilydd rŵan. Dowch ymlaen yn araf ac wedi cyrraedd y stepan uchaf, teimlwch ych ffordd ymlaen efo'ch traed a chymryd dim ond un stepan i lawr ar y tro. Defnyddiwch ych dwy law er mwyn pwyso yn erbyn y wal ar y ddwy ochr – fe roith hynny syniad i chi o'r troad yn y grisiau a'ch arbed chi rhag syrthio."

Aeth pawb i lawr y grisiau cyntaf yn weddol hwylus – grisiau wedi eu haddasu i roi mynediad i siambr fwyaf Tŵr yr Eryr. Yna, roedd yn rhaid croesi pasej cul a chamu dros riniog pur uchel i ben y grisiau nesaf. Rhai canoloesol, cul a phantiog oedd y rhain, gydag ôl canrifoedd o draul arnyn nhw. Yno, roedd y twred yn gul a serth, ei nenfwd carreg yn isel a'r tro yn y grisiau yn fwy amlwg. Arweiniodd Rhys y fintai fechan yn bwyllog. Teimlai'r daith yn boenus o araf wrth i bawb gamu'n llafurus o'r naill ris anwastad i'r llall.

Tua hanner ffordd i lawr, rhoes Rhys ei droed ar rywbeth caled a dechreuodd hwnnw symud o dan ei draed. Dim ond eiliadau a gafodd i wasgu ei ddwylo'n dynn yn erbyn y waliau o boptu iddo ac arbed ei hun rhag baglu a drybowndian i lawr y grisiau. Bloeddiodd ar bawb i stopio'n stond, a bron na allai deimlo pawb yn rhusio y tu ôl iddo. Plygodd yn ofalus a theimlo bar mawr o haearn wedi ei osod ar draws y grisiau. Dim bar unionsyth oedd o, ychwaith: roedd plygion ynddo a'i flaenau yn ddanheddog. Hen angor oedd o – angor cwch pysgota, un o greiriau morwrol porthladd Caernarfon. Yn amlwg, roedd rhywun wedi ei osod yno'n fwriadol. Gyda chryn ymdrech, cododd yr angor, a theimlai'r rhwd yn glynu yn ei ddwylo. Rhyw ddeg cilogram oedd ei bwysau, mae'n debyg, ond ar y pryd roedd fel codi sachaid o lo.

"Reit, mi fedran ni symud eto. Ara deg, rŵan!"

Fu dim mwy o rwystrau ar eu ffordd, ond roedd breichiau a chefn Rhys yn gwegian wedi iddo gario'r angor i waelod y grisiau. Er mai rhyw hanner awr a gymerodd y siwrnai, fe deimlai yn fwy o lawer, wrth i'r wyth ymbalfalu eu ffordd yn gwbl ddall. Wedi cyrraedd gwaelod Tŵr yr Eryr, roedd y ddôr allan i fuarth y castell ar agor ac roedd goleuadau'r dref a llifoleuadau allanol y castell yn bwrw gwawl wannaidd dros bob dim. Gadawodd Rhys yr angor wrth ymyl wal y buarth, lle byddai'n hawdd i'w weld ac na fyddai'n rhwystr i neb.

Roedd mynedfa ar wahân yn arwain o'r buarth at seler Tŵr yr Eryr, gyda grisiau llydan, gwastad yn disgyn i lawr i'w chrombil. Doedd dim golau yn y seler, ond roedd digon o oleuni'n taro o gyfeiriad y buarth i'r criw fynd i lawr yn ddiogel a chroesi llawr y seler at ddorau dwbl Porth y Frenhines. Agorodd Rhys y dorau â'r allwedd haearn ac ymhen munud roedd pawb yn sefyll ar balmant cei Caernarfon, a golau'r stryd a'r llifoleuadau yng nghesail muriau'r castell yn troi nos yn ddydd.

"Peint, bois bach!" gwaeddodd Huw Parker, a brasgamodd pawb i ddiddanwch hwyliog yr Anglesey mewn rhyddhad.

Ar y ffôn yn y dafarn, rhoes Rhys ganiad i westy'r Royal, ar Ffordd Bangor, a gofyn am Martin Grey. Yno roedd Martin yn aros, a gofynnodd Rhys iddo guro ar ddrws Griff Parrish, oedd yn aros yno hefyd. Ymhen deng munud roedd y ddau wedi ymuno â'r criw yn yr Anglesey.

"How the hell did they get into the castle?" oedd cwestiwn cyntaf Griff. "All three entrances were locked. I checked before the Custodian and I left at half-five. And none of the bloody windows or arrow-loops are accessible."

Ysgwyd ei ben mewn penbleth a wnaeth Martin Grey. Roedd wedi ffonio Ceidwad y castell a'i alw i ymuno â hwy ac roedd wedi galw canolfan yr heddlu ym Maesincla, Caernarfon. Wedi i'r Ceidwad, a sarsiant a dau gwnstabl o'r heddlu gyrraedd, fe ailagorwyd prif fynedfa'r castell, Porth y Brenin. Rhoddwyd y goleuadau ymlaen er mwyn archwilio'r lle'n fanwl unwaith eto.

Trwy ddrws ar y chwith i fynedfa'r castell roedd pasej yn arwain at ryw hanner dwsin o stafelloedd – stafelloedd staff y castell. Ym mhen draw un o'r rhain ceid rheolfwrdd trydan a bocsys ffiwsiau'r castell, yn ymyl swyddfa'r Ceidwad. Gerllaw, roedd stafell baned a loceri'r gweithwyr. Roedd y stafelloedd dan glo, ond roedd y pasej tuag at y rheolfwrdd trydan ar agor.

Fel arfer, yn ystod y gaeaf, byddai'r cyflenwad trydan yn diffodd yn awtomatig am chwech o'r gloch. Gan fod y castell yn cau i'r cyhoedd am hanner awr wedi pedwar a'r staff wedi gadael erbyn hanner awr wedi pump, gellid bod yn siŵr bod y lle'n gwbl wag cyn i'r trydan ddiffodd. Ar gais Rhys, roedd Martin Grey wedi trefnu i'r Ceidwad newid amser diffodd y goleuadau i wyth o'r gloch, er mwyn rhoi digon o amser i griw Cwmpas Cymru adael wedi'r ymarfer. Rhywsut neu'i gilydd, fe lwyddodd rhywun i ddiffodd yr holl oleuadau cyn saith o'r gloch.

Ar wahân i fynedfa gyhoeddus Porth y Brenin, yn wynebu'r stryd ym Mhendeitsh, a Phorth y Frenhines yng ngwaelod Tŵr yr Eryr, dim ond un fynedfa arall oedd yna. Hwnnw oedd Porth y Dŵr, drws bychan yn wynebu'r Cei Llechi ac aber Afon Seiont. Aeth y Ceidwad i sicrhau ei fod o ar glo ac fe welwyd ei fod yn gwbl sownd – roedd bolltau dur cryfion y tu mewn, a'r rheiny yn eu lle.

Doedd dim ateb i'r dirgelwch ac wedi i'r heddlu adael ac i'r Ceidwad gloi'r castell drachefn, bu Rhys, Martin, Griff a Dave yn cnoi cil ar y cyfan ym mar yr Anglesey. Yn eu barn hwy, unig fantais yr ymyrraeth diweddaraf hwn i elynion Cwmpas Cymru oedd ceisio achosi damwain a pheri niwed i un neu fwy o Griw Cwmpas. Unwaith eto, gwnaed ymdrech drafferthus i geisio amharu ar achlysur hapus arall – ymdrech aflwyddiannus.

"Diolch i Rhys am hynny!" pwysleisiodd Dave, gan godi ei beint fel pe bai'n cynnig llwncdestun.

Wedi cyffro'r Sul, bu hynt y sioe a'r gweithgareddau i ysgolion drannoeth yn ddidrafferth i'w ryfeddu. Ymatebodd y plant yn frwd i'r gweithgareddau ymarferol, a threuliodd Martin Grey, Rhys a Dave y bore yn gwylio'r cyfan ac yn sgwrsio gyda'r athrawon. Yn y prynhawn daeth Nicola Rees i'r fei, yng nghwmni Arolygydd yr Heddlu lleol. Wedi i'r partïon ysgol ymadael cafwyd cyfarfod preifat yn stafell paned y castell. Roedd Nicola wedi llwyddo i olrhain y car y bu Rhys a Phil yn ei ddilyn o Lanelwy i Ddinbych bythefnos ynghynt. Cwmni hurio oedd biau'r car ac roedd wedi cael ei logi gan ŵr o'r enw Kelvin Attwood, o Bermondsey. Gweithio i gwmni o dditectifs preifat roedd Attwood ac roedd y cwmni hwnnw wedi cael ei gyflogi gan ŵr o'r enw Hugo Darley, a roesai gyfeiriad ei gartref yn Surrey. Ond, fe gloddiodd Nicola yn ddyfnach na hynny. Buan y darganfu mai cyn-swyddog cyllid i gwmni Dunn a Masefield oedd Darley a bellach wedi ymddeol. Daeth yn fwy amlwg byth bod gan y cwmni hwnnw fys yn y briwes.

"There's nothing either Attwood or Darley can be charged with," ychwanegodd Nicola, "but they were both questioned about Attwood's visit to St. Asaph, and we found no evidence that they were anywhere near St. Davids at the time of the concert there. Anyway, they know now that they're under suspicion, and, hopefully, they'll call a halt to this campaign. I've also written to a Chief Inspector I know at the Met – we were colleagues in Swansea – suggesting that the Office of Fair Trading might be interested in Dunn and Masefield."

Ni fu unrhyw darfu ar y sioe ysgolion ac ar y nos Wener, pan oedd y cyfan ar ben, trefnodd Richard Stroud ginio i'r tîm cyfan yng ngwesty'r Royal Victoria yn Llanberis. Bu Richard yng Nghaernarfon ar gyfer deuddydd olaf y sioe, a daeth yno gyda dernyn o wybodaeth a gawsai gan Ted Prosser. Roedd tafarnwr yr Anglesey Arms wedi sylwi ar unigolyn â hwd ei anorac yn cuddio'i wyneb, yn dod allan o'r castell trwy Borth y Frenhines oddeutu chwech o'r gloch ar y nos Sul. Daliodd hynny ei sylw gan y gwyddai na fyddai Cadw byth, bron, yn caniatáu i neb ddefnyddio'r fynedfa honno. Pan dyrrodd Criw Cwmpas i'r bar yn ddiweddarach, wedi dod allan trwy'r un fynedfa, daeth i'r casgliad mai trefniant arbennig ar gyfer Cwmpas Cymru oedd agor Porth y Frenhines.

Rhannodd Richard y wybodaeth gyda Nicola Rees, pan gafodd yntau sgwrs breifat â hi yn ystod sioe yr ysgolion. Rhoes wahoddiad iddi ymuno â'r criw yng ngwesty'r Victoria a chytunodd hithau. Os oedd rhywrai, ar berwyl drwg, yn gwylio gweithgareddau Cwmpas Cymru, byddai gweld yr agosatrwydd amlwg rhwng y tîm a'r heddlu yn rhybudd pellach iddyn nhw.

Bu'r wythnos gyfan, a'r noson yn y Victoria, yn galondid i Jill Morrison. Gwelai fod Rhys yn fwy bodlon ei fyd o gael bod gartref ac roedd Eifion a Ffion wedi cael mynychu'r sioe gyda'u hysgol. Daeth Lynne i'r castell y diwrnod hwnnw hefyd, a bu'n sgwrsio'n gartrefol gyda'r criw yn stafell baned y castell rhwng sesiwn y bore a sioe'r prynhawn. Aeth Gwenno ati'n unswydd i dynnu sgwrs gyda Lynne, fel y gwnaeth wedyn ar y nos Wener yn y swper cloi.

Dychwelodd pawb o dîm Cwmpas Cymru i Gaerdydd ar ddydd Sadwrn ac eithrio un aelod allweddol. Arhosodd Rhys gartref, a theithio i Gaerdydd ar brynhawn Sul, yn ôl ei arfer. Yn ystod y penwythnos, gwnaeth Lynne ac yntau'r trefniadau olaf ar gyfer ymweliad Lynne â'r brifddinas y penwythnos wedyn. Roedd Nain a Taid Llanberis am ofalu am y plant, a byddai Lynne yn teithio i Gaerdydd fore Gwener ar y trên o Fangor.

Roedd Rhys wedi trefnu iddyn nhw fynd i weld pedwar o dai – tri yng Nghaerdydd ac un ym Mhontypridd, lle roedd prisiau'r tai rywfaint yn is nag yn y brifddinas. Un o ffrindiau Lynne, a oedd yn byw ym Mhontypridd, awgrymodd y tŷ hwnnw iddynt. Aeth y ddau am swper gyda hi a'i gŵr ar y nos Wener ac yna, ar nos Sadwrn cafwyd parti Nadolig Cwmpas Cymru.

Cynhaliwyd y parti yn neuadd fawr Castell Caerffili, trwy drefniant efo Cadw. Daeth y danteithion i gyd yno mewn lori oergell, a pharatowyd bwffe deniadol yn y gegin. Llifodd y cwrw a'r gwin yn ddi-drai o'r bar dros dro yng nghornel y neuadd, a chafwyd troellwr Cymraeg i ddarparu rhaglen ddisco o ganu pop Saesneg a Chymraeg. Gwnaeth Melanie, Robin a Llinos sicrhau dewis eang o recordiau Cymraeg: Edward H. Dafis, y Cyrff, Anhrefn, Derec Brown a'r Racaracwyr, Maffia Mr. Huws, Mynediad am Ddim ac Ail Symudiad. Aed ati'n unswydd, hefyd, i chwarae recordiau Saesneg: Amen Corner, Badfinger, Shakin' Stevens a Tom Jones. Yn ystod y noson, cafwyd slot hwyliog o fiwsig twmpath dawns, a gwnaeth Criw Cwmpas lusgo pawb i ganol y llawr a dangos iddyn nhw sut i droi, breichio a phromenadio yn weddol drefnus, i gyfeiliant chwerthin uchel.

Roedd dawnsio Gwenno i'r gân-ddisco "What a Feeling" mor afiaethus â'i chanu ac o'i chwmpas hi, fel planedau o amgylch seren, roedd pawb yn troi wrth i rythmau cyffrous y gân gyrraedd uchafbwynt. Prin y tynnodd Rhys ei lygaid oddi arni gydol y ddawns. Er iddi sylwi, ni soniodd Lynne air am y peth wrth Rhys na neb arall, ond fe arhosodd un peth a ddywedodd Dave Evans wrthi yn ei chof.

Wedi clywed Lynne yn dweud hanes ei diwrnod, o weld tai a chasglu manylion o'r asiantau tai, dywedodd Dave:

"Bydd e'n grêt pan fyddwch chi i gyd 'ma 'da'ch gilydd yn G'dydd, Lynne. Fe fydd yn dda i Rhys gael mynd gartre bob nos pan ma fe'n cwpla gwaith. Fel ma pethe nawr, dyw e byth yn cwpla gw'itho o ddydd Llun i ddydd Gwener. Dyw hynny ddim yn fywyd iachus – dim i ddyn â theulu."

Teimlai Lynne yn falch felly fod Rhys wedi trefnu cymryd chwe diwrnod o'i wyliau swyddogol dros y Nadolig. Gyda'r gwyliau statudol a dau benwythnos, câi fod adref am bythefnos cyfan. Erbyn iddo ddychwelyd i Gaerdydd byddai'n flwyddyn newydd – 1987.

Gallai fod yn flwyddyn o newid pur fawr iddyn nhw fel teulu.

PENNOD 16

Rhagfyr 1986

Glaniodd yr awyren fawr Air Canada yn ddigon didrafferth ar y llain tarmac ym maes awyr Calgary, er bod y wlad fynyddig oddi amgylch yn drwm gan eira. Dyma un o ryfeddodau'r wlad enfawr hon. Er bod troedfeddi o eira ar lawr, cadwyd y ffyrdd a'r meysydd awyr yn glir, trwy ymdrechion glew a buddsoddiad diarbed.

Cariodd Mordred Dunn ei gês a'i gasyn swyddfa trwy'r oerni i'r Terminal modern, a adeiladwyd ar ffurf cilgant. Er mai maes awyr bychan yw Calgary, eto i gyd roedd awyrennau'n cyrraedd yno o sawl dinas bell a sawl gwlad erbyn hyn. Calgary ydi un o'r cyrchfannau mwyaf poblogaidd yn rhanbarth egr a hardd y Rockies, y gadwyn o fynyddoedd sy'n creu ffin naturiol rhwng canol a gorllewin Canada. Byddai gŵyl fawr y Calgary Stampede – rodeo enfawr a lliwgar bob mis Gorffennaf, yn denu bron i filiwn o ymwelwyr i'r ddinas.

Wedi gadael y Terminal, gwelodd Mordred Dunn gar mawr yn sefyll o'i flaen – limousine tywyll, hir a sgleiniog, gyda gyriant pedair olwyn a theiars eira cryfion arnynt. Daeth gyrrwr mewn lifrau a chap pig gloyw allan i'w gyfarch.

"Mr. Dunn? I'm here to take you on to Banff, sir."

Suddodd Dunn i sedd gefn esmwyth y car a gyrrodd y lefiathan hwnnw'n dawel ar hyd y draffordd tua'r gogledd-orllewin. Taith o bymtheng milltir a thrigain oedd hi o Calgary i Banff, ond cwblhawyd y siwrnai mewn llai nag awr yn y modur pwerus. Saif y dref fechan honno yng nghanol un o barciau cenedlaethol hardd a dramatig Canada – Parc Cenedlaethol Banff – y parc cyntaf yn y wlad a ddynodwyd yn 1885. Ledled y parc, ceir 25 o fynyddoedd dros 10,000 o droedfeddi o uchder, a daw tua phum miliwn o ymwelwyr i brofi rhyfeddodau ac antur y parc bob blwyddyn.

Cymuned o ryw wyth mil o drigolion oedd tref Banff, ond câi'r boblogaeth ei chwyddo gan filoedd lawer o dwristiaid trwy gydol y flwyddyn. Saif y dref ar lan y Bow River, enw addas iawn, gan fod yr afon yn gwneud tro pedol rhwng dau fynydd, Sulphur Mountain a Tunnel Mountain. Yno mae ffynhonnau poeth sy'n tarddu o'r mynydd a dyna fu'r ysgogiad i sefydlu tref Banff. Tyfodd y dref, fel cyrchfan i ymwelwyr, dros yr afon i westy a spa enwog y Banff Springs Hotel.

O'r car, gwelai Mordred Dunn amlinell onglog a thal y gwesty, ar ei esgair uchel, wrth iddo nesáu at Banff. Yno, roedd y gyrrwr yn ei gludo i *suite* foethus a drudfawr y gŵr y bu Dunn yn ei wasanaethu ers ugain mlynedd. Gwyddai fod hwnnw'n dioddef cryn dipyn o'r gwynegon ac roedd dyfroedd y spa yn llesol iddo. Felly, treuliai ran helaeth o'r gaeaf yn Banff, fel pry copyn yng nghanol gwe fyd-eang o fusnesau. Nid gwe o gysylltiadau agored mohono, ond hugan drwchus a guddiai lawer o'i fentrau rhag llygaid busneslyd. Fe'u cuddiai oddi wrth gystadleuwyr busnes, wrth gwrs, ond yn achos nifer o'i fentrau, rhag awdurdodau busneslyd hefyd, a hynny mewn sawl gwlad.

Tri pherson yn unig fu'n ciniawa yn y *suite* breifat yn Banff y noson honno, a thrafodwyd sawl mater o bwys. Yn hwyr y nos, dros wydrau crwn o'r brandi gorau, gofynnwyd y cwestiwn:

"What's the situation in Wales now, Mr. Dunn?"

Rhoes Dunn grynodeb o hynt Cwmpas Cymru a'r

'problemau' a fu'n tarfu ar fisoedd cyntaf y cwmni a'i fuddsoddwyr cefnog. Roedd un o'r tri yn anesmwytho wrth wrando ar y llith ddigon di-fflach – Americanwr gydag acen un o daleithiau'r De. Rhoes ei big i mewn yn ddiamynedd.

"I don't know why we're wasting time on this two-bit country – if it is a country at all. All it ever had going for it, as far as I can see, was coal, and that's on its way out. So why are we spending good money trying to stymie a bunch of do-gooders in Wales who haven't a hope in hell anyway?"

Disgynnodd rhyw ddistawrwydd oeraidd dros y stafell wedi i'r Americanwr ddweud ei ddweud. Edrychodd Dunn i lawr ar y carped trwchus, ond trodd meistr y ddau ei wyneb main tuag at yr Americanwr, â'i drem fel y rhew ar y ffenest.

"There are things involved here that you know nothing about – things you don't need to know. The Welsh business is my concern and mine alone. I want this Timeline Wales outfit comprehensively fucked, whatever it takes – wiped clean off the map! And I want it done without putting ourselves in the limelight. Now, in the unlikely event I need an input from you, I'll expect to get it without any questions. Are we clear about that?"

Nodiodd yr Americanwr yn dawel, â'i hunanhyder arferol wedi simsanu. Gan ddal i syllu ar y carped, sylweddolodd Dunn mai ef, mae'n debyg, oedd yr unig un yn y we ddyrys o gwmnïau, heblaw am y pennaeth ei hun, a wyddai'n union pam bod dinistrio Cwmpas Cymru mor bwysig i'w feistr.

Estynnodd yr Americanwr sigledig am y brandi, a throes y trafod at faterion cwmnïau eraill, ymhell o Gymru.

Pennod 17

Ionawr – Mawrth 1987

Dechreuodd y flwyddyn newydd yn addawol iawn i Gwmpas Cymru. Cynhaliwyd cyngerdd Tyddewi am yr eildro ar noson yr Hen Galan, a bu'n llwyddiant ysgubol. Cafodd sylw neilltuol gan y cyfryngau Cymreig oherwydd y tarfu a fu yno'r tro cynt ac roedd yr ymateb ffafriol yn galondid i'r cwmni cyfan. Rheswm arall dros y sylw cyfryngol oedd presenoldeb Syr Edwin Cradock yn y gynulleidfa. Teithiodd i Dyddewi gydag Olwen o'i blasty gwledig yn Nyffryn Teifi, a gwnaeth araith fer yn amlinellu egwyddorion Cwmpas Cymru a dyletswydd byd busnes i hybu lles y gymuned ehangach.

Yn y Farmers, wedi'r cyngerdd, cafodd Syr Edwin fwynhad yn adrodd storïau am ei ddyddiau cynnar wrth dîm ifanc Cwmpas Cymru. Wedi sôn yn hwyliog am ei ieuenctid yng Ngheinewydd, adroddodd hanesyn pur wahanol am ei gyfnod yn Burma yn ystod yr Ail Ryfel Byd, yn Lefftenant yng nghatrawd y South Wales Borderers.

"Er mor ofnadwy oedd yr ymladd yn y jyngl, un peth wy'n dal i gofio, yw'r bachan ifanc, 'Ewropead' hwnnw o'dd yn gwitho i'r Japaneaid yn Mandalay. Ro'dd e'n berchen *plantation* rwber, ond fe ro's y Japs e'n gyfrifol am redeg *labour camp* mawr. Ro'dd e'n trin y gweithwyr mor greulon nes na'th cannoedd ohonyn nhw farw. Fe weles i'r bedde – rhesi hir ohonyn nhw o dan y co'd. Cofio'i enw fe o hyd – Jan de Groot. Fi arestodd y diawl a pan adawes i Mandalay, ro'dd e yn y jâl, ond fe glywes i wedyn 'i fod e wedi galler dihengyd."

Tawelodd pawb o glywed y stori honno, a chanodd Syr Edwin yn iach i'r criw yn fuan wedyn, gan adael rhyw dawch o sobrwydd ar ei ôl.

* * *

Wrth i fis Ionawr ddirwyn i ben, casglodd cymylau newydd uwchben Tŵr Dewi.

Un o strategaethau Cwmpas Cymru oedd noddi ymdrechion lleol i wella neu ddatblygu adnoddau cyhoeddus. Roedd grŵp menter lleol wedi prynu darn o dir ar gyrion tref fechan Llangethin ym Mhowys – yng nghefn gwlad yr hen Sir Faesyfed. Y nod oedd codi canolfan chwaraeon a phwll nofio ar y tir. Cawsant ganiatâd cynllunio i'r gwaith, ond yna bu prinder arian yn rhwystr. Ymhen rhai misoedd daeth Cwmpas Cymru i'r adwy, a rhoddwyd nawdd hael i'r prosiect. Wedi dewis contractwr, a dechrau ar y gwaith o glirio'r safle, darganfu arolwg amgylcheddol manwl bod lefelau uchel o halogiad yn y llain tir. Cafwyd dwysedd sylweddol o gadmiwm a phlwm yno, a bu'n rhaid atal pob gwaith tra byddai archwiliadau pellach ar y gweill.

Mae cadmiwm yn bodoli'n naturiol yn yr amgylchfyd; ac fe aiff lefelau isel ohono'n aml i gyflenwadau dŵr, i'r gadwyn fwyd a hyd yn oed i'r aer, mewn gronynnau anweledig. Ond, roedd y lefelau ar y safle hwn yn Llangethin yn gwbl annaturiol ac yn beryglus o uchel. Fel arfer, gellid priodoli hynny i waith toddi mwynau diwydiannol megis haearn; ond ni fu gweithfeydd metel erioed ar gyfyl y dref. Yr un modd gyda'r lefel uchel o blwm. Fe gawsai plwm ei gloddio ym mryniau Powys ers canrifoedd ac yn ucheldir Cymru benbaladr. Ond tref ar lawr dyffryn oedd Llangethin ac ni fu gwaith plwm yn agos i'r lle erioed. Heidiodd Arolygwyr Mwynau yr awdurdod cynllunio sirol, y Comisiwn Cefn Gwlad a swyddogion Adran Amgylchedd y llywodraeth i'r safle.

Tua'r adeg yma, galwodd Wayne Griffiths o'r Comisiwn Cefn Gwlad yn swyddfa Cwmpas Cymru, i gael sgwrs efo Rhys Gruffydd am y cynllun profiad gwaith oedd ar fin cychwyn. Byddai pedwar o bobl ifanc yn cael profiad gwaith noddedig gyda'r Comisiwn ar ôl gwyliau'r Pasg, trwy nawdd Cwmpas Cymru. Ar ôl y Pasg, byddai deg ar hugain o bobl ifanc ar gynlluniau profiad gwaith cyffelyb ledled Cymru. Wedi'r sgwrs busnes efo Rhys a Jill, mynegodd Wayne ei bryder ynglŷn â'r trafferthion yn Llangethin.

"Mae 'na rwbath od ar y diawl ynglŷn â'r busnas," meddai dros baned o goffi. "Mae'r *concentration* mor uchel mi fasach chi'n meddwl bod yna ffowndri neu *smelter* mawr wedi bod ar waith yno. Ond mae hi'n amlwg i bawb na fuo dim byd o'r fath yn Llangethin erioed. Mi roedd 'no hen warws wlân ar y tir ers talwm ac mi fuo'r lle yn ganolfan i'r Home Guard yn ystod y rhyfel, ond mae o wedi bod yn wag ers hynny. Pan brynodd Antur Cethin y lle, dim ond walia'r warws oedd yn sefyll, a chae glas oedd gweddill y tir."

"Be ydi barn yr arbenigwyr, felly?" gofynnodd Rhys.

"Mae'r *inspectors* yn deud na fedran nhw ddim esbonio'r peth o gwbl. Ond mi ofynnodd swyddog cynllunio'r cyngor sir oedd o'n bosib bod rhywun wedi gwenwyno'r safle yn fwriadol. Ysgwyd 'u penna wnaeth yr *inspectors*, ond mi ddeudon nhw eu bod nhw'n dal i wneud profion manwl ar y tir. Mi ddwedodd Richard Stroud, yn blwmp ac yn blaen fod yna 'deliberate and malicious disruption' wedi bod ar nifer o'ch cynllunia chi, a bod perig i rywun gael niwed pe bai o'n parhau."

* * *

Yn y flwyddyn newydd hefyd gwnaeth Rhys a Lynne gynnig i brynu'r tŷ a welsant ym Mhontypridd a rhoesant eu cartref yn Arfon ar werth, er cael rhybudd amserol gan y gwerthwr tai yn ei swyddfa yng Nghaernarfon.

"Cofiwch na fydd eich tŷ chi yn gwerthu mor handi ag ydi tai yn Pontypridd. Am fod y dre'n agos i Gaerdydd, mae'r farchnad yn hollol wahanol yno. Da chi, peidiwch â meddwl cymryd *bridging loan* i brynu tŷ cyn gwerthu'ch tŷ yn Tregraig. Mi allasa hynny gostio ffortiwn i chi."

Pur anaml y byddai Rhys yn cwrdd â Chriw Cwmpas bellach. Ym mis Ionawr, roedd Gwenan Briggs wedi anfon detholiad at Rhys o ryw ugain disgrifiad gan Elis Gruffydd o leoliadau y bu'r hen filwr yn ymweld â nhw ar ei daith yn 1525.

Drafftiodd Rhys a Jill sgript fras ar gyfer ymweliadau ag ysgolion uwchradd gan Griw Cwmpas, yn cynnwys canu hen benillion, dawnsio gwerin a deialogau'n seiliedig ar ddisgrifiadau Elis Gruffydd, yn ogystal â chwarae rhai o gemau'r cyfnod. Trefnodd Dave i'r ymarferion gael eu cynnal yn ysgoldy Capel y Tabernacl yn yr Aes.

"Gad iddyn nhw witho ar y sgript 'u hunen, Rhys," meddai Dave. "Nhw yw'r 'Professionals', wedi'r cwbwl. Fe gei di ddod i weld yr *outing* cynta, yn Ysgol Glan Taf."

Bodlonodd Rhys ar hynny. Roedd ei lwyth gwaith yntau, o ran materion eraill, yn llenwi ei wythnos, beth bynnag. Cafodd Rhys a Jill eu plesio gan y cynhyrchiad gorffenedig ac ymwelodd y tîm â dwsin o ysgolion uwchradd, Cymraeg a Saesneg, o fewn cyrraedd diwrnod o Gaerdydd. Câi taith helaethach, i sawl cwr o Gymru ei chynllunio ar gyfer tymor yr haf, a byddai cryn waith trefnu ar gyfer y daith honno.

Os oedd Dave wedi cynllwynio'n ymwybodol i gadw Rhys a

Gwenno ar wahân, fe aeth ei drefniant yn ffliwt un prynhawn Gwener yng nghanol mis Mawrth. Bu'n ddiwrnod rhynllyd eithriadol ac o ddegfed llawr Tŵr Dewi, gellid gweld cymylau melynddu'n cuchio uwchben y Bannau. Erbyn y prynhawn, roedd ambell i bluen ddieithr o eira'n disgyn yn feiddgar ar strydoedd Caerdydd. Wrth ei ddesg yn y swyddfa roedd Rhys, pan welodd Gwenno'n dod heibio'r desgiau o'r dderbynfa, a'i sach cefn dros ei hysgwydd. Cododd Jill i'w chyfarch, ond yn syth at ddesg Rhys yr aeth hi â'i gwynt yn ei dwrn.

"Rhys – wyt ti'n mynd adra heno?" gofynnodd, a golwg daer a phryderus ar ei hwyneb.

"Ydw, pam, be sy?"

"Mam sy newydd ffonio. Mae Dad wedi cael ei daro'n wael. Maen nhw'n mynd â fo i'r ysbyty ym Mangor mewn ambiwlans. Plis, fedra i gael lifft efo chdi i Gaernarfon? Mae Deio 'mrawd yn deud y daw o i'n cyfarfod ni yno a mynd â fi i Fangor i weld Dad."

Gwyddai Rhys y byddai'r daith ar y trên, trwy'r gororau, gan aros mewn gorsaf ar ôl gorsaf, heb sôn am newid trenau, yn araf a thrafferthus. Cytunodd ar unwaith ac edrychodd ar ei wats. Roedd hi eisoes yn bedwar o'r gloch. Cododd Rhys o'i ddesg a throi at Jill, a oedd wrthi'n cysuro Gwenno.

"Jill, plis wnei di roi neges i Richard 'mod i'n gadael ychydig yn gynt heddiw. Gwell inni gychwyn rŵan, rhag ofn y daw hi'n eira mawr."

Gwyddai Jill fod Rhys yn dod i'r gwaith bob bore Gwener â'i gês yng nghist ei gar, yn barod am y daith adref. Roedd sach cefn Gwenno'n arwydd ei bod hithau'n barod i fynd hefyd. Felly, prysurodd y ddau allan, a Rhys yn canu'n iach i'w gydweithwyr tan fore Llun.

Roedd yr eira'n pluo'n fras ac yn gyflym wrth i'r Allegro

yrru allan o'r ddinas. Wrth fynd heibio Tongwynlais a Phontypridd, sylwodd y ddau ei fod yn sefyll yn haenen lefn o boptu yr A470. Wedi gadael Merthyr a Chefncoedycymer, roedd yn prysur garpedu'r briffordd hefyd. Gorweddai'n bur drwchus wrth i Rhys a Gwenno fynd heibio cronfeydd dŵr Llwyn Onn a'r Cantref, gan ddyfnhau'n gyflym wrth i'r tir godi o filltir i filltir tuag at foelydd Bannau Brycheiniog.

Sylwodd Rhys fod yr eira'n clapio ac yn rhewi'n gyflym, yn hytrach na gorwedd yn garped meddal. Brathai'r oerni fwyfwy oddi mewn i'r car, yn drech na gwresogydd gwanllyd yr Allegro. Yn ffodus, roedd Rhys a Gwenno'n gwisgo cotiau cynnes, a thynnodd Gwenno sgarff a menig o'i sach cefn.

Cwta naw milltir o daith oedd hi o ffin ddeheuol Parc Cenedlaethol y Bannau, ger Cefncoedycymer, hyd at y ganolfan awyr agored yn yr hen Storey Arms. Oddi yno, byddai'r ffordd yn disgyn yn raddol o'r ucheldir, i lawr Glyn Tarell, tuag at bentref Libanus. Ond rhwng y ddau begwn, roedd y tir o dan drem copaon cawraidd y Fan Fawr, Craig Gwaun Taf, Craig Fan-ddu ac yn goron ar y cwbl, Pen-y-Fan, bron i dair mil o droedfeddi o uchder, gyda'i hefeilles, y Corn Du, prin ddau gan troedfedd yn llai. Yma roedd y storm eira ar ei dwysaf.

Yng nghanol y ddrycin, â'r eira bellach yn gorchuddio wyneb y ffordd yn llwyr, roedd naw milltir pur ddiflas o'u blaenau. Sglefriai'r car yn aml, gan fod yr eira'n prysur droi'n grystyn caled wrth i'r tymheredd blymio. Yn sydyn, rhoes y car dro gwyllt ar ganol y ffordd a llithro mewn cylch yn yr eira ac i mewn i'r ffos. Safodd yn ansicr, ar oleddf serth a hynny ar ymyl cronfa ddŵr fawr y Bannau. Doedd dim anaf na difrod, ond cafodd Gwenno a Rhys dipyn o ysgytwad.

"Wyt ti'n iawn?" gofynnodd Rhys.

"Ydw, ond mi fydd yn dipyn o job dŵad allan 'rochor yma."

Roedd yr ochr lle eisteddai Gwenno yn goleddfu uwchben y ffos ac islaw honno roedd llechwedd bellach yn arwain at y gronfa ddŵr.

"Mi gei di ddod allan f'ochor i."

Agorodd Rhys ei wregys diogelwch a drws y gyrrwr a symudodd ei sedd ei hun yn ôl cyn belled ag y medrai o'r llyw.

"Agor ditha dy felt. Rŵan symuda'n ara' deg ata i. Dringa drosta i ar dy benna glinia ac allan drwy'r drws."

Agorodd Gwenno'i cheg i ddadlau, ond ni chafodd yngan gair.

"Gwranda, os symuda i gynta, mi alla'r newid yn y pwysa wneud i'r car lithro i lawr yr ochor. Dyma'r ffordd saffa i ti adael y car."

Bustachodd Gwenno allan, a disgyn ar ei phedwar ar yr eira. Yn betrusgar iawn, dringodd Rhys allan ar ei hôl. Er iddo siglo rhywfaint, arhosodd y car yn ei unfan.

Safodd y ddau yn fud am funud wrth ochr y car. Yna rhoes Gwenno wên.

"Diolch am awgrymu 'mod i'n pwyso tunnell."

Llwyddodd Rhys i wenu hefyd. Meddai'n bryfoclyd:

"Tric i dy gael di ar 'y nglin i oedd o."

Chwarddodd Gwenno a rhoi pwniad i Rhys ar ei fraich. "Rhys!! Dim dyma'r amser na'r lle i hynna!"

Bu ennyd fer o ansicrwydd, fel petai neges y tynnu coes wedi taro deg yn sydyn ac roedd Rhys, o leiaf, yn dyfalu a fyddai "amser a lle" go iawn yn ymddangos. Edrychodd y ddau i fyny ac i lawr y ffordd, er mai dim ond y ffos ac ymyl y gronfa ddŵr oedd i'w gweld, gan fod y briffordd ei hunan wedi diflannu'n llwyr o dan yr eira.

"Does dim iws inni gychwyn cerddad," meddai Rhys. "Rydan ni'n rhy bell o bob man i gael help. Falla y daw 'na gar arall heibio yn y man."

Er y geiriau hyderus, gwyddai'r ddau mai breuddwyd gwrach oedd hynny. Ni welsant gerbyd arall ers hydoedd. Agorodd Rhys ddrws cefn y car yn bwyllog ac estyn ei sgarff a'i fenig. Tynnodd sach cefn Gwenno allan hefyd, rhag ofn y deuai rhyw fan neu gar o rywle. Aeth draw at gist y car a'i hagor.

"Hwda," meddai wrth Gwenno.

Carthen wlân drwchus oedd ganddo, cyfarpar sawl picnic hafaidd efo Lynne a'r plant.

"Lapia honna amdanat."

"Y peth gora fasa'i lapio hi am y ddau ohonan ni," meddai Gwenno'n bendant. "Mi helpith ni osgoi hypothermia, am ryw hyd, beth bynnag."

"Taswn i'n gallu sleidio'r car yma yn ôl ar y lôn, mi fasan ni'n medru swatio tu mewn. Mi fydda gwell siawns gynnon ni gadw rhag fferru. Ond dydi'r car ddim yn saff lle mae o."

"Beth am inni'n dau roi cynnig arni?" meddai Gwenno.

Safodd y ddau ar lechwedd y ffos gan geisio gwthio'r car am yn ôl. Ond roedd eu traed yn sglefrio'n afreolus oddi tanynt, a'r car yn bygwth llithro ymhellach o'u gafael. Y posibilrwydd hwnnw hefyd a ddarbwyllodd Rhys rhag tanio'r injan a cheisio'i yrru i ddiogelwch.

Wrth iddynt oeri fwy a mwy, closiodd y ddau yn dynn at ei gilydd, a lapio'r garthen amdanynt. Clymodd Gwenno ddwy o gorneli'r garthen am eu gyddfau, mewn ymgais i gadw'r oerni allan. Cofiai, pan oedd hi a'i ffrindiau'n blant ac yn mynd allan i chwarae yn yr eira, y byddai ei mam yn cau'r sgarff wlanog yn dynn, gan ddweud:

"Mae isio cadw'r oerfel o dwll dy wddw."

Gwasgodd y ddau yn glos o dan y garthen, yn y mymryn cysgod a geid gan y car. Er y gwyddai'n dda fod eu sefyllfa'n nesáu at fod yn argyfyngus, ni allai Rhys beidio â theimlo rhyw ias a chyffro, nad oedd a wnelo ddim oll â'r oerni, wrth iddo deimlo agosrwydd corff Gwenno. Wrth i rywfaint o gynhesrwydd eu cyrff hydreiddio drwy drwch eu dillad, daeth Gwenno yn ymwybodol o'r trydan yn mud wefru wrth ei hochr. Yn dawel iawn, prin y gellid ei chlywed uwch sŵn y gwynt, meddai, heb edrych ar Rhys:

"Wna i byth gysgu efo chdi, Rhys. Dwi'n dy lecio di'n arw, cofia. Meddwl am Lynne a'r plant ydw i. Dydw i ddim am fod y ferch a chwalodd ych priodas chi. Fedrwn i byth faddau i mi fy hun am hynny."

Wrth glywed y geiriau pwyllog, teimlai Rhys bwl o euogrwydd ym mhwll ei stumog. Daeth Lynne a'r plant a'r cartref cynnes yn Nhregraig i flaen ei feddwl ar amrantiad a rhewi ei deimladau. Ni thorrwyd yr un gair wedyn am hydoedd.

Wrth gysgodi yn ymyl y car, teimlai fel petai oriau maith wedi mynd heibio, er mai rhyw awr a fu, mewn gwirionedd. Serch hynny, roedd yr eira'n pentyrru o gwmpas traed a fferau'r ddau, a hwythau ond yn gwisgo esgidiau cyffredin. Yna, yn sydyn, clywsant sŵn rhygnu rhyw fath o beiriant yn nesáu trwy'r heth – lori fawr yn lliwiau *camouflage* y Fyddin, ac arhosodd wrth eu hymyl. Neidiodd swyddog ifanc o'r cerbyd a gwaeddodd ar y bechgyn yng nghefn y lori.

"Out here, lads. Jump to it!"

Ymddangosodd rhyw ddeuddeg o lanciau yn lifrau'r Fyddin

o gefn y lori a gwelsant y car a'i deithwyr rhynllyd. Troes y swyddog at Rhys a Gwenno.

"Get in the cab to warm up, both of you. The engine's running. We'll get your car back on the road, won't we, lads?"

Cafwyd bonllef hwyliog gan y milwyr ifanc, a rhuthrodd pawb at y car.

"As you were!" lleisiodd y swyddog yn awdurdodol. "What's the best way of doing this? The car's perched at forty-five degrees or more. If you're not careful it'll slip and go arse over tit into the lake!"

Awgrymodd un o'r llanciau glymu rhaffau wrth yr Allegro a'i lusgo i ddiogelwch gyda phŵer y lori. Rhuthrodd dau i nôl rhaffau o grombil y lori, a'u rhwymo'n driphlyg rhwng cefn y car a bympar blaen y lori. Yna, gofynnodd y swyddog beth arall y byddai'n rhaid ei wneud.

"Gears and handbrake, sir!" gwaeddodd un.

"Very good, Gibson. Slowly and carefully, then, lean into the car – don't bloody climb in or we'll be calling for the divers! Check if the gears are in neutral and then release the handbrake. Peters and Evans, hold on to his webbing."

Roedd y car mewn gêr isel. Rhoesai Rhys ef mewn gêr i'w atal rhag rowlio i waelod y ffos. Defnyddiodd y milwr ifanc ei law dde i wasgu'r *clutch* a'i law chwith i ryddhau'r gêr. Yna gollyngodd y brêc-llaw. Daliodd y lleill y car yn gadarn rhag iddo redeg wrth gael ei ollwng. Modfeddi'n unig a symudodd, a llusgwyd y llanc allan wysg ei gefn gan ddau gyfaill. Ymhen munudau roedd y lori bwerus wedi tynnu'r Allegro yn ôl i'r ffordd, gyda'r milwyr yn ei sadio â'u dwylo cryfion rhag iddo sglefrio'n ddireol. Roedd eu hesgidiau mynydd hwythau o gymorth rhag iddynt lithro.

Diolchodd Rhys a Gwenno i'r criw ifanc a chawsant sgwrs gyda'r swyddog cyn ailgychwyn ar eu taith. Cadetiaid o dan hyfforddiant o wersyll y Fyddin ym Mhontsenni oedd y sgwad. Y bwriad gwreiddiol oedd taith gerdded ar un o lwybrau'r Bannau, ond pan ddaeth yr eira yn ei nerth rhoed y gorau i'r cynllun hwnnw.

"Lucky for us you came by when you did," meddai Gwenno. "Another hour and we'd have been a couple of snowmen."

Nid atebodd y Lefftenant, dim ond meddwl y buasai'r ddau yn farw gelain erbyn y bore. Cynigiodd Rhys arian tuag at gronfa hamdden y gwersyll, ond gwrthododd y Lefftenant.

"Your taxes are paying for this. My lads have had a pretty useful exercise today, and a bit of a story to tell their mates at home. Anyway, have a safe journey onwards. It might be a good idea to stay overnight in Brecon and try for the North again tomorrow."

Esboniodd Gwenno am waeledd ei thad, a nodiodd y swyddog.

"You can follow our tracks now as far as Brecon, before we turn off for Sennybridge. Good luck on the rest of the journey!"

Wedi canu cyrn yn swnllyd wrth ffarwelio â'r sgwad ar gylchfan yr A470 a'r A40, ger Aberhonddu, penderfynodd Rhys a Gwenno fynd yn eu blaenau. Cymerwyd seibiant yn y dref i fynd i doiled mewn un o'r tafarnau a chael potiaid o goffi poeth. Ffoniodd Gwenno ei brawd i'w rybuddio y byddai'n hwyr iawn, a rhoes Rhys ganiad i Lynne gyda'r un genadwri. Cafodd Gwenno ei chalonogi gan ei brawd. Doedd cyflwr ei thad ddim cynddrwg ag a dybiwyd ac roedd yn bosib na fyddai angen llawdriniaeth arno.

Eira a mwy o eira fu hanes eu siwrnai yr holl ffordd i Gaernarfon, ond doedd o ddim mor drwm â'r heth enbyd ar y Bannau. Bu'n rhaid iddynt deithio yn eithaf pwyllog rhwng Llanidloes a Llanbrynmair ac wedyn ar y gwastad digysgod ym Meirionnydd, rhwng Coed y Brenin a Thrawsfynydd.

Yn fuan wedi ailgychwyn eu siwrnai o Aberhonddu, mentrodd Rhys dorri'r garw ynglŷn â datganiad Gwenno ar y Bannau.

"Roedda chdi yn llygad dy le, Gwenno. Dwi wedi bod isio chdi, torri 'mol isio chdi, a deud y gwir. Diolch am ddeud be ddeudist ti. Chdi sy'n iawn. Efo Lynne a'r plant ma fy lle i. Chei di ddim lol gen i byth eto, beth bynnag. Cydweithwyr a ffrindia fyddwn ni o hyn allan a dim byd mwy."

Dim ond un gair a ddywedodd Gwenno. Estynnodd ei dwrn a rhoi pwniad ysgafn i fraich Rhys a dweud, "Mêts."

Wedi hynny, bu'r ddau yn trafod y waredigaeth a gawsant gan y llanciau ifanc ar y Bannau. Roedd parodrwydd eu cymorth ac arweiniad medrus y swyddog wedi gwneud cryn argraff arnynt.

"Wyddwn i ddim fod yna ganolfan gan y Fyddin ym Mhontsenni," meddai Gwenno.

"Dim canolfan i gatrawd neilltuol ydi hi," atebodd Rhys. "Mae hi'n ganolfan hyfforddi ar gyfer unedau milwrol o bob math: sgiliau mynydd, ymladd a thrin arfau, goroesi mewn llefydd anial. Maen nhw'n mynd â sgwadia allan ar y Bannau'n aml iawn."

"Anial ydi'r gair," meddai Gwenno. "Rydw i wedi cerddad lot yn Eryri, ond mae natur y Bannau'n wahanol, rhywsut."

"Mi fuo Lynne a finna ar gopa Pen-y-Fan flynyddoedd yn ôl. Ar ddiwrnod o haf, mae'r golygfeydd yn fendigedig. Ond dim heddiw! 'Gwell aelwyd na heol'..."

Aeth Rhys ymlaen i sôn am y meysydd tanio enfawr rai milltiroedd i'r gogledd o Bontsenni.

"Glywist ti erioed am helynt Mynydd Epynt?"

"Do, teuluoedd yn cael eu troi o'u ffermydd i wneud lle i'r Fyddin..." Cyn gorffen ei brawddeg ei hun, agorodd Gwenno ei llygaid led y pen. "Fan'na oedd o? Lle mae canolfan hyfforddi'r hogia 'na?"

Ysgydwodd Rhys ei ben.

"Dim ym Mhontsenni, ond yn ddigon agos. Mi gafodd rhyw bedwar cant o bobol eu troi o'u cartrefi ar Fynydd Epynt – ffermwyr mynydd oedd y rhan fwya, yn 1940. Mi gafodd miloedd o aceri eu troi yn feysydd tanio ar gyfer y Fyddin. Cymuned Gymraeg – yr ardal Gymreicia yn Sir Frycheiniog, meddan nhw."

"Dwi'n cofio gweld rhaglen deledu ar yr achos a hen wraig yn deud yn llawn anobaith: 'Mae'n ddiwedd byd yma.'"

"Do, wrth Iorwerth Peate, pennaeth Sain Ffagan wedyn. Erbyn hyn, mynydd Epynt ydi un o'r meysydd tanio ac ymarfer mwya ym Mhrydain, yn ôl y sôn."

Llanwodd y sgwrs ran helaeth o'r amser yn ystod gweddill y siwrnai ac ysgafnhaodd hynny gryn dipyn ar ysbryd Gwenno. Pan adawodd hithau'r Allegro ar Faes Caernarfon i ymuno â'i brawd, bu'n gryn ymdrech iddi rhag ildio i'w greddf a rhoi cusan i Rhys, ond bodlonodd ar ei gofleidio'n gynnes cyn ymadael.

* * *

Potel ddŵr poeth a photiaid o de fu croeso cyntaf Lynne pan gyrhaeddodd Rhys adref. Roedd hi ymhell wedi hanner nos ac roedd Eifion a Ffion yn eu gwelyau ers meitin. Adroddodd

Rhys hanes y daith yn fanwl, yn enwedig ymddangosiad ffodus y milwyr ifanc.

"Lwc mul, neu ragluniaeth! Oni bai iddyn nhw ddŵad mi fasan ni wedi gorfod mentro mynd yn ôl i'r car, a thanio'r injan i gael gwres. Ond fydda hynny ddim wedi para'n hir. Sefyllfa go ddyrys."

Gwrandawodd Lynne mewn sobrwydd, gan glosio at Rhys ar y soffa, yn ôl arfer nosweithiau Gwener ers misoedd bellach. Holodd ynglŷn â thad Gwenno, a dywedodd Rhys yr hyn a glywsai gan Deio, brawd Gwenno, ar Faes Caernarfon.

"Cerrig yn y bledren maen nhw'n meddwl sydd arno fo, yn ôl Deio. Ond roedd y cradur yn ei ddybla mewn poen ganol pnawn."

Myfyriodd Lynne am funud go dawel, wrth i Rhys dywallt mwy o de iddo'i hun.

"Rwyt ti a Gwenno'n dipyn o ffrindia, yn tydach?" gofynnodd mewn islais.

Anesmwythodd Rhys, ond atebodd ar unwaith.

"Wel, rydan ni wedi gweithio lot efo'n gilydd, ers mis Medi."

Bu saib hirach y tro hwn.

"Wyt ti'n ffansïo hi, Rhys?"

Trawyd Rhys yn fud am funud.

"Plis paid â deud celwydd wrtha i. Mae gynnon ni ormod i'w golli."

Cymerodd Rhys anadl ddofn.

"Ôl reit, mae 'na atyniad wedi bod rhyngddon ni. Ar fy rhan i, beth bynnag."

"Oes 'na rwbath wedi digwydd? Ydach chi wedi bod yn caru?"

Ysgydwodd Rhys ei ben, a throi i edrych i fyw llygaid Lynne.

"Naddo, Lynne. Dim ffasiwn beth. Mi gawson ni gusan unwaith – yn y car ar ôl imi ei danfon hi adra. Noson y strach yn Nhyddewi oedd hynny."

"Wyt ti wedi bod yn mynd â hi lot yn y car?"

"Rhyw bedair neu bum gwaith, heblaw am heddiw – i Dyddewi efo dau arall o'r criw a thridia yn Tre-tŵr pan oedd y sioe ysgolion yno. Roedd Jill efo ni yn fanno hefyd."

Bu tawelwch rhwng y ddau wedyn.

"Oeddwn, mi ro'n i wedi'i ffansïo hi. Ffantasi dyn deugain oed, mae'n debyg. Ond. ddaru dim byd ddigwydd, Lynne – heblaw am yr un gusan 'na. A wneith dim byd ddigwydd eto chwaith. Chdi ydi'r unig un i mi – ti'n gwybod hynny."

Tawelwch eto. Yna ychwanegodd Rhys:

"Dwi'n sori 'mod i wedi dy frifo di. Chei di ddim achos i boeni eto. Chdi a'r plant sy'n bwysig i mi."

Aeth y ddau i'r gwely yn llesg ac yn dawedog y noson honno. Yn nhywyllwch y llofft, â Rhys mewn trwmgwsg, ni allai Lynne lai na mynd dros y cyfan yn ei meddwl. "Ffantasi dyn deugain oed," meddai Rhys. Roedd hithau bron iawn yn ddeugain oed, a rhyw bump ar hugain oedd Gwenno. Ai dyna oedd yr atyniad i Rhys? Cymryd ffansi at hogan flynyddoedd yn iau nag o ac yn iau na hithau hefyd!

Teimlai Lynne bod y dyfodol, rhywsut, yn fwy ansicr nag y bu erioed, ers iddynt briodi.

PENNOD 18

11 Mai 1987

Tywynnai heulwen Mai ar lendid y bore wrth i'r Allegro glas yrru trwy fwynder Maldwyn. Roedd Rhys ar ei ffordd trwy'r dyffryn coediog i'r de o Langurig, a dail y coed yn berlog gan wlith y bore. Bu newid yn ei batrwm wythnosol erbyn hyn. Yn hytrach na theithio i Gaerdydd ar brynhawn Sul, byddai'n gwneud y daith yn gynnar ar fore Llun. Richard Stroud oedd wedi rhoi gorchymyn iddo, mwy neu lai, i newid ei arferiad.

"Mae teulu'n bwysicach na dim, Rhys. Bydd yn iawn 'da fi os byddwch chi'n cyrraedd Caerdydd fore Llun erbyn hanner dydd. Do's neb yn rhoi mwy o'i amser i Gwmpas Cymru na chi, ta beth."

Yn sicr, bu'r newid yn fendith. Daeth y Sul yn ddiwrnod llawn i'r teulu cyfan, a gallai yntau, Lynne a'r plant alw draw i weld perthnasau a ffrindiau a fu'n bur ddieithr ers misoedd. Roedd perthynas Rhys a Lynne yn ôl ar y gwastad, wedi'r anghydfod ynglŷn â Gwenno, noson yr eira mawr. Bodlonwyd Lynne gan onestrwydd cyfaddefiad Rhys. Prin, meddai hithau wrthi ei hun, bod un gusan yn garwriaeth danbaid. Ar y llaw arall, pylodd y gobaith o allu symud cartref yn fuan i Gaerdydd. Cafodd y tŷ ym Mhontypridd, oedd wedi eu denu, ei werthu cyn diwedd Chwefror. Dim ond dau gwpwl a fu'n gweld eu tŷ nhw, a doedd neb wedi cynnig pris hyd yn hyn. Roedd Rhys wedi gadael y tŷ gwely a brecwast ar Heol Cyfarthfa ac roedd bellach yn rhentu fflat ym Mhenylan.

Heddiw, â mis Mai yn ei ogoniant, roedd cychwyn ei daith ar hyd ffyrdd tawel am chwech o'r gloch y bore bron yn fwynhad i Rhys. Câi gyfle ar y siwrnai hir i gloriannu gwaith yr wythnos flaenorol – y prosiectau oedd eisoes ar waith a'r cynlluniau oedd yn yr arfaeth. Fel y rhybuddiwyd ef gan sawl un, roedd ei swydd wedi tyfu fel coeden â pheth wmbredd o'r canghennau'n blaguro ar yr un pryd.

Gallai ymfalchïo fod y cynllun 'profiad gwaith' yn datblygu'n dda. Roedd mwy na deugain o bobl ifanc ar leoliadau gwaith gydag asiantaethau gwirfoddol a chwmnïau bychain lleol, a hynny trwy Gymru gyfan. Bu Rhys yn ymweld â nifer ohonynt ers y Pasg, a gobeithiai ymweld â'r cyfan erbyn mis Mehefin.

Doedd pethau ddim yn gweithio cystal yn Llangethin. Golygai'r gost aruthrol a'r oedi hir – rhyw chwe mis i glirio'r elfennau gwenwynig o'r tir – fod perig na châi'r cynllun ei wireddu am flwyddyn neu fwy. O leiaf, roedd yr asiantaethau'n gytûn erbyn hyn mai ei halogi'n fwriadol a gawsai'r safle. Doedd y gwenwyn ddim wedi treiddio'n ddwfn iawn, nac wedi gwenwyno lefel trwythiad y tir – y *water table* – a fyddai wedi peri i'r drwg ymledu a pheryglu rhan helaeth o'r dref.

Ni welsai Rhys aelodau Criw Cwmpas ers wythnosau. Roedden nhw ar ganol taith o gwmpas ysgolion uwchradd y wlad gyda'u rhaglen 'Gwalia gydag Elis / On the Road with Elis Gruffydd'. Adain warcheidiol Dave Evans oedd yn gofalu amdanyn nhw ar y daith.

Ym mis Ebrill cynhaliwyd cyfarfod cyntaf pwyllgor ymgynghorol y sector addysg y bu Richard a Rhys yn ei gynllunio. Ni allai Rhys anghofio am yr ymgyrch i lesteirio gwaith Cwmpas Cymru – er na fu ymgais i darfu ar unrhyw achlysur cyhoeddus ers mis Rhagfyr. Pryder pennaf Rhys oedd y gallasai damwain ddigwydd i un o'r bobl ifanc ar un o'r cynlluniau 'profiad gwaith'. Felly, drafftiodd amodau tyn iawn ar gyfer goruchwylio y bobl ifanc hynny yng nghytundebau'r cynllun ac roedd adran gyfreithiol Cwmpas Cymru wedi gwirio'r contractau yn drylwyr. Cyllid Cwmpas Cymru, wrth gwrs, oedd yn ariannu'r cynllun.

Sleifiai'r wlad heibio wrth iddo groesi'r ffin anweledig rhwng Maesyfed a Brycheiniog, gydag enwau'n gyforiog o "flas y cynfyd" ar bob cwr: Llanfaredd, Aberedw, Cwrt Gwenddwr, Erwyd, Crucadarn, Bochrwyd, Llyswen a Llandyfalle. Ffurfiau Saesneg a welai ar yr arwyddion, yn aml, ond roedd Cymreictod yr enwau yn ymwthio i'r clyw wrth eu hynganu.

Wrth iddo nesáu at ben ei daith, troes ei feddwl at y prosiect diweddaraf i gael gwynt i'w hwyliau. Yn ystod y gaeaf bu Dave ac yntau'n gweld cwmni opera teithiol yn perfformio ym Mryste. Cwmni bychan, ifanc oedd hwn, gydag wyth o gantorion a saith o offerynwyr, o'r enw People's Opera. Roedden nhw'n mynd â'u cynyrchiadau i neuaddau a theatrau bychan, na allai lwyfannu cynhyrchiad mawr, gan mai syml a hyblyg oedd y set a'r offer. Y cynhyrchiad a welsai Rhys a Dave oedd *The Threepenny Opera*, fersiwn Saesneg o waith Berthold Brecht a Kurt Weill – dau Sosialydd o argyhoeddiad. Hanes gangster yn Llundain, o'r enw Macheath, yw stori'r *Threepenny Opera*, a'r gwrthdaro milain rhyngddo a 'brenin' cardotwyr y ddinas, a oedd hefyd yn dad-yng-nghyfraith iddo.

Derbyniodd cwmni People's Opera gynnig am daith o ugain perfformiad trwy gymoedd De Cymru yn ystod Ebrill a Mai, er bu tipyn o ddadlau ymysg ei gilydd cyn derbyn. O'r cymoedd y deuai tri o'r aelodau, a bu'r cwmni yn llwyfannu nosweithiau cerdd yn rhad ac am ddim yn ystod streic y glowyr, yn ogystal ag ambell i sioe theatr stryd yng Nghaerdydd, Abertawe a Chasnewydd i godi arian i'r glowyr a'u teuluoedd.

Bu'n rhaid i Dave esbonio nad "Thatcherite front organisation" oedd Cwmpas Cymru, a'u bod yn rhoi cyfle i gymunede lleol gynnig projecte a'u bod nhw'n ei ariannu – "no strings attached". Ac na fydden nhw'n derbyn dime goch gan y llywodraeth. Wedi cryn drafod, cytunodd y cwmni i dderbyn y cynnig ac erbyn hyn roedd y gylchdaith ar ei hanner. Disgwyliai Rhys gael cyfle i fynd i weld un o'r perfformiadau yn ystod yr wythnos honno.

Wedi parcio'i gar ger Tŵr Dewi, roedd Rhys mewn ysbryd hwyliog pan gerddodd i mewn i swyddfa eang Cwmpas Cymru am hanner awr wedi deg. Ond synhwyrodd fod rhywbeth o'i le pan edrychodd draw at ei ddesg, lle safai Jill a holl aelodau ifanc ei adran yn gwlwm gyda'i gilydd, a thu ôl iddyn nhw, daeth pen Richard Stroud i'r golwg, â'i wyneb yn gwmwl o bryder.

"Rhys, mae rhywbeth wedi digwydd – helbul arall. Dewch i'r swyddfa 'da fi."

Yn ei swyddfa, heb i'r naill na'r llall feddwl eistedd, esboniodd Richard y cyffro.

"People's Opera, Rhys. Mae rhywbeth difrifol wedi digwydd, mae'n ddrwg 'da fi weud. Roedd sioe 'da nhw yn Tre-pwll neithiwr, ond, wedi'r sioe, fe gafodd eu lori, yn cynnwys yr holl offerynnau ac offer llwyfan, eu llosgi'n ulw dros nos..."

Roedd Rhys yn gegrwth, ond roedd gwaeth i ddod.

"Yn waeth na hynny, Rhys. Mae dau ohonyn nhw wedi eu hanafu'n bur wael – llosgiadau drwg."

"Pwy ydyn nhw?" ffrwydrodd Rhys.

"Geraint Monaghan, un o'r cantorion, a fe sy wedi diodde waethaf. Rwyt ti'n nabod y llall yn well, Rhys. Phil Watkins, un o staff Safeguard Security. Roedd e 'da ti yn Llanelwy."

Roedd cyfuniad o sioc a dicter gwyllt yn corddi Rhys. Amlinellodd Richard yr hyn a glywsai ar y ffôn gan Griff Parrish, tua saith o'r gloch y bore. Pwysleisiodd hwnnw nad oedd pwynt i neb o Gaerdydd fynd draw i Dre-pwll y diwrnod hwnnw:

"As things are, you'll only get in the way of the police and the fire service. I'll be your liaison here, for now, Richard, and I've let the police know that. These bastards got our Phil, and I'm going to do my damnedest to help catch them."

Yr hanes a glywsai Richard oedd bod y perfformiad yn Neuadd y Glowyr, Tre-pwll, ar y nos Sul, wedi bod yn llwyddiant, y seddau i gyd wedi eu llenwi. Bu'r criw am swper yng Nghlwb y Gweithwyr wedyn, a chael ambell beint diddan gydag aelodau'r clwb. Roedd y rhan fwyaf yno'n cofio cyfraniad criw'r People's Opera yn ystod y streic. Gyda gwên, dywedodd Ysgrifennydd y Clwb:

"That's why I turned out tonight. I'm not an opera man myself – more 'hymns' than 'arias' in my case. But we all want to show our appreciation."

Roedd aelodau'r cwmni yn aros mewn gwesty bychan yn y dref, a'r fan ddodrefn fawr wedi ei haddasu yn lori, yn y maes parcio tu cefn i'r gwesty. Dim ond Phil Watkins oedd yn cynrychioli Safeguard Security ar y daith ac yn ei gar ef y byddai dau o'r cast yn teithio o le i le. Y noson honno, bu Phil ar wyliadwriaeth tan ddau o'r gloch y bore ac yna aeth i'w stafell yn y gwesty i led-gysgu. Tua phump o'r gloch cafodd ei ddeffro gan glec enfawr a wnaeth i ffenest ei lofft grynu.

Rhuthrodd allan i'r maes parcio, yn gwisgo dim ond denims a chrys-T.

Roedd Geraint Monaghan yno o'i flaen ac wedi rhuthro i gefn y lori gydag allwedd y cloeon clap, i geisio agor y cefn ac achub rhai o'r offerynnau drud. Wrth iddo ollwng ramp y cefn, chwythodd cwmwl o fwg a thân tuag ato a'i amgylchynu'n llwyr. Cydiodd Phil am ei ganol a'i lusgo, gyda'i holl nerth o'r danchwa. O fewn munudau, roedd tanc diesel y fan wedi ffrwydro, gan chwalu ysgyrion o dân a darnau o'r fan a'i chynnwys dros y maes parcio. Erbyn hynny, roedd yr iard yn llawn pobl, yn ceisio defnyddio offer diffodd tân y gwesty a'r bibell ddŵr o'r garej i ladd y fflamau, ond yn aflwyddiannus.

Roedd breichiau cydnerth y brodorion wedi lapio Phil a Geraint mewn llieiniau i'w hymgeleddu. Cyrhaeddodd yr ambiwlans a'r gwasanaeth tân ar fyrder ac aethpwyd â'r ddau ŵr ifanc i'r ysbyty lleol. Roedd llosgiadau ar freichiau a chefn Phil, ond roedd dwylo, breichiau a brest Geraint wedi dioddef yn fwy difrifol, am fod crys-T a wisgai yn ei wely wedi dechrau mudlosgi amdano. Yn ffodus, roedd wedi lapio tywel gwlyb am ei ben a'i wyneb cyn rhedeg at y fan.

Cymerodd bron i awr i ddiffodd y tân yn llwyr, a bu pryder y gallai ymledu i garej y gwesty, lle'r oedd silindrau o nwy i weithio y pympiau cwrw. Dim ond sgerbwd du oedd ar ôl o'r fan erbyn hynny, yn mygu'n ddrewllyd mewn pwll o ddŵr. Ymgasglodd llu o bobl Tre-pwll o gwmpas y gwesty, yn danbaid eu dicter tuag at y tanwyr dienw. Doedd neb yn credu am eiliad mai damwain oedd hyn.

"I could tell what it was at once when the petrol tank blew," meddai un o'r cymdogion. "But that first bang was an explosive device. No doubt about it. I heard enough of the bloody things going off when I was in Cyprus on National Service."

Ychwanegodd yn dawel: "I've been lucky enough never to hear a pit explosion, thank God."

Yn Nhŵr Dewi, bu cryn brysurdeb. Yn ystod y bore, daeth newyddion o Lundain fod Margaret Thatcher newydd alw etholiad cyffredinol ar gyfer mis Mehefin, ond trafferthion Tre-pwll oedd ar feddyliau pawb yn y swyddfa. Rhoddodd Richard wybod i Olwen Cradock, Marwin Reynolds a Ted Prosser am y digwyddiad, a dywedodd y tri eu bod am ddod draw. Cyrhaeddodd Marwin a Ted ymhen deng munud, a phenderfynodd Richard grynhoi pawb yn ystafell y cynadleddau. Trefnodd Jill y coffi ac aeth â'i ffôn o'i desg i'r ystafell.

Yn y cyfamser, roedd Rhys wedi dod o hyd i restr cylchdaith People's Opera, a ffoniodd y rhifau cyswllt i ddweud na allai'r daith barhau, gan esbonio'r rheswm. Gofynnodd ambell un a fyddai'r criw bach yn cael eu talu am y daith gyfan. Er na chawsai gyfle i ymgynghori, atebodd Rhys ar unwaith y byddent. Fe wyddai yn iawn beth fyddai safbwynt Richard ac Olwen Cradock.

Yn stafell y cynhadleddau, dywedodd Richard, a fu ar y ffôn eilwaith gyda Griff Parrish:

"Mae'r heddlu ar waith yn Nhre-pwll nawr, a mae'r dynion tân wedi gweud taw ffrwydrad a gychwynnodd y danchwa, yn bendant. Felly, r'yn ni'n sôn am *arson* difrifol, gan fod dau berson wedi ca'l anafiade drwg."

"Ody Superintendent Rees yn y pictiwr?" holodd Marwin. "Wy'n deall mai hi yw *liaison* yr heddlu ar gyfer Cwmpas Cymru."

"Fe roddes i ganiad iddi ddwy awr yn ôl," meddai Richard. "Fe wedodd hi ei bod hi am ddod 'ma. Bydd hi ar ei ffordd erbyn hyn, yn eitha siŵr."

Cafwyd gwybodaeth bellach gan Ted Prosser:

"Mae Fran wedi bod yn holi am y cwmni ditectifs o Lundain a halodd y boi Attwood i St. Asaph. Dim ond tri aelod o staff sy 'da nhw i gyd a do's dim un yn gwitho tu fas i Lundain ar hyn o bryd."

Roedd yn amlwg mai rhywun cwbl newydd oedd ar waith felly. Ni fyddai cwmni bychan o ymchwilwyr preifat byth yn ymhél â drwgweithrediad mor ddifrifol â hyn. Ond pwy ar y ddaear oedd y dihirod? Yn fuan wedyn cafwyd galwad ffôn arall gan Griff Parrish o Dre-pwll. Cawsai neges gan yr heddlu fod Superintendent Rees yn disgwyl cyrraedd Caerdydd tua phedwar o'r gloch y prynhawn. Roedd yn awyddus i gwrdd â thîm Cwmpas Cymru yn Nhŵr Dewi am chwech o'r gloch.

Bu holi mawr ar Rhys gan dîm bychan ei adran ac fe rannodd hynny o wybodaeth a feddai. Wedi cael brechdan o'r caffi Eidalaidd yn Dumfries Place, ceisiodd Rhys barhau â'i waith arferol. Trwy ddwylo medrus Jill, llwyddodd i ddosbarthu nifer o dasgau i dîm yr Adran ac ystyriodd yntau beth oedd y flaenoriaeth nesaf. Wrth iddo bendroni, canodd y ffôn. Llais Dave Evans, yn ffonio o Drefynwy, ble roedd Criw Cwmpas newydd gyflwyno'u rhaglen Saesneg yn Ysgol Gyfun Trefynwy. Clywsai'r Criw y newyddion am y danchwa yn Nhre-pwll. Roedd rhai o'r tîm yn adnabod aelodau o People's Opera, ac roedd Gwenno wedi cynhyrfu'n lân. Roedd tri aelod o'r cwmni opera wedi eu hyfforddi yn y Bristol Old Vic ac yn fyfyrwyr yno yr un pryd â Gwenno. Ond, yn bwysicach byth, roedd Geraint Monaghan wedi bod yn gariad i Gwenno am yn agos i flwyddyn, a bu'n foddfa o ddagrau ym mreichiau Dave wedi iddi glywed yr hanes.

"Fe ffonies i'r ysbyty yn Nhre-pwll," meddai Dave, "ond dyw ei fywyd e ddim mewn perygl, er bod ei anafiade fe'n eitha gwael. Mae Gwenno'n daer isie mynd yno. Ond fe wedes i wrthi nad yw'r ysbyty'n gadel i neb 'i weld e, ar hyn o bryd."

"Ydi hi'n mynd i allu parhau â'r daith ysgolion?" holodd Rhys. "Ble rydach chi 'fory?"

"Ysgol Cwm Rhymni – y sioe Gymraeg. Ma Gwenno'n *trouper* da: fe fydd popeth yn iawn 'fory. Heno yw'r broblem, Rhys. Gan mai yng Ngwent r'yn ni, do's dim llety wedi'i drefnu ar gyfer heno ac r'yn ni'n dod gartre i Gaerdydd. Fe fydd pawb ar wasgar ac ma arna i ofon yr aiff Gwenno ar ei phen ei hunan i Dre-pwll ac i'r ysbyty."

Pan glywodd hynny, dyma gloch larwm yn diasbedain ym meddwl Rhys.

"Beth am Melanie a Llinos? Fedar 'run ohonyn nhw ddim aros efo hi am noson?"

"Mae Melanie yn mynd i swper *anniversary* ei rhieni, ac ma Llinos mor swil. Dyw hi ddim yn credu y galle hi stopo Gwenno, petai hi'n benderfynol o fynd i'r ysbyty."

"Ond wir Dduw, Dave, fedra i ddim edrach ar 'i hôl hi! Ma petha 'di bod yn ddigon anodd efo Lynne!"

"Blydi hel, Rhys! Smo fi'n moyn i ti wardo Gwenno! Fi o'dd y cynta i weld y *danger signals*, gwboi! Nage, am i ti ofyn i Jill gadw tabs arni hi odw i!"

Rhoes Rhys ochenaid o ryddhad. Jill! Wrth gwrs, roedd yn syniad ardderchog. Roedd Jill yn fwy aeddfed a phwyllog na neb o Griw Cwmpas ac wedi gwneud i Gwenno deimlo'n gartrefol yn Nhŵr Dewi, pan fuodd hi ar ei phen ei hun fel aelod o'r tîm perfformio. Amneidiodd ar Jill i ddod draw, a gofyn iddi siarad efo Dave.

Cytunodd Jill ar unwaith i warchod Gwenno y noson honno. Trefnwyd iddi ddod i gwrdd â Dave a Gwenno yn y Barleymow, yn hytrach na Thŵr Dewi, lle byddai holi a stilio mawr yn debygol. Erbyn hynny, tua phump o'r gloch y prynhawn, roedd hunanhyder arferol Gwenno wedi dychwelyd. Dros lasiaid o win, dywedodd hanes ei pherthynas gyda Geraint ym Mryste, wrth Jill a Dave.

"Doeddan ni ddim ar yr un donfedd yn wleidyddol, o gwbl. Roeddwn i'n Blaid Cymru a Geraint yn perthyn i'r S.W.P."

"Beth yw hwnnw?" holodd Jill.

"Y Socialist Workers' Party. Mudiad Marcsaidd ydi o, ond yn gacwn yn erbyn yr Undeb Sofietaidd – roedd y Rwsiaid wedi colli'r ffordd, medda Ger. Roedd yr S.W.P. yn dilyn syniada Trotsky ac mi ymunon nhw â changhenna'r Blaid Lafur a treio'u troi nhw i'r chwith."

Aeth Gwenno ymlaen â'i hatgofion:

"Yn rhyfedd, er hynny, roedd Ger a finna'n cefnogi Cymdeithas yr Iaith. I Ger, roedd o mor naturiol â chefnogi C.N.D. a 'Rock against Racism' – treio creu dyfodol gwell. Hogyn o'r Rhondda ydi o, ei rieni o'n ddi-Gymraeg, ei dad o dras Gwyddelig, ond mi ddaru nhw anfon Ger i ysgolion Cymraeg – roedd o'n Brif Ddisgybl yn Rhydfelen."

"Pryd wnaethoch chi gwpla 'da'ch gilydd?" gofynnodd Jill.

"Ar ôl gorffen yn yr Old Vic. Gyrfa a gwaith yn ein gwahanu. Mi aeth Ger i'r Guild Hall i wneud cwrs opera, a finna at gwmni Rep yng Ngogledd Lloegr, cyn dod i Gaerdydd at griw Tŷ Taf. Fe gollon ni gysylltiad wedyn."

Cronnodd y dagrau unwaith eto.

"Ond fo ydi'r hogyn anwyla fues i efo fo erioed..."

Rhoes Jill ei braich am Gwenno tra parhaodd y dagrau.

* * *

Yn Nhŵr Dewi am chwech o'r gloch, ymgasglodd twr o bobl yn ystafell y cynadleddau, yn cynnwys Nicola Rees a Griff Parrish, o sioc a chynnwrf Tre-pwll. Bron ar drawiad chwech o'r gloch, cyrhaeddodd Olwen Cradock o Lundain. Rhoes Griff Parrish adroddiad ar gyflwr Phil a Geraint. Cawsai'r ddau eu trosglwyddo, yn hwyr y prynhawn, i'r Uned Llosgiadau Dwys yn Ysbyty Sant Lawrens, Cas-gwent.

"Phil Watkins' burns, from what I've been told, are a combination of First and Second Degree, but *some* of Mr. Monaghan's burns may be Third Degree, although definitely not all of them. They're both also suffering badly from the effects of shock."

Heb betruso, dywedodd Olwen Cradock y byddai hi a'i thad yn gwneud popeth a allent i helpu'r ddau ddyn a'u teuluoedd yn ariannol.

"In the meantime," ychwanegodd, "we need to review where this appalling incident leaves Timeline Wales and its efforts for the people of Wales. Perhaps Superintendent Rees would be prepared to give us her assessment?"

Rhoes Nicola Rees adroddiad o'r hyn a welsai ac a glywsai yn Nhre-pwll, a rhoes ei barn bendant fod trosedd ddifrifol iawn wedi ei chyflawni yno, yn enwedig o ystyried yr anafiadau a achoswyd i Phil Watkins a Geraint Monaghan. Adolygodd y patrwm o darfu ar achlysuron a ddioddefodd Cwmpas Cymru. Roedd y cyfan –Tre-tŵr, Tyddewi, Llanelwy a Chaernarfon wedi bygwth niweidio pobl. Gwireddwyd y bygythiad hwnnw yn Nhre-pwll.

"We're dealing with an escalating pattern of criminal activity."

Pwysleisiodd y byddai arolwg fforensig manwl yn cael ei gynnal yn Nhre-pwll ac roedd ymholiadau eisoes ar droed i olrhain hynt unrhyw ddieithriaid a welwyd yn yr ardal yn ddiweddar.

"I was overwhelmed today by the anger local people in Tre-pwll felt against the criminals behind this outrage, and the deep sympathy for the young men injured. I'm confident that we'll get the fullest co-operation there."

Bu trafod am raglenni cyhoeddus Cwmpas Cymru, a dywedodd Nicola y byddai'r heddlu'n barod i oruchwylio a diogelu unrhyw ddigwyddiad a drefnwyd, ar y cyd â Safeguard Security. Mater i Cwmpas Cymru ei hunan oedd penderfynu beth i'w wneud yn wyneb y bygythiadau cyson hyn, ond roedd diogelwch y cyhoedd yn hawlio presenoldeb yr heddlu.

Dywedodd Dave ei bod yn gwbl amhosibl i gwmni People's Opera barhau â'u taith, gyda'u holl offerynnau cerdd ac offer llwyfan wedi eu dinistrio a'r unawdydd allweddol yn yr ysbyty. Torrodd Griff Parrish ar draws, yn bur emosiynol, a dweud bod y bobl leol wedi bod yn sôn wrtho am sefydlu cronfa i fod o gymorth i'r cwmni, yn ogystal ag i Geraint a Phil.

Dywedodd Olwen y gwyddai am ddewrder a haelioni cymunedau diwydiannol Cymru ac roedd am wneud un peth yn gwbl glir. Cawsai sgwrs gyda'i thad ac roedd y ddau ohonyn nhw yn bersonol, nid fel cyfarwyddwyr Cwmpas Cymru na Demetian Holdings, yn bwriadu talu am driniaeth a chynnig pa gymorth bynnag y byddai'r ddau ŵr ifanc a'u teuluoedd eu hangen.

Ychwanegodd, gyda phwt o wên:

"I know that Timeline Wales has insured People's Opera for any contingency during their tour, including deliberate sabotage..."

Nodiodd Rhys a Dave i ategu hynny.

"...but Sir Edwin and I are prepared to refinance People's

Opera fully, if those idealistic young people are prepared to accept the help of two inveterate capitalists."

Cododd hynny ysbryd pawb oedd yn bresennol.

Amlinellodd Rhys yr achlysuron cyhoeddus eraill oedd ar y gweill. Roedd taith ysgolion Criw Cwmpas yn parhau ac roedd cynllun i gynnal diwrnod agored mawr yng Nghastell Caerffili gydag adloniant a llu o weithgareddau ym mis Gorffennaf. Yna aeth Rhys ati i fynegi ei bryder am ddiogelwch y deugain a mwy o bobl ifanc oedd ar brofiad gwaith ar hyd a lled y wlad, wedi eu noddi gan Cwmpas Cymru. Gofynnodd i'r Uwch-Arolygydd am gyfle i drafod goblygiadau hynny gyda hi.

"Rwy'n aros yn Gaerdydd heno, Mr. Gruffydd, cyn mynd 'nôl i Dre-pwll yfory. Beth am gwrdd yma, yn Nhŵr Dewi, am hanner awr wedi wyth bore fory?"

Yn ystod y cyfarfod cynnar hwnnw, trefnodd Rhys i roi manylion a chyfeiriadau pob un o'r safleoedd profiad gwaith i Nicola. Byddai hithau'n hysbysu'r heddlu lleol ym mhob achos, er mwyn iddynt ddal cyswllt â'r darparwyr, heb dynnu sylw lleol at y monitro.

* * *

Hanner uchaf *semi* cysurus, mewn maestref ddeiliog yn ardal Rhiwbeina oedd fflat Jill. Roedd ganddi lofft sbâr yno ac wedi cael swper a dau wydraid arall o win, roedd llygaid Gwenno'n hanner cau ar y soffa a sylweddolodd Jill ei bod hi'n bryd troi am y llofftydd. Roedd Jill wedi estyn pâr o byjamas ar gyfer Gwenno ac wedi ymolchi, fe aeth hithau i glwydo'n ddiffwdan. Deffrowyd Jill yn yr oriau mân gan sibrwd yn ei chlust. Roedd Gwenno wrth erchwyn y gwely, yn gofyn mewn islais:

"Ga i ddŵad i mewn atat ti, Jill, plis?"

Roedd syndod Jill yn amlwg. Cofiai'n dda am ei chwaer fach yn dod ati gefn nos weithiau, pan oeddent yn blant. Yn ffrwcslyd, llithrodd draw i wneud lle i Gwenno ac roedd y dagrau'n amlwg ar ei gruddiau. Rhoes Jill fraich amdani'n dyner ac wedi pwl o grio tawel, fe ddaeth cwsg. Erbyn i las y bore ddechrau hydreiddio drwy'r llenni, roedd y ddwy'n dal i gysgu, ond roedd Gwenno wedi meddiannu lled y gwely a Jill wedi ymneilltuo i gadair freichiau, gyda chlustog a blanced.

* * *

Ar derfyn y cyfarfod yn Nhŵr Dewi, gofynnodd Nicola Rees am sgwrs breifat gydag Olwen Cradock. Cafodd wahoddiad i alw draw yng ngwesty'r Angel gyda'r nos, ble caent lonydd i drafod yn agored. Dros goffi yn yr ystafell foethus, agorodd Nicola'r sgwrs:

"Miss Cradock, ym mis Hydref fe ofynnes i dri cwestiwn i chi ynglŷn â'r busnes *rare earths*, fel *motive* i'ch gelynion. Rwy eisoes wedi diolch i chi am y llythyr manwl a ges gennych chi'n fuan wedyn – memorandwm yn hytrach na llythyr. Ro'dd e'n dangos yn glir nad oes digon o elw, o bell ffordd i gloddio am *rare earths* yng Nghymru ac yn sicr ddim digon i gyfiawnhau'r risg a'r costau i'ch gelynion chi."

"Fe alwes i am help sawl arbenigwr rhyngwladol i gael gwybodaeth, Miss Rees. Wrth gwrs, fe alle'r farchnad godi, pe bydde newid mawr yn dod ym myd technoleg – batris mewn compiwters yw un maes. Ond, fel ma pethe, d'yn nhw ddim am droi Cymru'n ryw fath o Klondike!"

"Rwy'n ddiolchgar iawn am yr adroddiad. Ma fe wedi arbed llawer iawn o gost a thraul ar adnodde'r heddlu pe bydden ni wedi canlyn y sgyfarnog honno. Felly, os yw busnes y *rare earths* yn ddim mwy na ffrynt gan y bobol hyn – a rhaid inni gofio bod Dunn a Masefield wedi bod yn neud 'u gore i hyrwyddo'r peth, mae'n bwysig nawr inni whilo am elynion busnes, neu eich gelynion personol chi a Syr Edwin."

Cymerodd saib fer cyn gofyn:

"Ody'r enw Karl Ludwig Haydn Vollme yn golygu rhywbeth i chi, Miss Cradock?"

Gwenodd Olwen.

"Y'ch chi wedi dod o hyd i hanes y diawl hwnnw, felly! Ody, ma fe. Dyn busnes llwgwr a thwyllodrus oedd Haydn Vollme. Ro'dd e'n berchen ar grŵp mawr o gwmnïe a buddianne ar draws Ewrop, Affrica a'r Dwyrain Pell. Fe fu'n cystadlu yn erbyn rhai o gwmnïe 'Nhad ac yn defnyddio twyll a thrais, hyd yn o'd, i ga'l ei ffordd. Fe laddwyd un o ymchwilwyr Demetian Holdings mewn damwen car amheus iawn ac fe gymerodd un o'n cyfeillion ni fel teulu ei fywyd ei hunan, ar ôl i'w fusnes e ga'l ei flingo gan Haydn Vollme. Ond ry'ch chi'n gwbod hyn i gyd, siŵr o fod."

Nodiodd Nicola.

"Mae ffeil drwchus am Haydn Vollme gan y Fraud Squad yn Llundain. Fe wnaeth Syr Edwin waith arbennig yn dod o hyd i'r *shell companies* oedd 'da fe i guddio'i ddrygioni."

"Holwch Ted Prosser, Miss Rees. Ted wna'th lawer o'r *leg work* i'w ddala fe. Fe driodd Vollme ei ladd e 'fyd. Ro'dd sawl achos troseddol yn ca'l ei baratoi yn erbyn Vollme ar y pryd. Ond, pam y'ch chi'n dod â fe i miwn i'r pictwr nawr? Ma Haydn Vollme wedi marw ers 1975."

"Y'ch chi'n siŵr o hynny, Miss Cradock?"

"Odw, yn berffeth siŵr. Fe a'th mas i'r môr ar ei *yacht* grand bersonol, o harbwr Barcelona ac fe ddiflannodd gefen nos. Bu criw'r llong yn whilo amdano fe am ddyddie – ac awdurdode

Sbaen 'fyd. 'Hunanladdiad' oedd y ddyfarniad swyddogol yn Sbaen."

"Ond, dyw diflaniad felly ddim bob tro'n ddiwedd y stori," awgrymodd Nicola.

Edrychodd Olwen i fyw ei llygaid hithau ac meddai:

"Wy'n siŵr bod chi wedi darllen y ffeil i gyd, Superintendent. Fe gafwyd hyd i gorff Haydn Vollme ddwy flynedd ar ôl ei ddiflaniad, ar draeth un o'r Costas yn Sbaen."

Daeth yn amlwg i Nicola fod Olwen wedi dilyn hynt a helynt Haydn Vollme yn fanwl, er nad oedd hi'n gweithio gyda'i thad pan oedd y dihiryn yn ei fri. Gwyddai fanylion fforensig am yr achos: darn o goler crys Vollme yn dal o gwmpas gwddf y corff, gyda label ei deiliwr oddi ar hwnnw wedi glynu yn y cnawd, a modrwyau drud y profwyd eu bod yn eiddo i Vollme.

Aber eang o wlypdir oedd y man lle cafwyd y corff, y Delta de l'Ebre, ar y Costa Daurada. Tua'r de-orllewin oedd cyfeiriad y teid a drifft y glannau ar yr arfordir hwnnw – yr union gyfeiriad y byddai y corff wedi cael ei gario o'r man lle roedd yr *yacht* wrth angor. Yr unig ryfeddod oedd iddi gymryd dwy flynedd cyn i'r corff ddod i'r lan yn y Delta. Damcaniaeth arbenigwr fforensig yn Sbaen ar y pryd, yn 1977, oedd bod Vollme wedi llenwi pocedi ei ddillad â cherrig cyn llamu o'r llong. Byddai'r rheiny wedi cadw'r corff ar wely'r môr hyd nes y byddai'r dillad wedi pydru'n llwyr.

Symudodd Nicola ei chadair yn nes at Olwen ac meddai, yn dawel a phwyllog:

"Mae lle 'da ni gredu, Miss Cradock, nad Haydn Vollme oedd y corff a gafwyd yn y Delta. Y brif dystiolaeth oedd *dental records* Vollme: ond roedd y deintydd a roes y rheiny i'r awdurdode yn aelod o'i staff personol e, wedi bod ar y *payroll* ers blynydde. Hefyd, gan na chafodd Vollme ei aresto erio'd, doedd dim cofnod o'i olion bysedd yn unman. Fe alle *hit-men* Vollme fod wedi lladd rhywun tebyg o ran oed a siâp corff, cael y deintydd i greu cofnod ffug ar sail dannedd y truan hwnnw, cadw'r corff mewn tanc o ddŵr y môr am gyfnod hir cyn ei ollwng e i'r dŵr ger y Delta."

"Ych barn chi ych hunan yw hyn?" gofynnodd Olwen mewn syndod.

"Fy marn i a nifer o swyddogion o'r Met, gan gynnwys arbenigwr fforensig. Mae Interpol, hefyd, yn credu bod y peth yn bosibl. Ro'n nhw wedi bod ar drywydd Haydn Vollme am flynydde cyn iddo fe ddiflannu."

"Mae un peth o blaid ych theori chi," meddai Olwen.

"Fe fu'n 'Nhad a finne'n trafod pwy o'dd yn casáu'r ddou ohonon ni'n ddigon i lansio ymgyrch mor fochynnaidd â hon. Doedd Syr Edwin na finne'n gallu meddwl am neb – neb o gwbl. Ond yna, fe wedodd 'Nhad, 'Bydde'r ateb yn syml iawn pe bydde Haydn Vollme ar dir y byw.' Wel, Superintendent, os y'ch chi'n gywir ac rwy'n mawr obeitho nad y'ch chi, Duw a helpo Cwmpas Cymru."

PENNOD 19

21 – 22 Mai 1987

Newydd gyrraedd ei gwaith oedd Gwenan Briggs ar fore dymunol o Fai. Yn ôl ei harfer, bwriodd drem dros banorama tref Aberystwyth cyn esgyn y grisiau llydan i'r Llyfrgell Genedlaethol. Wrth iddi fynd trwy'r cyntedd, daeth un o borthorion boneddigaidd y Llyfrgell ati a'i chyfarch.

"Bore da, Dr. Briggs. Mae Ceidwad y Llawysgrife yn gofyn a ewch chi draw am sgwrs."

Cais pur anarferol oedd hwn, mor fuan yn y bore; ond fe droes Gwenan ar ei sawdl a cherdded draw at swyddfa ei phennaeth adran. Roedd golwg bryderus iawn ar wyneb hwnnw pan ddaeth Gwenan i mewn. Heb hyd yn oed air o gyfarchiad, meddai mewn llais miniog:

"Wyt ti 'di gweld hwn, Gwenan?"

Estynnodd gopi o un o bapurau dyddiol Llundain iddi – papur tabloid, yn agored ar un o'r tudalennau canol. Doedd hwn ddim yn bapur y byddai Gwenan yn ei ddarllen, ond bwriodd olwg ar y dudalen, cyn rhewi mewn syndod annifyr. Roedd erthygl yno, yn llenwi tudalen gyfan bron ac yn cynnwys llun o adeilad urddasol y Llyfrgell Genedlaethol a llun o gyfrol drwchus a chaeedig llawysgrif Elis Gruffydd, yn ogystal â llun o gynhadledd i'r wasg, bymtheg mis yn ôl. Cofiai Gwenan yr achlysur yn iawn, pan dderbyniwyd y llawysgrif yn ffurfiol gan y Llyfrgell, o law Olwen Cradock a Richard Stroud. Roedd Gwenan ei hunan yn y llun, yn gwenu'n hapus.

Ond yr hyn a dynnodd ei llygaid oedd y penawdau bras yn y papur:

Top Welsh Library Hoaxed

£950,000 Tudor Manuscript a Forgery!

Aeth ias drosti wrth ddarllen y geiriau ac edrychodd i lygaid ei phennaeth adran cyn darllen gair arall.

"Be ydi'r sgrwtsh 'ma? Pwy ydi'r pen dafad sy'n deud peth fel hyn?"

"Darllen o, Gwenan! Ma nhw wedi cael darlithydd Prifysgol, dyn efo M.Phil o Rydychen, i ddeud bod llawysgrif Elis yn *fake* llwyr!"

Eisteddodd Gwenan i ddarllen y truth o'i gwr. Darlithydd canol oed yn un o brifysgolion De Affrica oedd yn gwneud yr honiad: hanesydd yn arbenigo yn y Cyfnod Modern Cynnar. Roedd ganddo nifer o gyhoeddiadau i'w enw yn trafod y cyfnod Tuduraidd yn Lloegr. Pieter van der Goes oedd ei enw ac fe gofiai Gwenan iddi ddarllen rhai o'i erthyglau dros y blynyddoedd. Roedd ganddo ddoethuriaeth o brifysgol yn Ne Affrica. Cofiodd Gwenan yr enw yn syth.

"Mae o wedi bod yma! Mi gafodd o ganiatâd i astudio'r llawysgrif?"

"Do, gen i!" Roedd Ceidwad y Llawysgrifau'n gandryll.

"Roedd o ar gyfnod sabothol o'i goleg ar y pryd. Mi ddaeth o yma pan oeddet ti i ffwrdd mewn cynhadledd a Gwilym fu'n ei oruchwylio wrth iddo astudio'r llawysgrif. Dim ond ei groesawu o yma wnes i. Ches i ddim adborth ganddo fo o gwbl. Yn ôl Gwilym, mi heliodd ei draed oddi yma heb siarad efo fo na neb arall chwaith – rydw i'n dallt pam, rŵan!"

"Am faint fuo fo'n astudio'r llawysgrif?"

"Tair awr, medda Gwilym; ac mi wnaeth o rai nodiada mewn pad sgwennu."

Aeth Gwenan ati drachefn i astudio'r erthygl yn fanwl. Craidd honiadau van der Goes oedd bod rhywun wedi mynd ati i 'greu' y llawysgrif trwy efelychu llawysgrifen adnabyddus Elis Gruffydd ar sail ei Gronicl, a oedd eisoes yn y Llyfrgell Genedlaethol. Roedden nhw wedi cael gafael ar gyflenwad o bapur gwirioneddol hen ac wedi gwneud inc allan o ddefnyddiau naturiol – planhigion a mwynau daear – yn null y cyfnod Tuduraidd. Mewn brawddeg ddeifiol, atgoffodd ei ddarllenwyr am ddyddiaduron ffug Adolf Hitler a ddaethai i'r fei yn 1983. Hawdd iawn yw twyllo hyd yn oed ysgolheigion disglair, meddai.

Doedd gan van der Goes ddim llawer i'w ddweud am gynnwys y llawysgrif. Mewn paragraff moel, fe haerodd fod yr 'awdur' wedi defnyddio ffynonellau cyfoes, neu led-gyfoes, yn cynnwys llyfrau taith John Leland a William Worcestre, croniclwyr fel Edward Hall, Richard Grafton, John Rastell a John Stow ac astudiaeth fawr aml-ddisgyblaethol William Camden, y *Britannia* enwog, yn ogystal â dogfennau esgobol am eglwysi a bywyd crefyddol Cymru.

Ffrwydrodd Gwenan wrth ddarllen.

"Ond sothach llwyr ydi hyn i gyd! Does 'na ddim chwarter digon o stwff gan Leland a Worcestre, a ffynonellau am Loegr ydi'r croniclau. Prin iawn ydi'r sôn am Gymru yn y rheiny. Dim ond Cronicl Elis ei hun sy'n trafod Cymru o ddifri – a dydi hwnnw erioed wedi cael ei gyhoeddi! Ychydig iawn am y Gymru gyfoes sy 'na yn Camden hefyd. O ble mae'r twmffat yn meddwl y daeth gweddill y cynnwys – pum can tudalen ohono fo?"

"Wyt ti ddim wedi sylwi ar ei frawddega ola fo?"

Rhoes Gwenan gipolwg eto ar yr erthygl. Gwelodd y diweddglo â'i ergyd finiog:

"Amongst the supposed treasures of the National Library of Wales are reams of manuscripts written two centuries ago by the ingenious Welsh stonemason Edward Williams. He fabricated medieval poems and historical documents, the products of his laudanum-enhanced fantasies, and fathered them on long dead writers, and on some who never existed. This new and expensive acquisition by the National Library suggests that a modern master forger, whether drug-assisted or not, is at work in Wales today."

Tra bu Gwenan yn cribinio trwy'r erthygl, canodd ffôn Ceidwad y Llawysgrifau sawl gwaith. Aeth yntau'n gynyddol flin gan wrthod derbyn galwadau pellach.

"Dyma be maen nhw'n alw yn *media blitz*, mae'n debyg!" meddai wrth ei gydweithiwr.

"Fe fydd Richard Stroud ac Olwen Cradock ar y ffôn cyn bo hir – heb sôn am Cynfael Lewis! Be ddiawl ydw i'n mynd i ddeud wrthyn nhw, Gwenan?"

"Deudwch y gwir plaen. Celwydd ydi'r erthygl yma. Mae'r llawysgrif wedi cael ei harchwilio'n fanwl cyn yr ocsiwn yn Christie's – arbenigwr palaeograffig o'r Llyfrgell Brydeinig – ac wedi cael ei hastudio bron bob diwrnod gwaith ers hynny. Rwtsh llwyr ydi'i honiada fo. Dim ond am dair awr mae o wedi astudio'r llawysgrif; a sut mae o'n gallu mynegi barn am y cynnwys heb ddeall Cymraeg, dyn a ŵyr!"

"Wyt ti'n siŵr o hynny? Does gynno fo ddim Cymraeg?"

"Wel, nac ydw. Ond rydach chi wedi siarad efo fo. Ddeudodd o air o Gymraeg wrthoch chi?"

"Naddo, ond dau funud bues i efo fo, cyn mynd â fo at Gwilym... Mi fydd Gwilym yn gwbod! Mae hwnnw'n siŵr o fod wedi treio siarad Cymraeg efo fo!"

Crychodd Gwenan ei thalcen yn fyfyrgar.

"Fedra i ddim deall pam ei fod o wedi cymeryd diddordeb yn Elis Gruffydd o gwbl. Does dim un o'r erthyglau welais i o'i waith o'n sôn am Gymru – hanes Lloegr ydi ei faes. Gwnaeth dipyn o waith ar y berthynas rhwng Lloegr a'r Iseldiroedd yn oes Elisabeth y Gynta."

"Mae hynny'n reit naturiol. Un o Afrikaners y Transvaal ydi o – rydw i wedi gwneud ymholiada. Y stori ges i ydi bod ei gyndeidia fo wedi ymfudo o'r Iseldiroedd i Dde Affrica dair canrif yn ôl. Mewn prifysgol sy wedi ei neilltuo i fyfyrwyr gwynion mae o'n darlithio – apartheid ar waith, wrth gwrs."

Wedi rhai oriau, a'r galwadau ffôn wedi amlhau a hyd yn oed uned teledu'n ffilmio o flaen y Llyfrgell, cafwyd cytundeb ar y camau i'w cymryd. Yn dilyn sgyrsiau ffôn hir rhwng Gwenan a Chynfael Lewis, Olwen Cradock a Richard Stroud, penderfynwyd na fyddai gwadu honiadau van der Goes yn ddigon o ymateb, yn enwedig ar gyfer y wasg tabloid Seisnig, a oedd yn reddfol wrth-Gymreig, beth bynnag.

Wedi ymgynghori pellach rhwng Gwenan, Ceidwad y Llawysgrifau a'r Llyfrgellydd Cenedlaethol ei hunan, trawyd ar ymateb cadarn a phriodol. Y cynnig oedd cynnal profion gwyddonol ar y llawysgrif ei hun – rhywbeth na chawsai ei wneud cyn hynny. Roedd techneg o'r enw *Spectrometry* wedi cael ei mireinio'n arloesol yn ddiweddar, techneg a allai ddangos yn bendant a oedd yr inc a'r lliwiau a ddefnyddid ar hen lawysgrifau neu ddarluniau yn gyfoes ai peidio. Roedd strwythur cemegol pob llun a phob ysgrifen, a'r newidiadau a ddigwyddai wrth iddynt heneiddio, yn cael eu dangos a'u cofnodi yn y broses.

"Mi fedar y broses newydd yma ddweud pa inc roedd Elis Gruffydd wedi ei ddefnyddio, allan o beth roedd yr inc wedi ei wneud a pha mor hen ydi o..." meddai Pennaeth Gwasanaethau

Cadwraeth y Llyfrgell Genedlaethol. "Hefyd, am fod papur hynafol wedi ei wneud o sylweddau hollol naturiol, mi fedran nhw ddweud yn fras faint ydi oed hwnnw hefyd."

Erbyn y prynhawn, roedd Richard Stroud wedi penderfynu anfon Rhys Gruffydd i Aberystwyth i gynorthwyo gyda'r cyhoeddiad i'r wasg drannoeth. Galwyd cynhadledd i'r wasg ar gyfer un ar ddeg y bore i roi gwybod i'r byd am y profion gwyddonol a gâi eu gwneud.

Ar derfyn ei daith frysiog, cyfarfu Rhys â thîm y Llyfrgell y noson honno, a drafftiwyd datganiad swyddogol i'r Prif Lyfrgellydd ei draddodi. Daeth Llywydd y Llyfrgell, ffigwr amlwg iawn ym mywyd Cymru, i'r cyfarfod hefyd.

Aeth yn bur hwyr cyn y cafodd Rhys ymneilltuo i'w lety am y noson, sef gwesty'r Marine, yn wynebu'r promenâd. Gwnaeth alwad ffôn o'r Llyfrgell i Richard Stroud i'w hysbysu am y trefniadau a gytunwyd. O'r gwesty, rhoes alwad i Lynne ac esbonio lle'r oedd o, a pham ei fod yno. Doedd hynny ddim yn syndod mawr i Lynne. Bu stori'r honiadau ynglŷn â llawysgrif Elis Gruffydd ar newyddion y teledu ac ar Radio Cymru ers oriau.

"Ro'n i'n meddwl y basat ti yng nghanol y randibŵ yn rhwla! Cymer ofal yfory, Rhys. Hen s'nichod ydi'r papura Saesneg 'na!"

Bu'r gynhadledd i'r wasg yn y Llyfrgell Genedlaethol yn fwy o ddrama nag a ddisgwyliai'r dwsin neu fwy o ohebwyr y wasg a'r dyrnaid o ohebwyr radio a theledu a ddaeth yno. Yn narlithfa'r Llyfrgell, cyhoeddodd y Prif Lyfrgellydd y cynllun i wneud profion Spectrometrig ar y llawysgrif. Byddai'r profion yn cael eu trefnu gan gwmni annibynnol a oedd wedi canfod ffugiadau yn ddiweddar, yn ogystal â chadarnhau dilysrwydd sawl dogfen hynafol.

Rhoes Gwenan Briggs ddisgrifiad cryno o natur a chynnwys y llawysgrif, gyda sleidiau'n dangos lluniau o'r gyfrol a rhai o'r tudalennau unigol ar y sgrin. Dywedodd ei bod wedi gwneud amcangyfrif o'r holl amser a dreuliodd yn astudio'r llawysgrif ers mis Hydref 1985 ac roedd y cyfanswm tua 1,500 o oriau. Estynnodd gofrestr ymchwilwyr allanol y Llyfrgell, a dangos mai am dair awr ar un diwrnod yn unig, y bu'r Dr. van der Goes yn astudio'r llawysgrif. Meddai wedyn:

"I have yet to ascertain whether Dr. van der Goes is able to read Welsh, which is the language of the entire manuscript. But even if he is fluent in Welsh, a three hour study does not inspire confidence in his grasp of the manuscript's subject matter."

Mynegodd Rhys safbwynt Cwmpas Cymru. Rhoes ei gefnogaeth lwyr i'r profion gwyddonol, a chydnabu ei fod yn briodol mai'r Llyfrgell Genedlaethol a fyddai'n talu am y gwaith hwnnw, i gadarnhau annibyniaeth y profion.

Yna, gan adael pobol y wasg yn gegrwth, â thîm y Llyfrgell yn rhythu'n bryderus arno, aeth Rhys ati i restru'r gyfres o drafferthion a drawodd Cwmpas Cymru, un ar ôl y llall. Rhoes fraslun o'r problemau a effeithiodd ar y cwmnïau oedd yn ariannu Cwmpas Cymru a'r holl darfu a fu ar achlysuron cyhoeddus ers yr hydref diwethaf. Rhoes y sylw mwyaf i'r danchwa yn Nhre-pwll ddeng niwrnod yn ôl, stori ddieithr i rai o bapurau Llundain, a'r anafiadau difrifol i ddau ŵr ifanc, a oedd yn dal yn yr ysbyty.

Roedd yn cydnabod, meddai, fod y fath beth â chyd-ddigwyddiad yn bod, ond nid i'r fath raddfa â helyntion y misoedd diwethaf. Yn bendant, doedd o ddim yn credu bod rhyw fath o felltith wedi cychwyn yn dilyn arwerthiant y llawysgrif yn Christie's ddeunaw mis yn ôl. Pobol – dihirod gydag arian mawr yn gefn iddyn nhw – oedd yn gyfrifol am yr anfadwaith. Roedd natur cwbl ddi-sail a maleisus cyhuddiadau'r Dr. van der Goes yn awgrymu ei fod yntau'n rhan o ymgyrch fwriadol i niweidio a thanseilio gwaith Cwmpas Cymru.

Roedd aelodau'r wasg yn sboncian yn eu seddau erbyn hyn ac atebodd Rhys y cwestiwn a ddeuai fel Corws Groegaidd o enau'r cwbl ohonyn nhw.

"Yes, I *am* accusing Dr. van der Goes of making a deiberately false accusation in his attack on the Elis Gruffydd manuscript. I do not know if he is an active partner, or possibly just a stooge in the campaign of malice against Timeline Wales and its partners. Investigations into this whole chapter of sabotage are being carried out by Timeline Wales itself, but also, more importantly, by the four Welsh Police Forces and by the Metropolitan Police."

Gwaeddodd rhai o'r gohebwyr y byddai Rhys yn debyg o wynebu achos llys am enllib oherwydd hyn. Roedd ateb Rhys yn gadarn:

"I challenge Dr. van der Goes to bring an action for libel against me and against my employer, Timeline Wales, which I'm representing here today. The dossier we've been building up on this campaign can then be aired in open court, and individuals called to give evidence under oath."

Gwagiodd y ddarlithfa fel dosbarth ysgol ar ganiad y gloch, gyda phobl yn rhuthro i chwilio am y teliffon agosaf. Gwelwyd un neu ddau'n bustachu â'u ffonau symudol newydd, trwsgl, ond doedd dim signal i'w gael yno.

Wedi i'r gohebwyr ddiflannu, troes y Llyfrgellydd Cenedlaethol ato, a dywedodd yn sychlyd:

"O'r badell ffrio i'r tân, Mr, Gruffydd? Rwy'n falch eich bod chi wedi dweud yn glir mai ar ran Cwmpas Cymru roeddech chi'n siarad."

Gwasgodd Gwenan ei fraich wrth iddynt adael y stafell.

"Os ydach chi am ffonio Caerdydd, mi gewch chi wneud o fy swyddfa i. Mi fydd yna giw hir ar gyfer pob ffôn gyhoeddus erbyn hyn!"

Diolchodd Rhys iddi, a'i dilyn i'r llawr nesaf, lle roedd ei swyddfa fechan yn ddestlus ac yn hynod brin o lyfrau. Sylwodd Gwenan arno'n craffu, a dywedodd gyda gwên:

"Rydw i yng nghanol chwe miliwn o lyfra' yn y fan hyn, Mr. Gruffydd. Does dim rhaid imi eu cael nhw ar fy mhen drwy'r dydd!"

Gwnaeth Rhys alwad hir i Gaerdydd, a Richard oedd ym mhen arall y lein. Mewn tôn o gryn sobrwydd , gwrandawodd ar adroddiad Rhys o'r gynhadledd i'r wasg, a dywedodd, ar derfyn y sgwrs:

"Fe rof fi ganiad i Olwen Cradock nawr, Rhys, cyn i helgwn y papure fynd ar ei hôl hi."

Braidd yn hwyr oedd Richard yn ffonio Demetian Holdings. Roedd y ffôn yn swyddfa Olwen wedi canu sawl gwaith cyn iddi glywed llais Richard. Wedi gwrando'n dawel am gryn amser, roedd ei hymateb yn llai sicr ei oslef nag arfer,

"*Uncharted territory*, Richard, dyna lle r'yn ni'n nawr. Ond sdim dewis 'da ni ond aros a gweld beth ddaw nesa."

Yn y cyfamser, roedd Rhys wedi achub y cyfle i ffonio Lynne a dywedodd:

"Rydw i wedi gollwng y gath o'r cwd, Lynne. Well i chdi warnio pawb o'r teulu ac esbonio wrth Eifion a Ffion pam bod Dad ar y teledu!"

* * *

Yn hwyr y noson honno, yn ei fflat foethus yn Knightsbridge, rhoes Mordred Dunn y gorau i ddarllen rhifynnau hwyr y papurau dyddiol. Gorweddent, yn driphlith draphlith, ar y bwrdd coffi o'i flaen ac roedd ambell un wedi llithro i'r llawr â'i blygion fel pabell anniben. Yn gynharach, bu'n gwylio rhaglenni newyddion y teledu, a gwrandawodd ar fwletin diweddaraf World Service y BBC. Oedd, roedd y stori felltith ar y gwasanaeth hwnnw, hefyd.

Tywalltodd wydraid arall o Chivas Regal o'r decanter Waterford wrth ei benelin a'i sipian, yn ôl ei arfer, heb na soda na dŵr.

O'r gorau, meddai wrtho'i hun, mae'n well i mi ei ffonio fo, yn hytrach nag aros i'r diawl fy ffonio i. Gwyddai mai awr o gael ei rostio uwchben y tân fyddai'r sgwrs honno. Llwnc arall o whisgi ac estynnodd at y ffôn, fel petai'r teclyn yn debyg o ffrwydro dan ei law.

Pennod 20

Mai – Mehefin 1987

"Hei, Mistar Urdd,
Yn dy goch, gwyn a gwyrdd..."

Seiniai'r gân fywiog ar draws y Maes prysur, â chriw o blant yn canu wrth ddilyn Mistar Urdd ei hun ling-di-long. Roedd yr osgordd yn gwau'n swnllyd rhwng stondinau a strwythurau'r Maes, yn ei amgylchedd anarferol o goediog. Dan wenau'r dorf, roedd Mistar Urdd yn foddfa o chwys yn ei wisg dri lliw ac yntau, fel rhyw bibydd brith, yn hudo'r plant at un o weithgareddau awyr agored y bore.

Parc Cyfarthfa ym Merthyr Tudful oedd cartref Eisteddfod Genedlaethol yr Urdd yn 1987. Islaw Castell Cyfarthfa, hen blasty teulu Crawshay, a choedwig y Parc, roedd Maes yr Eisteddfod yn ymestyn dros dir glas caboledig, gyda thref Merthyr a chymunedau crud y Chwyldro Diwydiannol yn lapio amdano.

Byddai Rhys yn mynychu Eisteddfodau'r Urdd yn rhinwedd ei waith ers blynyddoedd. Yn athro ysgol, bu ganddo bartïon cân actol a phartïon cydadrodd o dan ei hyfforddiant yn rheolaidd, a bu'n bugeilio byseidiau o blant yr ysgolion lle bu'n dysgu i'r Maes. Ar waith roedd Rhys eto heddiw. Tasg y bore oedd cyfarfod gydag awdurdodau'r Urdd i drafod y posibilrwydd o gydweithio rhwng y mudiad ieuenctid allweddol hwn a Chwmpas Cymru, o ran lleoliadau gwaith a phrosiectau ymarferol eraill.

Ar gyfer y prynhawn, roedd Rhys wedi trefnu ymweld â phentref Pen-rhys, ar fryn uchel a gwyntog rhwng cymoedd y Rhondda Fawr a'r Rhondda Fach. Trwy'r Oesoedd Canol, bu Pen-rhys yn gyrchfan bwysig i bererinion, wrth iddynt ymweld â ffynnon gysegredig enwog i'r Forwyn Fair, ei chapel a'i lluesty mynachaidd i deithwyr. Cawsai'r capel ei gau a'i ddinistrio yn ystod teyrnasiad Harri VIII, a dygwyd cerflun mawr y Forwyn Fair yr holl ffordd i Lundain, a'i losgi'n gyhoeddus – hynny'n rhan o ymgyrch Thomas Cromwell i ddileu delwau nadd o'r eglwysi ac o ddefosiwn gwerin.

Yn yr 1960au adeiladwyd ystâd fawr fodern o 951 o dai cyngor ym Mhen-rhys – yr ystâd fwyaf yng Nghymru. Codwyd Canolfan Gymunedol drawiadol yno, a gafodd ei hagor yn 1970. Ond erbyn yr wythdegau, gyda'r dirwasgiad enbyd yn y Cymoedd, roedd y gyfradd ddiweithdra ym Mhen-rhys yn 93% ac roedd llawer o bobl yn gadael y pentre. Roedd y tlodi a natur ynysig y safle wedi arwain at broblemau fandaliaeth, a bu sawl achos o gynnau tanau bwriadol yno hefyd.

Serch hynny, roedd cnewyllyn cryf o gymdogaeth dda a gweithgarwch cymdeithasol yn y gymuned ac aeth Rhys yno i ymweld â nifer o weithwyr gwirfoddol selog ac aelodau o eglwys fechan gyd-enwadol a gawsai ei sefydlu yno. Gwyntyllwyd nifer o anghenion y gymuned y pnawn hwnnw, a syniadau sut y gallai pobl Pen-rhys fanteisio ar adnoddau Cwmpas Cymru.

Wrth deithio'n ôl i Gaerdydd gyda'r nos, bu Rhys yn cloriannu'r holl syniadau a ymddangosodd yn ystod y dydd, ym Mharc Cyfarthfa ac ym Mhen-rhys. Roedd y cyfleoedd a'r galw am gychwyn mwy o fentrau adeiladol yn amlwg. Ond…

Ers dyddiau, bellach, bu'r 'ond' aflafar hwnnw'n seinio yn ei feddwl yn gyson. Yr 'ond', wrth gwrs, oedd parhad Cwmpas Cymru ei hunan, a'i barhad yntau yn ei swydd, petai Pieter van der Goes yn dwyn achos o enllib yn ei erbyn. Doedd ganddo ddim amheuaeth na fyddai Olwen a Syr Edwin Cradock yn ariannu ei amddiffyniad cyfreithiol. Ond roedd helbulon y misoedd diwethaf wedi llwyddo i wau hugan anghysurus o ansicrwydd o gwmpas Rhys, a nifer o aelodau eraill y cwmni.

Storm swnllyd, ond byrhoedlog, a gafwyd yn y wasg a'r cyfryngau wedi'r datganiad yn Aberystwyth. Cafodd y cyhuddiad yn erbyn van der Goes ac o gynllwyn gan ddihirod anhysbys i faeddu enw da Cwmpas Cymru sylw mawr am rai dyddiau. Gwelwyd adroddiadau yn y wasg, am y tro cyntaf y tu allan i Gymru, am y digwyddiadau yn Nhre-tŵr, Tyddewi a Chaernarfon a'r ymgyrchoedd *take-over* yn erbyn rhai o gwmnïau'r partneriaid. Cawsai tanchwa Tre-pwll ei lle yn rhai o bapurau trymion Llundain eisoes. Dim ond un o'r tabloids a roes unrhyw ofod i'r stori ar y cychwyn, gan ddod i'r casgliad yn hyderus mai gwaith Meibion Glyndŵr oedd y drosedd, ar y sail mai cwmni o Loegr, sef o Fryste, oedd People's Opera. Yn sgìl datganiad Aberystwyth, cafwyd yr hanes yn yr holl bapurau dyddiol.

Y rhyfeddod mawr oedd bod distawrwydd wedi disgyn dros y cyfan ymhen rhyw ddeng niwrnod.

Y prif reswm pam y diflannodd y stori oedd y ffaith na chafwyd ymateb o gwbl gan y Dr. van der Goes i gyhuddiad Rhys. Bu'r wasg dramor yn Ne Affrica yn ffureta amdano, ond doedd dim hanes ohono yn ei goleg, a gwrthodai awdurdodau'r brifysgol bob cais am wybodaeth. Cyn bo hir, dechreuodd heddlu De Affrica droi tu min tuag at ohebwyr oedd yn ffroeni gormod.

Yn Nhregraig, wedi ychydig o ddyddiau gwyllt, pan oedd gohebwyr a chamerâu'n frith, tawelodd y sylw yno hefyd. Cafodd un gohebydd groeso pur chwerw gan gymdogion wrth iddo stelcian o gwmpas cartref Rhys a Lynne, a bu'n rhaid i ddau riportar uchel eu cloch adael tafarn y pentref yn ddiseremoni un prynhawn.

Sylweddolai Rhys, er gwaethaf y busnesu digywilydd, fod diddordeb y cyfryngau'n hanfodol i wireddu bwriad Cwmpas Cymru. Dim ond goleuni llachar cyhoeddusrwydd allai fygwth y gelynion cudd, yn enwedig y perygl na chaent barhau yn gudd yn hir iawn.

Ddiwrnod neu ddau yn ddiweddarach, cafodd Rhys orchwyl wrth ei fodd. Yng nghwmni Jill, dychwelodd i Gastell Caerffili, i ddechrau cynllunio efo Dave a Chriw Cwmpas y diwrnod agored mawr ym mis Gorffennaf. Sesiwn 'peledu syniadau' oedd ar raglen y bore cyntaf hwnnw. Roedd Rhys a Dave am weld ehangder safle'r castell yn cael ei ddefnyddio i'w eithaf, er mwyn darparu gweithgareddau i blant ac ieuenctid, adloniant, stondinau cwmnïau lleol ac arddangosfeydd o bob math gan asiantaethau gwirfoddol. Byddai lle i fandiau pres a chorau, bandiau roc a nifer o berfformiadau, megis band dur o Gaerdydd ac arddangosfa gan hebogwr a chorlannau o anifeiliaid yn eiddo i Fferm Ddinesig Caerdydd. Roedd Rhys a Dave eisiau denu peth wmbredd o unigolion a grwpiau allanol i gael lle a llais yn ystod y diwrnod mawr gan ymuno â Chriw Cwmpas.

Tra oedd o yng Nghaerffili, cawsai Rhys adborth gan y criw ar daith ysgolion 'Gwalia gydag Elis'. Cafodd y disgyblion a'u hathrawon brofiad diddorol wrth glywed geiriau Elis Gruffydd yn sôn am eu bröydd, a hynny dros bedair canrif yn ôl, wrth i Griw Cwmpas gyflwyno'r hanes yn eu dull gafaelgar.

Ymwelsai Rhys, Gwenno ac aelodau eraill o dîm Cwmpas Cymru â'r ysbyty yng Nghas-gwent i weld Phil a Geraint droeon. Erbyn hyn, roedd Phil wedi gadael yr ysbyty a'i losgiadau'n mendio dda. Ond roedd taith fwy araf a blinderus o flaen Geraint, yn cynnwys llawdriniaethau a grafftiau croen i'w ddwylo, ei freichiau a'i frest.

Daeth yn amlwg i Rhys fod y berthynas rhwng Gwenno a Geraint wedi adfywio yn dilyn trychineb Tre-pwll. Gan nad oedd ganddi ei char ei hun, byddai Gwenno'n cael lifft yn aml i Ysbyty Sant Lawrens gyda rhieni Geraint, a fyddai'n ymweld ag ef bob dydd. Daeth Gwenno'n rhan o'r rhwydwaith teuluol clòs a amgylchynai'r cerddor ifanc. Ar un wedd, roedd Rhys yn falch bod Gwenno y tu hwnt i'w gyrraedd yn emosiynol erbyn hyn. Ar y llaw arall, ni allai haeru bod yr atyniad, ar ei ran ef, wedi diffodd yn llwyr.

Dave fyddai'n gwneud y rhan fwyaf o'r trefniadau ar gyfer y diwrnod agored, a dechreuwyd cyfeirio at yr achlysur fel Diwrnod Mawr Caerffili. Ar gais Rhys a Dave, cytunodd Richard Stroud i ychwanegu aelodau People's Opera at dîm perfformio Criw Cwmpas am weddill yr haf, gan y byddai nifer o achlysuron eraill, llai eu maint, yn dilyn Diwrnod Mawr Caerffili.

Cyn mynd i'w lety y noson honno, cafodd Rhys ei sgwrs ffôn arferol gyda Lynne a'r plant, a chael hanes diwrnod cwbl normal yn Nhregraig. Cyn hanner nos, aeth i'w wely yn fodlon a chysgodd fel twrch.

* * *

Grwnian tawel oedd yr unig sŵn a wnâi'r Rover wrth iddo yrru'n araf drwy'r pentref. Wrth y llyw roedd y Cwnstabl Eric Lloyd, gyda'i bartner, Gwyn Goodman, wrth ei ochr. Car â thipyn o steil iddo oedd y Rover SD1 – cynnyrch ffatri fawr British Leyland yn Cowley, Rhydychen. Roedd yn gar braf i fynd ar batrôl o gwmpas cefn gwlad Gogledd Cymru mewn haul neu ddrycin. Nodwedd amlycaf y car gwyn oedd y stribed lachar o goch a glas ar hyd ei ddwy ystlys. Ysgogodd hwnnw yr enw gwerinol "ceir brechdan jam". Pan welsai'r car newydd am y tro cyntaf, dywedodd mam Eric:

"Tydi o'n gweiddi 'cym hiar' o bell!"

Gyda gwên ddireidus, atebodd ei dad:

"Faswn i'n deud ma gweiddi, 'go awê as far as possible' mae o!"

Y noson honno, cawsai'r ddau blismon eu galw i helynt swnllyd mewn tŷ yn un o'r pentrefi. Roedd parti meddw wedi arwain at gwffio ac roedd un dyn wedi dyrnu gŵr y tŷ a'i bachu hi oddi yno nerth ei draed. Aeth Eric a Gwyn o gwmpas y pentref yn ddi-stŵr i chwilio amdano yn y Rover, gan sleifio fel cath ddisgwylgar yn synhwyro prae.

Noson eithriadol o olau oedd hi, fel a geir yn aml ym mis Mehefin. Nid yn unig roedd lleuad llawn, ond roedd yr awyr gyfan yn llwyd olau, fel petai'n methu'n lân â nosi'n llwyr.

"Mae'r diawl wedi mynd i guddiad mewn cwt glo ne sied," meddai Gwyn.

Cytunodd Eric, gan lywio'n ofalus o gwmpas y pentref mud.

"Eric, sbïa!" meddai Gwyn yn sydyn, "mae 'na rwbath newydd fynd rownd cefn y tŷ acw."

Roedd yn pwyntio at dŷ ar ei ben ei hun, gyda chae yn gefn iddo. Tynnodd Eric at ymyl y palmant ac aeth y ddau allan i chwilio. Doedd dim siw na miw i'w glywed o'r tŷ. Roedd pob golau wedi ei ddiffodd a phawb yn cysgu, mae'n siŵr. Gwahanodd y ddau swyddog ar y dreif a mynd o amgylch y tŷ yn groes i'w gilydd. Yn sydyn, rhoes Gwyn floedd:

"Dacw fo! Pen draw'r ardd!"

Rhuthrodd y ddau i ben pella'r ardd gefn a'i choed bychain. Dyna ble roedd rhywun mewn dillad duon a mwgwd yn ceisio dringo dros y wal garreg a dianc i'r cae. Wrth i'w draed fachu yn iorwg trwchus y wal, gafaelodd Gwyn ynddo a'i lusgo i'r llawr, a rhoes Eric y cyffion amdano mewn chwinciad.

Yn y cyfamser, roedd y sŵn wedi deffro preswylwyr y tŷ ac ymddangosodd golau yn y llofft ac yna yn y gegin gefn. Brysiodd Eric at ddrws y gegin, a gweld ei fod eisoes yn gilagored.

Galwodd "Police!" a daeth merch tua deugain oed i'w gyfarfod wrth ddrws y gegin.

"Be sy'n digwydd?" meddai, "Mae'r plant wedi deffro efo'r holl sŵn!"

"Oeddach chi wedi agor y drws cefn?" gofynnodd Eric.

"Nag o'n, fel'na roedd o. Oes 'na rywun wedi trio torri i mewn?"

"Mae'n edrach felly. Gwrandwch, Musus ..."

"Mrs. Gruffydd – Lynne Gruffydd."

"Rydan ni wedi dal rhywun yn fan'ma; ond os ydi o wedi medru agor y drws, mae'n rhaid gwneud yn siŵr nad oes 'na bartnar ganddo fo, wedi mynd i mewn i'r tŷ."

Gadawodd Lynne i'r plismon ddod i mewn i'r tŷ ar unwaith felly.

"Mae'r plant yn y llofft. Gadwch i mi fynd atyn nhw!"

"Rhoswch eiliad, 'da chi. Mi fydda i yno mewn chwinciad."

Brasgamodd i fyny'r grisiau a dyna ble roedd Eifion a Ffion yn sefyll ar y landin.

"Ewch i lawr at ych mam! Mae hi yn y gegin. Pob dim yn iawn – pawb yn saff!"

Wedi i'r plant ddod at Lynne yn y gegin, a thra bu Gwyn yn cadw llygad barcud o'r tu allan, aeth Eric o stafell i stafell, o'r atig i lawr. Dim enaid byw yno. Daeth yn ôl i'r gegin a sicrhau Lynne bod y tŷ'n ddiogel. Edrychodd ar ddrws y gegin. Roedd y sinach wedi torri'r clo.

"Dim ond y tri ohonoch chi sy 'ma?" gofynnodd Eric.

"Ia, mae'r gŵr yn gweithio i ffwr. Mae o yn Gaerdydd."

"Mi fedra i alw rhywun i drwsio'r clo yma, ond mi fasa'n dda petai 'na rywun arall efo chi."

"Mae 'Nhad yn byw yn agos, ond dydw i ddim isio'i ddychryn o a Mam. Os gawn ni drwsio'r clo, mi fyddan ni'n iawn. Rydach chi wedi dal y lleidar, mae'n amlwg."

Edrychodd Eric allan i lwyd olau'r ardd. Safai'r dihiryn yn llonydd ac yn fud yng ngofal Gwyn. Ond, doedd Eric ddim yn hapus. Mi allasai partner y lleidr fod yn llechu yn rhywle. Roedd gwisg ac osgo'r dyn yn awgrymu nad rhyw garidým yn chwilio am bres ar siawns i brynu cyffuriau mo hwn. Safai'n fwriadol fud ac roedd 'na rywbeth yn hunanfeddiannol amdano fo.

Roedd Ffion, hefyd, yn syllu heibio'i mam allan i'r ardd.

"Crwc ydi hwnna? Crwc go iawn?"

Gafaelodd Eifion yn dyner am ei chwaer fach ac atebodd Eric ei chwestiwn.

"Ia, del. Crwc go iawn. Ma golwg crwc arno fo, 'yn does? Fath â rwbath ar y teli."

Troes yn ôl i wynebu Lynne.

"Mi faswn i'n hapusach tasach chi'n ffonio rhywun, Mrs.

Gruffydd. Mi fedra i drefnu i WPC ddod yma am ddwy awr neu dair, ond go brin y cawn ni neb i aros dros nos."

"Mi ffonia i Dad, 'ta. Fydd o fawr o dro'n dod yma o Dal-y-sarn. Yn nes ymlaen mi ffonia i'r gŵr yn Gaerdydd. Mi ddaw ynta i fyny yn ystod y bora, dwi'n siŵr."

Felly y bu. Daeth tad Lynne yno ymhen hanner awr ac fe gafwyd cwmni plismones ifanc, Sian Pritchard, am ddwyawr wedyn. Dim ond ar ôl iddi hi gyrraedd y gadawodd Eric a Gwyn, gyda'u carcharor ac yntau, heb ei fwgwd bellach, yn gwgu'n fud wrth gael ei dywys i'r Rover. Cyn bo hir roedd y clo wedi cael ei drwsio gan gontractiwr o Gaernarfon, un o grefftwyr rheolaidd yr heddlu. Treuliodd Sian beth amser yn bwrw golwg dros yr ardd a'r cae yn y cefnau, a chadwodd gwmni i'r teulu bach yn y gegin.

Geiriau olaf Eric Lloyd wrth y WPC Pritchard, cyn gadael gyda'r carcharor, oedd:

"Cadw lygad ar betha, wir Dduw. Dim drygi yn trio'i lwc ydi'r boi acw. Mae 'na rwbath yn rhyfadd ar y diawl am y busnas 'ma..."

PENNOD 21

Mehefin 1987

Oedodd Lynne tan saith o'r gloch fore trannoeth cyn ffonio fflat Rhys i dorri'r newyddion. Cychwynnodd yntau am y gogledd o fewn hanner awr, wedi rhoi caniad i Richard i ddweud na fyddai yn Nhŵr Dewi, cyn rhuthro i'r car.

Siwrnai ddiflas a phryderus oedd hi'r tro hwn, er bod yr haul yn gwenu. Roedd Lynne wedi esbonio'n glir na fu'r dihiryn yn y tŷ a'i bod hi a'r plant yn gwbl ddiogel. Ofn pennaf Lynne oedd i Rhys gael damwain wrth yrru'n wyllt ar hyd y ffyrdd troellog.

Daeth car yr heddlu i gyrchu Sian Pritchard o Dregraig tua phedwar o'r gloch y bore ac roedd tad Lynne yn y gegin yn gwneud paned pan wnaeth ei ferch ei galwad ffôn i Gaerdydd am saith. Cafwyd neges gan Sian Pritchard cyn iddi adael: cais ar i Lynne a Rhys fynd i ganolfan yr heddlu yng Nghaernarfon am ddau o'r gloch y prynhawn i drafod y digwyddiad.

"Pam goblyn na dd'on nhw yma?" meddai tad Lynne, wedi clywed am y cais. "Ond hitia befo, mi eith dy fam a finna i nôl Eifion a Ffion o'r ysgol. Mi gawn nhw de acw efo ni."

Ychydig cyn hanner dydd y cyrhaeddodd Rhys adref, a lapio'i freichiau am Lynne a'r plant. Roedd Lynne wedi ffonio'r ysgol i ddweud na fyddai'r plant yn bresennol yn y bore, gan esbonio hynt y noson cynt, ond fe ddeuai â nhw yno ar gyfer y prynhawn. Roedd y stori ar led yn y pentref erbyn hynny, a galwodd rhai o'r cymdogion i ddangos eu cefnogaeth.

"Rydan ninna wedi bod yn meddwl rhoid larwm ar y tŷ. Mi awn ni amdani rŵan. Does nunlle'n saff y dyddia yma!"

Cyrhaeddodd Rhys a Lynne ganolfan yr heddlu'n brydlon am ddau, i weld yr Arolygydd. Roedd Rhys yn ei adnabod – y fo a ddaeth i Gastell Caernarfon gyda Nicola Rees adeg sioe'r ysgolion ym mis Rhagfyr. Dros baned yn ei swyddfa, esboniodd fod y lleidr wedi gwrthod ateb gair ar ôl cael ei arestio'n ffurfiol, heblaw am "No comment" dro ar ôl tro.

"Dim dyn lleol ydi o. Acen Llundain sy gynno fo, *Cockney* fyddan ni'n ddeud ers talwm. Mae o'n gwrthod deud ei enw, ond rydan ni wedi cymeryd ei *fingerprints* o, a mae'n debyg bod gynno fo record. Roedd y ddau gwnstabl ddaru'i ddal o'n eitha siŵr mai 'pro' ydi o – hen law ar y gêm – dim be fasan ni'n ei alw'n 'opportunist housebreaker'."

"Ond pam dŵad acw?" gofynnodd Lynne, "Dim Beverley Hills ydi Tregraig!"

"Mae'ch tŷ chi ar ei ben ei hun: dydi o ddim yng nghanol y pentra. Falla bod hynny'n ffactor. Er bod gynno fo acen Llundain, mae'n bosib ei fod o'n byw yn y gogledd 'ma ers tro ac yn nabod dipyn ar yr ardal. Mi ddaw'r pictiwr yn gliriach cyn bo hir, siawns."

Canodd y ffôn ar ddesg yr Arolygydd. Gwrandawodd yn astud, ond ni allai guddio elfen o syndod yn ei wedd. Rhoes y ffôn i lawr a chymerodd anadl ddofn cyn siarad:

"Rydan ni newydd gael mwy o hanes ein cwsmer. Mae'r mater wedi cael ei gyfeirio at Superintendant Rees ym Mae Colwyn. Mae hi ar y ffordd yma rŵan ac mae hi isio gweld y ddau ohonoch chi. Mi fydd hi rhyw hanner awr cyn iddi gyrraedd. Mae gynnon ni gantîn yma, Mr. a Mrs. Gruffydd ac mi a' i â chi draw yno a chewch aros yno tan bydd y *Super* wedi cyrraedd."

Dros baned a theisen yn y cantîn, dyfalai Lynne pam bod Nicola Rees wedi cymryd diddordeb yn y digwyddiad.

"Does dim angen rhywun ar lefel Nicola Rees i ddelio efo byrglar, Rhys," meddai Lynne yn daer, "yn enwedig byrglar gawsai ei ddal cyn iddo fo roid ei hen draed budron yn 'yn tŷ ni! Ydi o'n bosib bod gan y busnas 'ma rwbath i'w neud efo helyntion Cwmpas Cymru?"

"Do's gen i ddim syniad, Lynne, ond mae'n hollol bosib. Diawlad drwg ydi'r bobol 'ma, pwy bynnag ydyn nhw, ond pam uffar fasan nhw isio torri i mewn i'n tŷ ni, Duw a ŵyr. Does gen i ddim ffeils gwaith yn y tŷ o gwbl, a chydig iawn o betha cyfrinachol fasa ynddyn nhw, sut bynnag."

"Trio codi braw arnan ni maen nhw, Rhys? Wel, os felly, maen nhw wedi llwyddo! Dydw i ddim isio i Eifion a Ffion fod mewn peryg am dy fod ti'n gweithio i Cwmpas Cymru! Mi oedd cael riportars a *paparazzi* o gwmpas y lle'n ddigon drwg, ond ma hyn tu hwnt i bob rheswm!"

* * *

Gallai'r siwrnai o Fae Colwyn i Gaernarfon fod yn un rhwystredig ar ddiwrnod o haf. Gwyddai Nicola Rees yn dda am y tagfeydd traffig yn nhref hynafol Conwy, a doedd hi ddim am oddef unrhyw oedi heddiw. Gorchmynnodd i'w gyrrwr roi'r seiren ar waith a'r golau glas i fflachio cyn cyrraedd Cyffordd Llandudno. Gwasgodd pob car, lori a fan i'r ochrau wrth i gar yr heddlu groesi Pont Conwy a phasio trwy strydoedd culion a phorth cyfyng y dref. Cyrhaeddodd Maesincla mewn llai na hanner awr.

Yn swyddfa'r Arolygydd y cyfarfu Rhys a Lynne â Nicola Rees eto, wedi'r cinio hwnnw yng ngwesty Victoria, Llanberis.

Heb ennyd o oedi, gofynnodd Lynne:

"Beth sy'n mynd ymlaen, Miss Rees? Mae rhyw grwc wedi torri i mewn i'n tŷ ni, a ma Rhys a finna isio gwybod oes a wnelo'r peth â helynt Cwmpas Cymru?"

Rhoes Nicola ei braich am Lynne a dweud:

"Gadewch inni ddefnyddio enwe cyntaf, Lynne. Bydd yn rhaid i ni'n tri weitho'n glòs 'da'n gilydd yn ystod yr wythnose nesa."

Deallodd Lynne a Rhys fod ei geiriau'n gadarnhad o'u pryder. Helynt Cwmpas Cymru oedd craidd y mater.

Eisteddodd y tri, gyda Lynne a Rhys ar bigau'r drain.

"Lleidr proffesiynol fu'n trial torri miwn i'ch tŷ chi. Ei enw fe yw Jason Cornock – *career criminal*. Ma fe'n dal i wrthod gweud gair, ond mae'r olion bysedd wedi dangos pwy yw e. Mae record faith 'da fe am ddwyn o dai, ond – i fod yn deg – dim erio'd o ddefnyddio trais. *Cat burglar* fydde'r hen enw ar y teip – miwn a mas heb sŵn. Un ffaith ddiddorol yw bod e wedi ca'l ei ddala'r tro diwetha yn dwgyd papure cyfrinachol o swyddfa cwmni yn Llundain – *commercial espionage*."

"Ond does dim byd felly yn y tŷ acw," meddai Rhys ar unwaith. "Ychydig iawn sy'n gyfrinachol am y gwaith rydw i'n ei wneud, beth bynnag!"

"Ond ma ambell i beth?"

"Oes," atebodd Rhys. "Fel y gwyddoch chi, un o'r petha rydw i'n poeni amdano fo fwya ydi y bydd y diawlad 'ma'n treio peri niwed i'r bobol ifanc sy gen i ar brofiad gwaith. Ond mae'r cytundeba efo cyflogwyr a'r ysgolion a phob gwaith papur arall am y cynllun a'r lleoliada dan glo gen i yn Nhŵr Dewi. Does dim sgrap yn ymwneud â'r cynllun yn y tŷ gen i."

Nodiodd Nicola ei chytundeb, ond atebodd:

"Yn 'y marn i, dim dyna o'dd ar fryd Jason Cornock neithiwr. Mae gelynion Cwmpas Cymru'n pryderu mwy am beth yn gwmws ry'ch chi'n gwbod am y Dr. van der Goes."

Rhythodd Rhys arni'n syn.

"Ond dydw i'n gwbod dim am y dyn, heblaw 'i fod o'n ddarlithydd yn Ne Affrica ac yn arbenigwr, o ryw fath, ar oes y Tuduriaid yn Lloegr."

"Ych cyhuddiad chi yn Aberystwyth, Rhys, sydd wedi gollwng y cadno i blith yr ieir. Mae ofan ar elynion Cwmpas Cymru ych bo chi wedi cael *intelligence* o rywle sy'n beryglus iddyn nhw."

Gwelai Nicola fod Lynne yn prysur gyrraedd y berw eto, wrth wrando ar y sgwrs ac meddai:

"Fe wn i'n union, Rhys, pam y gwnaethoch chi'r cyhuddiad yn erbyn van der Goes. Y'ch chi am weud, neu chi am i fi neud?"

Nodiodd Rhys ei ben yn ddiamynedd. "Cyn mynd i Aberystwyth, mi ges i ordors pendant gan Richard Stroud i wneud y cyhuddiad a 'mod i'n enwi unigolyn penodol. Fe ddeudodd Richard yn blaen fod van der Goes yn rhan o'r ymgyrch yn ein herbyn ni. Roedd o wedi cael cadarnhad sicr o hynny, medda fo. Mi ddeudodd fod Olwen Cradock ac ynta wedi cytuno i ddatgelu yr holl helyntion yn gyhoeddus, pe bydda rhwbath arall yn digwydd. Wel, van der Goes oedd y 'rhwbath arall'."

"Ac ry'ch chithe wedi ymddiried yn Richard, sy'n glod mawr i chi, Rhys. Dyna yw un o gryfdere pennaf Cwmpas Cymru."

"Sori, Nicola," torrodd Lynne ar ei thraws. "Ydi deud 'da was, da a ffyddlon' ddim yn ddigon gen i o gwbl. Dim *cannon fodder* ydi Rhys i gael ei yrru i mewn i'r ffosydd ac yn sicr dydi'n plant ni ddim. Ydan ni'n mynd i gael gwybod pam bod hyn i gyd yn digwydd?"

"Odych, nawr! Wy am weud y stori'n llawn wrthoch chi – popeth dwi'n gwbod. Mae'r peth yn dechre yn Llunden, tua dou fis yn ôl..."

* * *

Edrychodd Fran Prosser o gwmpas y dafarn brysur, gyda thincial gwydrau a dryswch o leisiau yn llenwi'r lle. Yng nghanol y stŵr, gwelodd ddyn yn codi ar ei draed ac yn chwifio'i law arni. Gwthiodd ei ffordd tuag ato, a chafwyd ysgwyd llaw digon ffurfiol.

"Roedd y disgrifiad yn un da," meddai'r gŵr ifanc hirwallt, yn ei grys ysgafn a'i denims golau, yng nghanol teilwra drud Dinas Llundain.

"Dallt bo chdi'n lecio Guinness," meddai, gan bwyntio at beint hufennog ar y bwrdd.

"Wedi gwneud dy *homework* yn dda," meddai Fran gyda gwên ac eisteddodd y ddau wrth y bwrdd.

Wyn Rendel oedd y gŵr ifanc – newyddiadurwr profiadol, 35 oed ac wedi arbenigo ar newyddion Affrica. Tystiai'r lliw haul dwfn iddo fod am flynyddoedd ar y cyfandir hwnnw, a'r graith egr ar ochr ei wddf yn dyst o beryglon ei chwilota treiddgar. Daeth yn enwog am ei gondemniad llym ar gyfundrefn apartheid yn Ne Affrica, a chafodd ei wobrwyo gan ei gyd-newyddiadurwyr, ond ei wahardd o'r wlad gan lywodraeth De Affrica.

Beirniad cytbwys oedd Wyn Rendel. Roedd wedi tystio'n ddi-ofn wrth drafod drygau'r llywodraethau un-blaid a'r unbenaethau mympwyol yn rhai o wledydd annibynnol y cyfandir. Bu'n ddraenen yn ystlys Idi Amin yn Uganda, a cheisiodd hwnnw ei ladd. O leiaf roedd Amin wedi cael ei ddisodli erbyn hyn, ond roedd beiro Wyn Rendel mor finiog ag erioed.

Cwmnïau rhyngwladol mawr, yn enwedig cwmnïau mwyngloddio, oedd un o'i dargedau cyson bellach, a'r modd roedden nhw'n defnyddio dulliau llwgr i ennill manteision economaidd mewn gwledydd lle roedd y mwynau'n ddrudfawr a'r bobol mewn tlodi.

Dros eu peintiau o Guinness y noson honno, esboniodd Wyn pam iddo ofyn am gyfarfod â Fran.

"Mae *grapevine* da iawn gen i yn Llundain," esboniodd wrthi. "Mae nifer o bobol wedi deud wrtha i dy fod ti'n holi ynglŷn â Dunn a Masefield, a Mordred Dunn yn arbennig."

Cytunodd Fran:

"Odw, er smo i am weud i bwy rwy'n gwitho – *client confidentiality*!"

Nodiodd Wyn ei gymeradwyaeth:

"Digon teg, faswn inna byth yn datgelu pwy sy'n rhoi gwybodaeth i finna."

Ystyriodd yn dawel am funud, cyn ychwanegu,

"Mi ddyweda i beth dw i yn ei wybod. Does dim rhaid iti gytuno nac anghytuno, dim ond gwrando. Rwyt ti'n dod o Gaerdydd ac mae dy dad yn hen ffrind i Syr Edwin Cradock, o Demetian Holdings. Dydi o ddim yn gyfrinach bod dy dad wedi bod o help i Syr Edwin a'i amddiffyn rhag y crwc, Haydn Vollme, flynyddoedd yn ôl ac wedi tynnu'r Fraud Squad a'r O.F.T. am ben y diawl hwnnw."

Ni chafodd ymateb gan Fran. Gwenodd Wyn yn rhadlon, cymerodd lwnc arall o'i beint a daliodd ati.

"Rydw i wedi bod yn cadw llygad ar Mordred Dunn ers

blynyddoedd. Roedd o'n arfer cynnig help i gwmnïa o Brydain i fasnachu efo Rhodesia, o dan lywodraeth Ian Smith – masnach hollol anghyfreithlon, wrth gwrs. Ffeindis i ddim tystiolaeth fydda'n gallu sefyll mewn llys barn, ond roedd y cysylltiad yn gwbl bendant. Wrth gwrs, mae Rhodesia ac Ian Smith wedi diflannu ers 1980, a does neb isio gwbod rŵan."

"Ti'n gwbod am y *rare earths mining* mae Mordred Dunn yn eu sbonsro?"

"Ydw. Mae ganddo fo gleient yn Bolivia sydd yn y busnes *rare earths*, a hwnnw efo stêc fawr mewn cwmnïa yn Affrica sy'n cloddio am bob math o fwynau. Rydw i wedi methu ffeindio pwy ydi'r cleient pwysig 'ma, ond mae Dunn wedi bod yn teithio'n aml i'r *States* ac i Canada. Mae'n bosib bod y ddau'n cyfarfod felly."

"Dyw'r *experts* ddim yn meddwl bod y *rare earths* yng Nghymru yn werth y coste o'u cloddio nhw," cynigiodd Fran.

"Mi fedra i goelio hynny, Fran. Rhywbeth gwahanol sy wedi tynnu'n sylw i yn ddiweddar. Wyt ti 'di clywed am Auguste Bernal?"

"Odw, ma fe'n asiant i Dunn tu fas i Ewrop – cysylltiade 'da fe yn Affrica a South America."

Aeth Wyn Rendel ati i esbonio'r hyn a fu'n benbleth iddo'n ddiweddar. Ymwelodd Mordred Dunn â Llysgenhadaeth De Affrica yn Llundain deirgwaith mewn tair wythnos. Y tro ola roedd yng nghwmni Auguste Bernal. Tua'r un pryd, cafodd Wyn glywed bod Dunn, ar ei daith ddiweddaraf i Dde Affrica, wedi ymweld â dwy o brifysgolion y wlad – dwy o'r rhai a dderbyniai fyfyrwyr gwynion yn unig. Ymhen y rhawg, rhoes un o gyfeillion academaidd Wyn wybod iddo fod Dunn a Bernal wedi cyfarfod ddwywaith neu dair efo darlithydd mewn hanes yn un o'r colegau.

Doedd hynny ddim yn syndod mawr i Wyn. Gwyddai fod llywodraeth De Affrica wedi bod yn noddi ymchwil mewn archaeoleg ac anthropoleg, i geisio profi damcaniaeth ddadleuol y Tir Gwag.

Cawsai rhan o Dde Affrica, o gwmpas Penrhyn y Gobaith Da, ei goloneiddio gan ymfudwyr o'r Iseldiroedd yn yr ail ganrif ar bymtheg. Craidd damcaniaeth y Tir Gwag oedd nad oedd unrhyw un o genhedloedd duon Affrica yn byw yno ar y pryd. Yn ddiweddarach, meddid, yr ymfudodd cenhedloedd fel y Xhosa, y Zwazi, y Tswana, y Ndebele ac, wrth gwrs, cenedl bwerus y Zulu, i'r hyn a ddaeth wedyn yn Dde Affrica.

Pwrpas damcaniaeth y Tir Gwag oedd dangos mai trefedigaethwyr gwyn oedd y bobl gyntaf i ymsefydlu yn Ne Affrica ac felly doedd dim hawl cynhenid gan y bobl dduon ar y wlad. Defnyddid y ddamcaniaeth i gyfiawnhau polisi'r llywodraeth o wrthod cydnabod pobl dduon yn ddinasyddion a'u dynodi'n ddinasyddion tiroedd anghysbell a elwid yn Bantustans, rhanbarthau fel Kwa-sulu a'r Transkei. Felly daeth y miliynau o Affricaniaid duon a drigai mewn treflannau fel Soweto yn 'estroniaid' yn swyddogol, er eu bod yn parhau i weithio yn Ne Affrica.

Wfftiai ysgolheigion rhyngwladol ddamcaniaeth y Tir Gwag fel myth cwbl ddi-sail, er yr holl lyfrau ac erthyglau a gyhoeddwyd i geisio profi'r peth.

Pan glywodd Wyn Rendel am Dunn a Bernal yn mentro i faes academia, credai mai comisiynu rhyw bropaganda anthropolegol felly oedd eu nod. Ond, pan glywodd mai arbenigwr ar hanes Lloegr yn oes y Tuduriaid oedd y gŵr dan sylw, roedd yn y niwl yn llwyr.

Ni chlywodd Wyn fwy am y peth hyd nes i'r darlithydd hanes, y Dr. van der Goes, gyrraedd Llundain ac ymweld â

Llysgenhadaeth De Affrica yng nghwmni Dunn a Bernal. Yn fuan iawn wedyn, clywodd gan gyfaill iddo fod van der Goes wedi treulio rhai diwrnodiau yn y Llyfrgell Brydeinig. Ymddengys i'r darlithydd astudio nifer o hen lyfrau print a rhai dogfennau am hanes Cymru.

Erbyn hyn, roedd Wyn bron â thynnu gwallt ei ben. Doedd dim o hyn yn 'gwneud sens' iddo. Aeth i holi un o'i gyfeillion ar staff y Llyfrgell. Clywodd i van der Goes astudio gwahanol argraffiadau o *Britannia*, William Camden, a nifer o ddogfennau eglwysig o Gymru – y cyfan o oes y Tuduriaid. Yn hwyr y dydd, clywodd un gosodiad a ganodd gloch yn ei feddwl.

"He told me he's off to Wales soon – the National Library at Aberystwyth."

"What's he going there for?"

"To study a Tudor manuscript that was auctioned at Christie's a couple of years ago: it went for an eye watering 950K! It's a tour of Wales by a chap who was a soldier in the Calais garrison – Ellis Griffith, he said. You must have heard of it, Wyn."

"Why this sudden interest in Wales?"

"No idea, I'm afraid. The bizarre thing is that the Aberystwyth manuscript is all in Welsh. Now, van der Goes viewed a couple of Welsh language documents while he was here, but he couldn't make head or tail of them. He even asked *me* to help him: and you know, Wyn, that the limit of my Welsh is to shout *Yeckid-dah* when you and I are frequenting the best ale houses!"

Wedi'r sgwrs honno, fe welai Wyn fod llinynnau'r holl ymholiadau yn dechrau plethu i'w gilydd. Gwyddai eisoes am ran Demetian Holdings a Syr Edwin Cradock yn yr ymgyrch i brynu llawysgrif Elis Gruffydd, ac fe wyddai am y prosiect uchelgeisiol a sefydlwyd yn dilyn y pryniant. Gan Fran Prosser, mae'n debyg, y câi Wyn y mân edafedd olaf i ffurfio gwead cyflawn.

Dywedodd Fran wrtho am yr ymgyrchoedd *take-over* ac am darfu ar y digwyddiadau, yn enwedig Tre-pwll. Roedd rhywun neu rywrai yn mynd ati'n fwriadol i danseilio prosiect mawr teulu'r Cradocks a'u partneriaid. drwy ddefnyddio Mordred Dunn ac Auguste Bernal fel eu hasiantau – ar gyfer rhannau o'r ymgyrch, beth bynnag.

Wrth fwrdd y dafarn, plygodd Wyn ymlaen dros ei beint a rhoes ei law ar fraich Fran. Meddai'n daer:

"Deud hyn i gyd wrth dy gleients, Fran. Deud wrthyn nhw heddiw! Falle nag ydi van der Goes ei hunan yn beryglus; ond mae o'n bendant yn rhan o'r drwg. Mae hwn yn gynllwyn difrifol, Fran. Does dim modd gwybod pa mor bell y byddan nhw'n barod i fynd!"

* * *

Yng nghanolfan yr heddlu yng Nghaernarfon, roedd Rhys a Lynne wedi gwrando'n gegrwth ar grynodeb Nicola Rees o ddarganfyddiadau Fran Prosser a Wyn Rendel. I gloi'r hanes, esboniodd Nicola ymhellach:

"Fe wedodd Fran y cwbl wrth ei thad ac fe gyrhaeddodd fi ym mhen draw'r lein. Fel y gwedoch chi, Rhys, roedd Cwmpas Cymru wedi cytuno i fynd yn gyhoeddus petai unrhyw helynt arall yn digwydd. Pan ga's erthygl van der Goes ei chyhoeddi, ro'n ni'n gwbod taw rhan o'r plot o'dd e. Dyna pam y gofynnodd Richard i chi ddatgelu'r cyfan yn Aberystwyth. Dim bwch dihangol diniwed yw van der Goes."

"Ond be sy tu ôl i'r cyfan?" gofynnodd Rhys, "Mae o'n hollol wallgo. Does 'na ddim elw masnachol i'w wneud ohono fo gan neb – dim byd ond malais llwyr!"

Cytunodd Nicola.

"Ar hyn o bryd, fy marn i a barn cydweithwyr yn Heddlu Llunden ac yn Interpol yw taw dial personol gan un o hen elynion Syr Edwin Cradock yw'r cyfan."

"Ydach chi'n gwbod pwy ydi o?" holodd Lynne.

"Mae amcan 'da ni, ond do's dim sicrwydd. 'Weda i ddim mwy am hynny nawr, ond mae'r heddlu mewn sawl gwlad yn whilo amdano fe."

"Dydi o ddim yn y wlad yma, felly?" ychwanegodd Lynne.

"Nag yw. Ry'n ni'n eitha siŵr o 'ny."

"Beth am y boi Cornock sy gynnoch chi dan glo?" holodd Rhys.

"Ma rhywun wedi cyflogi hwnnw i dorri mewn i'n cartra ni. Mordred Dunn wnaeth hynny?"

Ysgydwodd Nicola ei phen.

"Dy'n ni ddim yn gwbod. 'Da teip Cornock, wneith e ddim cyfadde dim, gan ddisgwyl *payoff* pan ddaw e mas o'r jâl."

Ychwanegodd yn fwy pwyllog:

"Os daw cyfreithiwr lan o Lunden i'w amddiffyn e, galle hynny fod yn ddiddorol. Ond, dyw Mordred Dunn ddim mor ddwl â 'ny!"

Daeth y drafodaeth i ben gyda Nicola'n dweud wrth Rhys a Lynne fod Richard Stroud am anfon cwmni diogelwch i Dregraig i osod y cyfarpar mwyaf soffistigedig i amddiffyn eu cartref – system gyda chyswllt uniongyrchol â chanolfan yr heddlu. Roedd yr Arolygydd yng Nghaernarfon am roi Tregraig ar y *patrol route* rheolaidd bob nos hefyd.

Wrth i Lynne a Rhys godi i ymadael, fe ychwanegodd:

"Bydde'n werth dim i fi weud wrthoch chi am beido poeni. Wrth gwrs mae'n sefyllfa boenus i chi fel teulu. Ond r'yn ni am fynd i wraidd y cynllwyn 'ma, Rhys a Lynne, a hynny'n glou. Ry'n ni'n mynd i drechu'r bois hyn, doed a ddelo!"

Pennod 22

Mehefin 1987

Awel fwyn prynhawn o haf a gyfarchodd y tri ifanc wrth iddyn nhw adael y Ganolfan Chwaraeon ym Maesteg. Roedd strwythur modern ac uchelgeisiol i'r Ganolfan – prin bedair blwydd oed. Safai ar lain agored, llydan yn y dref. Hen waith haearn Nant y Crynwydd, ynghyd â glofa Pwll Gwaith Newydd, a arferai lenwi'r safle â'u dwndwr. Bellach, roedd y Ganolfan Chwaraeon yn rhan o gampws eang o adeiladau, yn cynnwys pwll nofio a llyfrgell ac roedd maes parcio helaeth gerllaw, oedd hefyd at wasanaeth Clwb Rygbi Maesteg. Tu draw i'r cae rygbi, llifai Afon Llynfi tua'r de, i ymuno ag Afonydd Ogwr a Garw ger Abercynffig. Rhoddai natur agored y safle drem banoramig tuag at y Mynydd Bach a bryniau Dyffryn Llynfi, unwaith yn drwm gan ddylanwad diwydiant. Roedd tair glofa ddofn olaf y fro wedi cau rhwng 1979 ac 1985. Ddwyflwydd yn ôl y caeodd yr olaf un, Glofa St. Johns, er bod y gweithwyr wedi sefyll yn gadarn trwy gydol Streic y Glowyr.

Tri aelod o Griw Cwmpas oedd yn gadael y Ganolfan Chwaraeon gan iddynt fod yn cynnal sesiynau hyfforddi ar gyfer pobol ifanc y fro. Roedd Joe Harvey yn cario'i fag chwaraeon trwm, a chwys tair awr o sesiwn pêl-rwyd a ffitrwydd cyffredinol ar ei dalcen. Wrth ei ochr cerddai Llinos Davies a Melanie Brown, yn cario rhyngddyn nhw allweddell symudol mewn bag mawr. Buont hwythau hefyd yn arwain sesiwn 'Dawns a Chân' i ddechreuwyr. Datblygiad ychwanegol yn rhaglen Cwmpas Cymru oedd y sesiynau hyn ac yn rhyw fath o arbrawf wrth baratoi ar gyfer gwyliau haf yr ysgolion. Bryd hynny, byddai nifer fawr o awdurdodau addysg lleol yn cynnal rhaglenni o weithgareddau, adeg gwyliau y plant ysgol ac roedd Rhys yn awyddus i'r Criw Cwmpas estynedig, gydag aelodau People's Opera, gyfrannu at y rhaglenni.

Roedd Melanie Brown, un o blant Caerdydd, yn gantores ac yn feiolinydd ddawnus, wedi ei hyfforddi yn ysgol gerdd a drama'r Guild Hall yn Llundain. Dysgodd Melanie Gymraeg yn rhugl iawn, drwy fynychu dosbarthiadau, ar ôl dychwelyd i Gaerdydd.

Daethai tad Joe Harvey, Luke, i Gaerdydd o Barbados yn 1955, a merch o'r Barri oedd mam Joe, o deulu Cymraeg ei iaith. Er y tyndra cyffredin a achoswyd yn y pumdegau gan briodas gymysg rhwng du a gwyn, lliniarwyd ef ymysg Cymry Cymraeg y Barri gan y ffaith bod Luke wedi ei fagu yn aelod selog o gapel yr Annibynwyr yn Bridgetown. Yn athletwr medrus, bu Joe yn fyfyriwr yng Ngholeg Loughborough ac yn athro Addysg Gorfforol.

O Abergwaun y daethai Llinos Davies ac wedi dringo ysgol eisteddfodau'r Urdd a'r Genedlaethol fel cantores, aeth hithau i'r Coleg Cerdd a Drama yng Nghaerdydd.

Wrth i'r tri groesi'r maes parcio tuag at gar Joe, sylwodd y tri ar grŵp o lanciau mewn denims aflêr a siacedi tywyll, y pedwar yn gwisgo esgidiau Doc Martens trwm. Pur wag oedd y maes parcio ar y pryd ac roedd y pedwar newydd adael hen fan ddigon di-raen tua tri chan llath i ffwrdd. Doedd dim dwywaith mai tuag at driawd Criw Cwmpas roedden nhw'n brasgamu ac yn gwgu'n fygythiol i'w cyfeiriad.

Ymhell cyn cyrraedd y tri, dechreuodd y pedwar siantio

sloganau hiliol, gan lygadu Joe yn neilltuol. Estynnodd Joe allweddi ei gar i Melanie, a dywedodd yn dawel:

"Ewch i'r car nawr, hastwch!"

"Dim sians, gw'boi", meddai Melanie, a chlosiodd y ddwy at Joe, gan daro'r allweddell ar lawr y tu ôl iddyn nhw.

"Go home you black bastard, wherever you came from!" crochlefodd un o'r giwed, â'i wep surbwch yn dwyn creithiau aml i sgarmes:

"We don't fucking want you here. Go home!"

"Home is where I'm going – to Cardiff. That's where I was born," meddai Joe yn dawel a phendant.

"We won't let you make whores of two white girls," gwaeddodd un arall, gan estyn cadwyn beic bygddu o'i boced.

"Rhowch le imi," meddai Joe yn ddistaw wrth Melanie a Llinos, "Galla i handlo'r bois hyn."

Wrth i'r ddwy ferch gymryd cam yn ôl, edrychodd y pedwar llanc ar ei gilydd am ennyd.

"What's that? Wog-speak?"

"He's talking fucking Welsh. He's a sheep-shagger too – a black sheep-shagger!"

Wrth i'r pedwar nesáu'n fygythiol at Joe a cheisio'i amgylchynu, safodd yntau'n llonydd a chynllunio'i gamrau, diolch i'w feistrolaeth o sawl dull o ymladd llaw. Pan welodd y rafin gyda'r gadwyn yn dechrau codi ei fraich, llamodd Joe ymlaen, gafael yn y gadwyn a rhoi plwc i'r dyn tuag ato. Rhoes holl nerth ei ben-glin rhwng ei goesau, nes y plygodd i'r llawr, dan riddfan. Plannodd ei ddwrn ar drwyn un arall ohonyn nhw, nes bod gwaed yn ffrwydro dros ei wyneb. Llamodd i'r afael â'r trydydd, oedd â *knuckle–duster* miniog ar ei figyrnau, a throi braich hwnnw tu ôl i'w gefn. Yna lapiodd ei ddwy fraich amdano a'i droi o gwmpas ei gorff ei hun fel petai mewn gornest codi pwysau. Troes mewn cylch ar flaenau ei draed ac yna bwriodd y creadur yn galed yn erbyn y pedwerydd llanc, oedd wedi fferru mewn panig. Disgynnodd y ddau fel dwy sach lo'n cwympo oddi ar gefn lori.

Ar yr union funud honno, rhedodd tri o ddynion o gyfeiriad y Clwb Rygbi. Roedden nhw wedi clywed y llanciau'n rhefru eu gwenwyn ac aethant i achub cam Joe a'r ddwy ferch. Ond erbyn iddyn nhw gyrraedd, roedd y cyfan drosodd, a'r pedwar llabwst ar y llawr yn griddfan.

"Bloody hell, mate, that was good going. Are you O.K.? You girls allright?"

"Fine, thanks," meddai Joe, a rhoes Melanie a Llinos eu breichiau amdano.

"We can call the police to take these buggers in," meddai gŵr arall, "We don't tolerate this sort of crap in Maesteg."

Prin oedd wedi ynganu'r geiriau nad oedd y pedwar wedi bustachu'n boenus ar eu traed a baglu eu ffordd tuag at eu fan – un ohonyn nhw'n dal i ddripian gwaed ar ei hynt.

Cymerodd y bois rygbi gam neu ddau ar eu holau, ond darbwyllodd Joe nhw.

"Let them go. I can see their van number from here. They can be traced, wherever they're from."

"They're not from round here, anyway. What was that accent? Brummie?"

"Definitely," meddai Melanie. "I've spent a bit of time in the Midlands. If I'd heard a bit more, I might have been able to pinpoint the town!"

"Glad you didn't hear any more. They'd polluted the bloody air enough already!" meddai trydydd aelod y Clwb Rygbi.

"Look, we'd be very glad if you joined us for a drink in the Club before you head for home. This young man..."

"The name's Joe, and my colleagues are Melanie and Llinos."

"Glad to meet you. Now Joe here can have a bit of a wash and brush–up after his exertions. In fact, you can all have an evening meal here."

"No, thanks all the same. We've made individual arrangements for supper, but a drink would be very welcome."

Yn y Clwb Rygbi, cafodd y tri groeso cynnes a chyfarchwyd Joe fel arwr. Gwnaeth ysgrifennydd y Clwb nodyn o rif fan y pedwar llabwst (roedd y rhif ar ei gof gan Joe).

"If we see them round here again we'll clamp their van and call the police."

Roedd cynhesrwydd croeso Clwb Rygbi Maesteg wedi lliniaru dipyn ar sioc y digwyddiad yn y maes parcio. Ar y ffordd adref yng nghar Joe, roedd y tri'n gytûn bod yn rhaid riportio'r digwyddiad.

"Betia i ei fod e'n rhan o'r *campaign* yn erbyn Cwmpas Cymru," meddai Melanie gyda'i sicrwydd nodweddiadol.

"Pwy sydd am weud wrth yr heddlu? Ni, ynte Rhys neu Dave?" gofynnodd Llinos.

"Gweud wrth Rhys yn gyntaf," cynigiodd Joe, "Mae e'n fwy *senior* na Dave, ac mae contact pwysig 'da fe yn yr heddlu, yn ôl Dave."

Wedi cyrraedd Caerdydd, aeth y tri i fflat Melanie a rhoes hithau ganiad i Rhys. Unwaith y clywodd yr hanes, prysurodd Rhys atynt a chafodd adroddiad manwl. Mynnodd sicrwydd gan Joe nad oedd wedi anafu ei hun wrth daclo'r dihirod. Ar wahân i gochni a sgriffiad neu ddau ar ei figyrnau, doedd Joe ddim gwaeth. Gwrthododd yn lân â mynd i adran ddamweiniau'r ysbyty.

Yn ôl yn ei lety, drafftiodd Rhys grynodeb bras o'r hyn a glywsai – byddai angen adroddiad llawn a manwl ar gyfer bwrdd Cwmpas Cymru – ac fe ffoniodd Richard Stroud. Cytunodd yntau fod yn rhaid hysbysu Nicola Rees ac fe wnaeth Rhys hynny. Rhoes rif cofrestru fan y dihirod iddi, a gawsai gan Joe. Erbyn i Rhys ffonio Dave, roedd hwnnw wedi cael yr hanes eisoes gan Melanie, a threfnodd Rhys iddyn nhw i gyd gyfarfod yn Nhŵr Dewi drannoeth, er mwyn iddynt allu llunio adroddiad ar y cyd.

Un o'r manylion diddorol a gafodd Rhys y bore wedyn oedd sylw o eiddo Llinos. Roedd hi wedi taro ei llygad ar fathodyn, ar gefn fan y pedwar llanc. Llinos, chwarae teg, oedd yr unig un i sylwi ar y bathodyn anghyffredin.

Dyluniad o ddwrn mewn maneg ddur oedd y bathodyn, y faneg mewn gwyn ar gefndir du. Yr unig liw arall oedd llun pen bwyell ddeufiniog, y tu ôl i'r faneg, a hwnnw mewn coch dwfn. Gwnaeth Llinos fraslun ohono, ond roedd yn ddelwedd cwbl ddieithr i bawb yno gan gynnwys Richard Stroud, a ymunodd â'r drafodaeth.

Cyn diwedd y bore roedd yr holl wybodaeth a ddaethai i law wedi cael ei rhannu gyda Marwin ac Olwen, ond hefyd gyda Nicola Rees a Ted Prosser. Ffacsiwyd braslun Llinos i'r pedwar ac anfonodd Ted Prosser y llun ymlaen i Fran yn Llundain. Hyderai Ted y byddai arwyddocâd y dyluniad yn hysbys i rywrai o gysylltiadau Fran.

Cafwyd atebion, ymhen rhai oriau, gan Fran a Nicola, ond er syndod i Rhys, ni fu'n rhaid holi ymhellach na'i adran fechan ei hun. Yn y swyddfa gyffredinol, sylwodd Brian Jenkins ar fraslun Llinos, a galwodd ar Rhys.

"I know what this is, Rhys. I've seen it before!"

Esboniodd mai logo mudiad neo–Natsïaidd oedd y dyluniad. Roedd wedi ei weld yn nhafarnau'r cymoedd.

"They're not from the valleys at all, but the buggers have been trying to recruit supporters among the young lads who are unemployed. Bloody racists they are, man, trying to blame immigrants for all the unemployment in South Wales. Me and some of my mates have sent 'em packing a few times."

Roedd sylwadau Brian wedi tynnu sylw Naya a Bilan hefyd. Daethant i edrych ar y braslun ac roedd y ddwy wedi gweld y ddelwedd o'r blaen.

"We keep getting stickers like this pasted round the entrance to our Mosque," meddai Bilan. "My brothers have tried to keep watch a few times to catch them, but they never got anyone."

"We've been getting them at our Mandir, too," meddai Naya.

"That's your Temple, Naya?" holodd Jill.

"Yes, but it's a social centre too. My father and some of his friends at work got together a few years ago to set it up."

Roedd Rhys yn falch iddo dderbyn gwybodaeth werthfawr oddi wrth aelodau o'i dîm ei hun. Roedd am gynnwys hynny yn ei adroddiad. Yn ystod y prynhawn, cafodd wybodaeth bellach, o ddau gyfeiriad. Llwyddodd Fran, gyda chymorth Wyn Rendel, i gael atebion ac felly hefyd Nicola Rees, oddi wrth Heddlu Llundain.

Grŵp o eithafwyr asgell-dde oedd biau'r logo, grŵp gwenwynig o hiliol a xenophobig. Y White Gauntlet oedd enw'r mudiad ac roedden nhw'n coleddu syniadau neo-Natsïaidd ac yn credu mewn dulliau trais i fwrw'r maen i'r wal. Roedden nhw wedi bod yn recriwtio ymysg gangiau o *skinheads* yn

Llundain a dinasoedd eraill ers diwedd y saithdegau, ac roedd llawer o'u cefnogwyr wedi cael eu herlyn am dramgwyddo'r drefn gyhoeddus. Roedden nhw wedi graddio o greu anhrefn ar derasau pêl-droed i darfu ar ralïau a gorymdeithiau mudiadau'r chwith. Dyna fu patrwm White Gauntlet. Byddent yn ymosod ar siopau cornel a thai bwyta Asiaidd ac yn torri ffenestri synagogau, temlau a mosgiau. Cafwyd criw ohonyn nhw yn ceisio tarfu ar Garnifal Notting Hill ac ar orymdeithiau Lesbian and Gay Pride yn Llundain. Cafodd White Gauntlet brofiad chwerw iawn yn ystod gorymdaith Gay Pride yn 1985, gan fod llawer o lowyr o Dde Cymru wedi ymuno â'r parêd i ddangos eu diolchgarwch am gefnogaeth y gymdogaeth Lesbaidd a Hoyw adeg Streic y Glowyr. Aeth nifer o lowyr i ymrafael â chiwed swnllyd White Gauntlet a'u gyrru ar chwâl fel ieir ar fuarth.

Nicola Rees a gafodd yr wybodaeth mai cerbyd wedi ei gofrestru yn Wolverhampton oedd y fan a welwyd ym Maesteg. Aeth swyddogion o Heddlu'r West Midlands i gartref y perchennog a'i arestio ar amheuaeth o darfu ar y drefn gyhoeddus.

Yn ddiweddarach, cafwyd sgwrs ffôn rhwng Olwen Cradock a Nicola Rees, a thrafodwyd yr ymosodiad ym Maesteg. Meddai Nicola:

"Dyw'r bois hyn ddim yn droseddwyr proffesiynol fel Jason Cornock. Fe gewn ni un neu ddou o'r ceiliogod i glochdar, yn eitha siŵr. Mae 'da gyrrwr y fan oedd ym Maesteg record o droseddu eisoes. Ma fe miwn perig o ga'l carchar y tro hyn."

"Ody'r trywydd yn mynd i arwain at Mordred Dunn eto?" holodd Olwen.

"Fe gawn ni weld. Fydde Dunn ddim yn iselhau ei hun i ddelio â'r bois hyn yn bersonol. Ro'dd hen Inspector yn

Abertawe yn gweud 'Mae gan was y diafol ei weision ei hun.' Os yw e'n rhywun newydd y tro hyn, bydd e'n ddolen ychwanegol i'n dwgyd ni at graidd y drwg."

"At Haydn Vollme? Dyna y'ch chi'n meddwl, yn tefe, Nicola?"

"Fe sy ar ben y rhestr – wel, nage, fe yw'r unig un ar y rhestr mor belled! Ond rwy'n cadw meddwl agored, Olwen. Dilyn y dystiolaeth. Dyna'r unig ffordd sy 'da ni i symud 'mlân."

* * *

A hithau'n nos Iau, arhosodd Rhys yn hwyr yn y swyddfa. Roedd pentwr o bethau roedd am eu cwblhau cyn gyrru adref i Dregraig y noson wedyn. Aeth yn berfeddion nos ac roedd Rhys yn dal i bendroni ar ddigwyddiadau'r dydd a'u perthynas â darlun cyfan y misoedd cynt. Roedd yn gwbl barod i dderbyn mai rhywun – neu rywrai – cyfoethog a phwerus o orffennol Syr Edwin Cradock mewn busnes oedd yn ceisio dial arno. Dyna'r cefndir. Ond roedd dau gwestiwn heb eu hateb ym marn Rhys: yn gyntaf, pwy neu beth a gymhellodd bedwar o giwed White Gauntlet i deithio'r holl ffordd o Wolverhampton i Faesteg? Yn ail, sut y digwyddodd y pedwar fod wrth ymyl y Ganolfan Chwaraeon ar yr union ddiwrnod a'r amser pan oedd tri aelod o dîm Cwmpas Cymru ar waith yno? Oedd yna ysbïwr ymysg y cant o bobl a weithiai i Gwmpas Cymru?

Pennod 23

Gorffennaf 1987

Canai'r band roc dros ddwndwr y lleisiau yng Nghlwb Ifor Bach. Roedd Fran Prosser wedi hen arfer â chefndir o'r fath i'w sgyrsiau yn nhafarnau a chlybiau Llundain. Peth braf, wedi'r holl fisoedd oddi cartref, oedd bod yng nghanol dryswch o leisiau Cymraeg ac roedd ei mwynhad yn amlwg wrth iddi flasu'r Guinness mewn cwmni o dri yng nghornel yr ystafell. Yn rhannu'r bwrdd efo hi roedd Rhys Gruffydd ac Wyn Rendel – y tro cyntaf i Wyn a Rhys gwrdd â'i gilydd.

Rhys oedd wedi gofyn i Fran drefnu'r cyfarfod, er mwyn cael gwybod mwy gan Wyn am gefndir Pieter van der Goes a'i gysylltiadau â gelynion Cwmpas Cymru, yn enwedig Mordred Dunn. Yn ddyddiol, disgwyliai Rhys dderbyn gwŷs yn ei gyhuddo o enllib yn erbyn yr hanesydd o Dde Affrica, ond fe aethai saith wythnos heibio bellach heb yr un smic o ymateb.

Mewn byr amser rhoes Wyn yr un manylion i Rhys ag a gawsai Fran ganddo yn Llundain. Ond erbyn hynny daethai mwy o wybodaeth i'w afael ac esboniodd ei arwyddocâd:

"Mae 'na ardal yn y Transvaal, ar ucheldir sy'n cael ei alw'n High Veld, lle mae cryn dipyn o fwyngloddio'n digwydd heddiw. Ond ardal wledig, amaethyddol oedd hi ers talwm – ffermwyr Afrikaner – cyn Rhyfel De Affrica yn 1900. Boers oedd yr hen enw arnyn nhw: mae'r gair yn golygu 'ffermwyr'. Ar ôl i fyddin y Boers gael ei threchu gan Brydain yn y Rhyfel, mi fuon nhw'n ymladd rhyfel gerila am tua dwy flynedd yn yr ardaloedd gwledig hyn, gan ymosod yn sydyn o nunlle, cyn diflannu wedyn. Roedden nhw'n achosi gymaint o drafferth i fyddin Prydain, dyma'r cadfridogion yn penderfynu gwagio'r holl ffermydd a difa'u holl gnydau, i atal bwyd a chysgod i'r gerilas. Llosgwyd cannoedd o ffermydd ac mi gafodd miloedd o deuluoedd eu hel i wersylloedd cadw – y *concentration camps* cyntaf, lle bu rhyw chwe mil ar hugain o bobl farw o heintiau."

Gwrandodd Fran a Rhys mewn sobrwydd, er bod Rhys yn gyfarwydd â'r hanes eisoes.

"Un o'r camps mwyaf ar y Veld," meddai Wyn, "oedd gwersyll Potchefstroom – ar gyrion tref Afrikaner, a gafodd ei gwagio'n llwyr gan fyddin Prydain. Yn ddiweddar, mae cwmni mwyngloddio wedi prynu dwy o'r hen ffermydd gafodd eu gadael yn wag ar ôl Rhyfel De Affrica, rhyw hanner can milltir y tu allan i Potchefstroom. Ond dyma'r peth rhyfedd: does dim tystiolaeth bod mwynau o gwbl yn yr ardal ac mae'r hen ffermdai yn adfeilion."

Edrychodd Rhys yn chwilfrydig ar Wyn.

"Sori, dydw i ddim yn deall, Wyn. Oes a wnelo'r hen ffermydd yma rwbath â'n trafferthion ni yn Cwmpas Cymru?"

Wrth i Rhys siarad, hanner cododd Wyn o'i sedd ac amneidio tuag at y drws. Daeth merch oddeutu deg ar hugain oed atyn nhw ac roedd Wyn yn amlwg yn ei disgwyl.

"Dyma hi'r un i ddangos y cysylltiad i chi, Rhys. Dyma Bethan Maldwyn. Mae hi'n gynhyrchydd teledu. Ga i gyflwyno Fran Prosser, o gwmni ditectifs Prosser Enquiry Agency a Rhys Gruffydd, o Cwmpas Cymru."

Tra bu Wyn wrth y bar yn prynu diod iddi, dechreuodd Bethan ddweud dipyn o'i hanes. Bu'n ohebydd newyddion ac yna'n gynhyrchydd rhaglenni dogfen i'r BBC am rai blynyddoedd, ond bellach roedd yn gweithio'n annibynnol, a newydd ddychwelyd o Dde Affrica, lle bu'n ffilmio ar gyfer rhaglen ddogfen hanesyddol. Hanes milwyr o Gymru yn Ne Affrica oedd y pwnc – brwydr Rorke's Drift rhwng catrawd y South Wales Borderers a byddin y Zulu yn 1879, a rhan y Cymry yn Rhyfel De Affrica rhwng 1899 a 1902.

"Wrth gynllunio'r rhaglen am Ryfel De Affrica, mi es i draw i orllewin y Transvaal ac i ardal wledig ar y Veld a gawsai ei gwagio'n fwriadol gan fyddin Prydain. Roedd murddunnod rhai o'r hen ffermydd i'w gweld yma ac acw – milltir ar ôl milltir o dir gwastad – paith undonog, gwelltog. Mae 'na lawer iawn o dyfu India corn ar y Veld heddiw, ond mae yna ffermydd gwartheg mawr hefyd."

Cymerodd saib i sipian ei gwin gwyn a soda, cyn parhau â'i stori:

"Syndod mawr i mi a'r criw ffilmio oedd gweld un darn helaeth o dir efo ffens gadwyn uchel o'i amgylch o – safle tua dau gan acer, neu fwy. Gan fod y tir mor foel a gwastad roedden ni'n gallu gweld olion dau ffermdy, y tai allan ac ambell glawdd y tu mewn i'r ffens. Yma ac acw o gwmpas y ffens, roedd arwyddion mawr mewn Afrikaans a Saesneg yn deud:

'Strictly No Admittance: this land acquired by Bruton Mining Corporation, a Division of the International Minerals Group.'"

Doedd dim clychau wedi canu gan Rhys na Fran hyd yn hyn, ond roedd llygaid Wyn yn loyw gan frwdfrydedd.

Ychwanegodd Bethan:

"Wedi mynd i weld y gofrestr swyddogol o gwmnïau mwyngloddio yn Johannesburg, fe ddaeth yn amlwg mai cwmni o Dde Affrica ydi Bruton Mining, ond does ganddyn nhw ddim un gloddfa yn y Transvaal o gwbl. Yn y Swistir mae pencadlys yr International Minerals Group ac mae ganddyn nhw ganghennau mewn rhyw ugain o wledydd."

Edrychodd Bethan ar Wyn ac ymatebodd yntau:

"Reit 'ta! Fy nhro i. Mae gan International Minerals ddwsinau o fwynfeydd ar draws cyfandir Affrica, yn Ne America ac yn Asia. Yn yr Unol Daleithiau a Canada maen nhw'n gweithio trwy is-gwmnïau – *subsidiaries* – wedi eu cofrestru yno. Rhai o'r petha maen nhw'n cloddio amdanyn nhw ydi *rare earths*. Rheiny eto! Does dim hanes o'r grŵp ym Mhrydain nag yng Ngogledd Ewrop, ond maen nhw'n gallu cuddio y tu ôl i gadwyn o is-gwmnïa."

"O.K. Wyn – beth am y *punch line* nawr?" meddai Fran yn ddisgwylgar.

"Prif asiant yr International Minerals Group ydi Auguste Bernal ac mae Mordred Dunn yn delio efo'r is-gwmnïa yn America ac yn Canada."

Dal i edrych yn bur amheus oedd Rhys.

"Iawn – mwy o fysedd budron mewn mwy o botia briwes. Dim syndod! Ond pa gysylltiad sy'n bosib rhwng Cwmpas Cymru a dwy o hen ffermydd gwag yn y Transvaal?"

Gwnaeth Wyn ystum o drosglwyddo'r awenau i Bethan unwaith eto.

"Mi fues i'n holi yn nhre Potchefstroom ynglŷn â'r ddwy fferm. Doedd neb yn siŵr iawn – tref newydd a modern ydi hi heddiw – ond roedd ambell un yn credu bod y ffermydd yn arfer perthyn i hen, hen deulu un o benaethiaid International Minerals – efallai'r *top dog* ei hun! Roedd sôn bod bwriad troi safle'r ffermydd yn rhyw fath o ganolfan treftadaeth ac y bydde seremoni i lansio'r prosiect cyn diwedd y flwyddyn, ond doedd dim mwy na hynny o wybodaeth ar gael."

"Rhywun efo cefndir yn Ne Affrica, felly," meddai Rhys, â'i ddiddordeb wedi ei brocio erbyn hyn. "Y pry' copyn yng nghanol y we. Iawn, mi fydd hynny o ddiddordeb i Olwen Cradock – ac i Syr Edwin! Mae'r cyswllt efo De Affrica yn taro deg o ran yr helynt rydan ni wedi'i gael efo van der Goes. Ond pam yr elyniaeth yn erbyn Cwmpas Cymru? Mae Nicola Rees, o'r heddlu, wedi deud mai dial personol yn erbyn Syr Edwin ydi'r *motive* mwya tebygol. Pwy fasa'n dal cymaint o ddig nes eu bod nhw'n barod i beryglu bywyda pobol ddiniwed?"

Ysgwydodd Wyn ei ben.

"Yr unig enw fedra i gynnig ydi cythral mewn croen o'r enw Haydn Vollme – gelyn busnes i Syr Edwin, ond mae hwnnw wedi marw ers blynyddoedd drwy hunanladdiad."

Cymerodd saib fer, cyn ychwanegu:

"Wedi deud hynna, mae contact gen i sy'n amau'n gryf bod stori'r hunanladdiad yn amheus, a deud y gwir. Rydw inna'n dal i gloddio!"

Gwenodd Rhys:

"Cloddio am y rare earth pwysica – y gwir!"

Darfu'r noson heb fwrw mwy o oleuni ar y dirgelwch.

Fore trannoeth, cyflwynodd Rhys y newyddion diweddaraf i Richard ac fe roes yntau'r genadwri i Olwen Cradock.

Yn ei swyddfa fawr ar lawr uchaf adeilad Demetian Holdings, gwrandawodd Syr Edwin yn syn ar yr hanes.

"Ody e'n bosib mai bachan o Dde Affrica oedd Haydn Vollme, Dad?" gofynnodd Olwen.

"'Do'dd dim enw Afrikaner 'da fe," atebodd y marchog.

"Karl Ludwig Haydn Vollme o'dd 'i enw fe'n llawn. Enw *German*, mae'n debyg. Ond cofia, roedd pobl o bob cwr o'r byd yn y Transvaal cyn y Boer War: yr aur a'r deiamwnds yn 'u tynnu nhw fel gwenyn at flode. Y stori gyffredin am Vollme o'dd mai Almaenwr o'dd e, a'i fod yn dipyn o *wheeler dealer* wedi'r rhyfel d'wetha – prynu a gwerthu ar y *black market* ac yn gwerthu i rai o'r gwersyllo'dd ffoaduried mawr yn Awstria. Fe ro's UNRRA – yr *agency* swyddogol dros ffoaduried – stop arno fe yn y diwedd, ond ro'dd e wedi g'neud digon o arian i ddechre busnes newydd yn Hamburg erbyn 'ny."

"Oedd acen Almaenwr 'da fe?"

Edrychodd Syr Edwin yn syn ar ei ferch.

"Chwrddes i ddim â'r dyn erio'd, Olwen! Do'dd e byth, bron, yn dod i'r wlad 'ma. Y bachan Mordred Dunn o'dd yn neud popeth iddo fe. Fydde dim llunie ohono fe yn y wasg byth. Do'dd neb yn cael tynnu'i lun e, yn ôl y sôn."

"Wnaeth Ted Prosser ddim cwrdd ag e?"

"Fe welodd Ted e'n mynd miwn i'w gar yn Paris un tro, ond o bell oedd hynny. Hen wyneb main 'da fe, medde Ted ac yn gwisgo sbectol haul, a hithe'n ganol nos!"

"Shwd na ddaeth mwy o'i gefndir e i'r golwg pan oedd yr heddlu ar ei drywydd e?"

"Wel, yr unig stori a wedodd e'n wirfoddol wrth y wasg erio'd oedd mai crwtyn o Berlin o'dd e, bod 'i deulu fe wedi marw, a chartre'r teulu wedi'i ddistrywo'n llwyr yn y bomio ym misoedd olaf y rhyfel. Ac, wrth gwrs, fe gollwyd llawer iawn o records cyhoeddus y ddinas bryd hynny. Felly, doedd dim gronyn o brawf pwy o'dd e ar bapur yn unman! Ody, ma' fe'n swno'n rhy gyfleus i fod yn wir, Olwen, ond mae'n anodd i ti ddirnad yr anhrefn o'dd mewn rhannau o'r byd wedi i'r rhyfel gwpla. Cyfle da i ddihiryn guddio ôl 'i dra'd! Ac fe fanteisiodd Haydn Vollme ar y cyfle!"

Ysgwyd ei phen a wnaeth Olwen.

"Dyw'r niwl ddim yn cliro rhyw lawer, ody e?"

Gwenodd Syr Edwin:

"Gyda'r criw sydd ar waith 'da ti nawr, Olwen, fe welwn ni ole dydd gyda hyn – 'a'r nos yn cilio draw', fel mae'r hen emyn yn gweud!"

Pennod 24

22 Gorffennaf 1987

Yng nghysgod muriau tywodfaen Castell Caerffili, roedd clytwaith o fân strwythurau'n prysur godi yma ac acw, fel caws llyffant amryliw. Yn rhesi trefnus ar y lawnt hir uwchben yr argae, fe safai stondinau ffair, gyda'u hadlenni llachar yn goch a melyn, yn binc a glas. Myfyrwyr a staff Coleg Addysg Morgannwg oedd wedi codi'r rhain, yn dilyn yr argraff dda a wnaethant yn Llys Tre-tŵr yn yr hydref. Crogai baneri herodrol, yn null yr Oesoedd Canol, ar hyd y muriau, yn gymysg â rhibidirês o fân fflagiau di-batrwm, y bynting lliwgar a geir ym mhob dathliad cyhoeddus. Ochr yn ochr â'r farchnad hanesyddol roedd stondinau marchnad modern tref Caerffili yn amlhau o awr i awr, gyda'u fframiau o bolion dur a deunydd eu hadlenni o bob lliw a llun. Byddai'r cwbl yn rhan o "ffair bob peth" – un o syniadau canolog Diwrnod Mawr Caerffili.

Tref farchnad fuasai Caerffili ers canrifoedd, gyda marchnad wythnosol ar ddydd Iau a saith ffair flynyddol, gan gynnwys ffair wartheg a ffair geffylau. Wrth gwrs, Caws Caerffili oedd cynnyrch enwocaf y dref ac yn destun ei ffair ei hunan mewn dyddiau a fu. Hen ganolfan marchnad Caerffili oedd y llain eang o dir a elwid y Twyn, islaw argae'r castell. Datblygodd heolydd Castle Street a Market Street ar hyd y llain wrth i'r dref dyfu. Un ffaith sylfaenol ynglŷn â'r hen ffeiriau hyn a'r farchnad wythnosol oedd mai y tu allan i'r castell y cynhelid nhw yn ddieithriad, gan mai prif bwrpas unrhyw gastell oedd cadw pobl draw.

Ond, roedd blaenoriaethau gwahanol ar waith heddiw. Dod â'r fro gyfan at ei gilydd, hyrwyddo busnesau lleol, mentrau cymunedol a masnach dwristaidd y fro oedd amcanion Diwrnod Mawr Caerffili, yn ogystal â dathlu treftadaeth a diwylliant y cymoedd diwydiannol. Y Castell oedd canolbwynt y fenter.

Ger prif fynedfa'r castell, y Porth Mawr, roedd nifer o faniau'n cael eu dadlwytho – pentyrrau o offer a nwyddau ar gyfer y Diwrnod Mawr. Roedd cryn nifer o staff Cwmpas Cymru yno'n goruchwylio a rhoi help llaw yn ôl yr angen. Yn eu mysg roedd pob un o aelodau Criw Cwmpas. Bu'r criw yn ymarfer eu perfformiadau yn y bore cynnar, ond bellach roedden nhw'n cynorthwyo myfyrwyr Coleg Addysg Morgannwg i osod eu stondinau a chario'r 'stoc' – offer chwarae, nid nwyddau i'w gwerthu. Yn gynharach, bu Rhys a Dave yno'n sicrhau na fyddai'r stondinwyr masnachol yn ceisio gwthio'r myfyrwyr o'r neilltu a bachu mwy na'u siâr o le ar y llain glas llydan. Trodd Rhys tu min at un stondinwr neilltuol o gegog – gwerthwr bagiau a nwyddau lledr, a gofyn:

"Excuse me, are you paying a pitch-fee here?"

"No, but ..."

"No, because Timeline Wales is paying for everything, including more marketing and advertising than you've ever had in your life! These students aren't selling anything: they're running games for kids, and the kids'll have their parents in tow. So you'll have all the passing trade you can handle!"

Caeodd hwnnw ei geg wedi hynny, er bod ei gynorthwywr ifanc yng nghefn y stondin yn gwgu'n filain ar Rhys.

Erbyn amser cinio, bu'n bosibl i Rhys adael y castell am

awr neu ddwy a mynd i Orsaf Ganolog Caerdydd i gwrdd â Lynne a'r plant. Roedd y tri wedi dod ar y trên gyda'r bwriad o fynychu Diwrnod Mawr Caerffili drannoeth ac aeth Rhys i'w danfon i'w fflat ym Mhenylan, cyn dychwelyd i Gaerffili.

Un o aelodau Criw Cwmpas a oedd ar waith y bore hwnnw oedd Robin Guest. Mab fferm o Lannerch-y-medd, ym Môn, oedd Robin – yr olaf i'w benodi i'r tîm perfformio. Aeth i'r Coleg Cerdd a Drama i ganolbwyntio ar waith drama a theatr. Cawsai gryn sylw fel digrifwr mewn nosweithiau llawen a bwriodd brentisiaeth ym myd comedi stand-yp yn rhai o glybiau Gogledd Lloegr. Yna, aeth â'i ddoniau yn y ddwy iaith i bob cwr o Gymru.

Ar ôl cwblhau ei gwrs yn y Coleg Cerdd a Drama, aeth pethau'n eithaf llwm ar Robin yn nyfnder dirwasgiad Thatcher. Dim ond gwaith comedi a fu'n ei gynnal am ddeunaw mis, a doedd y cyhoeddiadau hynny ddim yn niferus iawn. Treuliodd rai misoedd yng Nghaerdydd, gan fod mwy o obaith am waith yno nag ym Môn, a bu ei sach cysgu'n addurno lloriau amryw o'i hen ffrindiau, gan na allai fforddio llety rheolaidd. Un noson ym mis Medi, wedi sesiwn gomedi yng Nghlwb Ifor Bach, cafodd sgwrs hwyliog gyda Fran Prosser, oedd wedi mwynhau ei berfformiad. Dros beint, dywedodd ei hanes wrthi, a rhoes hithau wahoddiad iddo ddod am damaid o swper hwyr i'w chartref.

"Mae Dad yn byw 'da fi," esboniodd Fran, "Wel, na, fi sy'n byw 'da Dad. Mae tŷ 'da ni yn Rumney. Ry'n ni 'di colli Mam ers blynydde."

Cyflwynodd Fran Robin i'w thad, a bu yntau'n holi ac yn astudio'r llanc yn bur graff. Trefnodd Robin ddêt gyda Fran, a bu'r ddau allan ddwywaith neu dair, gan rannu cost mynd i'r sinema, neu am beint. Pan aeth Fran ag ef i'w chartref yr eildro, bu ei thad yn holi Robin yn fwy dwys nag erioed. Dechreuodd yntau bryderu bod Ted Prosser yn bwrw ei linyn mesur drosto fel darpar ŵr i Fran. Ond, wedi iddo sylwi bod Robin yn anesmwytho, esboniodd Ted ei fod yn chwilio am rywun i wneud gwaith rhan amser iddo – gwaith ditectif.

"Gwaith seciwriti yw e mewn ffordd. Dod o hyd i rywrai sy'n moyn peri niwed, neu wneud drwg i bobol eraill. Wyt ti wedi clywed am gwmni o'r enw Timeline Wales?"

Edrychodd Robin yn syn ar Ted a Fran.

"Ydw, dwi newydd wneud cais am swydd efo nhw! Maen nhw'n recriwtio tîm i berfformio mewn sioeau."

Closiodd Ted at Robin ac esbonio:

"Mae Timeline Wales yn moyn imi osod rhywun tu miwn i'r ffyrm, i gadw llygad ar bethe. Mae arnyn nhw ofon bod rhywun yn bygwth sabotajo gwaith y cwmni."

Ac felly y daeth Robin Guest yn asiant dros gwmni Ted Prosser, ond nid y statws hwnnw a sicrhaodd le iddo gyda Chriw Cwmpas. Roedd Fran wedi awgrymu wrth ei thad y byddai Robin, gyda'i bersonoliaeth allblyg a'i hiwmor parod, yn ymdoddi'n hwylus iawn i weithlu Cwmpas Cymru. Byddai sgiliau Robin yn ddelfrydol o ran cadw llygad ar achlysuron cyhoeddus y cwmni.

Roedd Richard Stroud, Rhys a Dave eisoes wedi penderfynu cynnig cyfweliad i Robin ar gyfer y tîm perfformio. Mentrodd Richard ymatal rhag dweud wrth Rhys ei fod yn bwriadu rhoi lle i Robin gyda'r cwmni beth bynnag, ond bu'n galondid mawr iddo bod Rhys a Dave wedi cynnig y swydd perfformio i Robin heb betruso.

"Os ody e'n galler ca'l Rhys i wherthin," meddai Dave gyda winc fawr, "gall e ga'l pawb i wherthin!"

Ni fu llawer o alw am wasanaeth Robin fel ditectif ar

ddechrau ei yrfa yno. Ni chafodd gyfle i brofi ei werth yn Nhyddewi na Llanelwy. Yng Nghastell Caernarfon y daeth yn amlwg i Robin fod gelynion Cwmpas Cymru â gwybodaeth fewnol fanwl am drefniadau'r tîm perfformio. Robin a gawsai'r hanes, gan dafarnwr yr Anglesey, am y "boi diarth efo hwd am ei ben" yn dod allan o Borth y Frenhines ar y nos Sul y diffoddwyd y goleuadau. Hysbysodd Ted Prosser ar y ffôn, ond roedd Ted wedi ei siarsio i beidio â dweud wrth neb arall.

Wedi dychwelyd i Gaerdydd o Gaernarfon, cafodd Robin sgwrs gydag asiant arall Ted Prosser ar staff Cwmpas Cymru. Yn adran weinyddol y cwmni roedd Sioned Morgan yn gweithio, a bu hithau'n ceisio olrhain hynt pob tamaid o waith papur ynglŷn â sioe ysgolion Castell Caernarfon, a phwy a'u gwelsai. Buan y canfu y gallai pawb o'r bron fod wedi cael gwybod popeth am y trefniadau, heb fawr o ymdrech. Dros baned yn un o gaffis Heol y Frenhines, bu Sioned yn trafod y sefyllfa gyda Robin.

"Un peth ynglŷn â sioe Caernarfon sy'n ddirgelwch imi," meddai Robin.

Craffodd Sioned wrth i Robin ymhelaethu:

"Mynediad i'r castell ydi hynny. Go brin bod neb yn yr Adran Weinyddol yn gwybod trefniada mewnol Castell Caernarfon – y cloeon a'r allweddi, *time-switches* y cyflenwad trydan a'r goleuada. Neb ond ni yn Criw Cwmpas, Rhys a Dave a staff Safeguard Security! Ond dydi hynny'n gwneud dim sens, Sioned!"

"Nag yw, sbo. Ond cofia taw safle Cadw yw Castell Caernarfon. Ody e'n bosib bod rhywun wedi cael manylion trefniade'r castell oddi wrth Cadw?"

Ysgwyd ei ben fu ymateb Robin.

"Roedd staff y castell yn grêt, Sioned. Roeddan nhw'n

cefnogi ni i'r carn ac yn ofalus ohonan ni fel criw. Fe ddywedodd Griff Parrish cystal cydweithrediad gafodd o yno. Beth bynnag, ar ôl y miri, fe gynhaliodd Cadw ymchwiliad mewnol i'r busnas, a doedd dim awgrym bod neb ar fai yno."

Yn y misoedd diwethaf roedd Robin wedi bod yn mynd allan gydag un o'i gydweithwyr, Llinos Davies. Roedd y bygythiad a gododd ei ben ym Maesteg wedi digio Robin at fêr ei esgyrn. Bu'n wyliadwrus o'r cychwyn rhag unrhyw fygythiad i'r criw, ond, gan ei fod yntau'n caru efo Llinos, roedd mor llygadog â hebog erbyn hyn.

Ar ddiwrnod y paratoi yng Nghaerffili, gadawodd Robin a Llinos y castell a mynd i'r dref am ginio. Ar y ffordd sylwodd Robin ar berson roedd yn ei led-adnabod, rhywun nad oedd wedi disgwyl ei weld yng Nghaerffili. Roedd y gŵr hwn yn croesi'r stryd ychydig o'u blaenau, lle mae Heol y Farchnad a Heol y Castell yn ymdoddi'n un. Edrychodd Llinos yn syn ar Robin wrth i hwnnw arafu ei gam yn sydyn.

"Beth sy'n bod?" holodd.

"Aros am funud bach. Mae 'na rywun dw'i isio cadw llygad arno fo o'n blaena ni."

Syllodd Llinos yn syn arno, ond yna daeth syniad anghysurus i'w meddwl.

"Smo fe'n un o fois White Gauntlet gobeitho?"

"Nac ydi. Tyrd, mi awn i mewn i'r caffi. Mae 'na fwrdd gwag wrth y ffenast."

Daliai Robin hi ar bigau'r drain yn y caffi, wrth iddo syllu'n ddi-baid i lawr y stryd.

"Robin! Pwy yw e?"

Gwnaeth Robin yn fach o'r digwyddiad a cheisio ymddangos yn ddi-hid.

"Rhyw rwdlyn sy'n gneud gwaith clercio yn swyddfa Cwmpas ydi o – hen drwyn busneslyd. Does dim rheswm iddo fo fod 'ma heddiw..."

Tawelodd hynny o esboniad feddwl Llinos, a mwynhaodd y ddau eu cinio yn ddiffwdan. Ond wedi dychwelyd i'r castell, rhoes Robin alwad ffôn i Sioned Morgan yn Nhŵr Dewi. Holodd hynt y gŵr a welsai'n croesi'r ffordd – Tim Rowlands.

Ar y ffôn, meddai Sioned wrth Robin:

"Mae 'da Tim Rowlands fys mewn sawl gweithgaredd. Fe sy'n traco symudiade swyddogion Cwmpas Cymru o ddydd i ddydd, er mwyn gallu cysylltu 'da nhw ar frys petai angen. Mae 'da fe *access* at bethe fel manylion y gylchdaith ysgolion wnaethoch chi a holl drefniade taith People's Opera!"

"Dydi o ddim yn foi newydd i'r tîm, felly?" awgrymodd Robin.

"Na, ma fe wedi bod 'da Cwmpas Cymru o'r dechre, ddwy flynedd yn ôl. Dim rhywun wedi ei barasiwtio i mewn yn ddiweddar yw e."

"Yr unig droeon imi ei weld o oedd pan fyddai staff Tŵr Dewi yn mynd am beint i'r Barleymow," meddai Robin. "Mi fydda fo'n holi a stilio o hyd wrth sgwrsio. Mae rhai o'r lleill yn cymryd y peth fel tipyn o jôc."

Wedi siarad efo Sioned, cysylltodd Robin â Ted Prosser a Rhys Gruffydd, gan fod y ddau y prynhawn hwnnw yng Nghastell Caerffili, yn gwylio prysurdeb y trefniadau. Yn wir, roedd holl staff allweddol Cwmpas Cymru yno, Richard Stroud yn eu plith, yn ogystal â thîm Safeguard Security a Martin Grey o Cadw. Rhannwyd cenadwri Robin gyda nhw ac fe hysbyswyd Nicola Rees ar y ffôn. Roedd Robin wedi gweld Tim Rowlands yn mynd i mewn i gar rhywun dieithr ac roedd yn cofio'r rhif y car. O gael y rhif, medrai Nicola wneud cais brys am fanylion y car dieithr a'i berchennog gan y Ganolfan Drwyddedu.

Yn fuan wedi hynny, gadawodd Nicola ei swyddfa ym Mae Colwyn a chychwyn ar ei siwrnai i'r De, yn barod ar gyfer y Diwrnod Mawr drannoeth. Yn ei char cyflym, gyda'i gyrrwr arferol wrth y llyw, roedd Nicola yn dilyn y ffordd trwy'r Gororau i gyrraedd Caerdydd. Roedd yn agos at dref Llwydlo pan gafodd neges ar radio'r car fod swyddog o Gangen Arbennig Heddlu Llundain eisiau sgwrs gyfrinachol efo hi. Arhosodd yng ngorsaf heddlu Llwydlo, a bu cryn ffwdan wrth iddi hawlio swyddfa'r Arolygydd i wneud galwad ffôn i Lundain, ar deliffon gydag offer cyfrinachedd – *scrambler*.

Cyflwynodd y swyddog ei hun, sef y Comander David Waters, a chydnabu ar unwaith bod gan Nicola *security clearance* ar lefel uchel iawn. Esboniodd ei fod yn gyn-swyddog gydag MI5, ond iddo gael ei drosglwyddo i'r Gangen Arbennig rai blynyddoedd yn ôl. Roedd ganddo genadwri frawychus, sef y posibilrwydd cryf bod rhywun yn bwriadu ffrwydro bom go iawn mewn achlysur cyhoeddus yng Nghymru yn y dyfodol agos.

Esboniodd fod asiant cudd yng Ngogledd Iwerddon wedi cael achlust am unigolyn amheus iawn a fu'n ceisio prynu ffrwydron ac offer tanio gan yr I.R.A. Roedd y Provos wedi amau mai asiant Prydeinig oedd o, a bu'n rhaid i hwnnw hel ei draed o Belfast ar fyrder, a hynny'n waglaw.

"MI5 told us they had no such agent," meddai David Waters, "so we investigated the bizarre story he'd told."

Roedd y creadur od hwn wedi brolio ei fod am ffrwydro bom mewn achlysur mawr a phoblog "somewhere on the British mainland", ond ni chafwyd mwy na hynny o wybodaeth amdano ef na'i gynllwyn. Ond, rhai wythnosau wedyn, roedd asiant, a fu'n gwylio un o'r mudiadau neo-Natsïaidd yn Lloegr, wedi clywed si am gyrch dinistriol yn erbyn "an anti-English organisation in Wales". Pan glywodd Nicola hynny, ei hymateb cyntaf oedd mai Meibion Glyndŵr oedd dan sylw, ond doedd neb yn gwybod digon am Feibion Glyndŵr i allu eu targedu.

Cytunai Waters ac ychwanegodd fod yr un asiant wedi llwyddo i glustfeinio ar alwad ffôn rhwng dau o'r neo-Natsïaid. Yr unig sylw o werth a glywsai oedd:

"We need to screw the arse off this Welsh Nationalist bunch with their loads of money and their heavyweight backers."

Ar amrantiad, roedd Nicola a Waters ar yr un donfedd.

"I think that's got to be Timeline Wales, don't you agree?" meddai'r Comander.

Cytunodd Nicola ar unwaith ac esbonio bod yr achlysur cyhoeddus mwyaf a drefnwyd gan Cwmpas Cymru erioed i'w gynnal drannoeth yng Nghastell Caerffili.

"How big is big, Superintendent?"

"They're expecting between three and four thousand visitors."

"Four thousand? In a medieval Castle?"

"Caerphilly is one of the largest castles in Europe. I'm told it covers some thirty acres."

Rhoes fraslun o'r dwsinau o stondinau, y perfformiadau gan fandiau a chorau, y ffug-dwrnamaint canoloesol ac ati a fyddai'n digwydd yno, gan bwysleisio bod Caerffili yn agos iawn at Gaerdydd ac o fewn i un o barthau mwyaf poblog Cymru.

Clywodd Nicola ochenaid ddofn David Waters ar ben arall y llinell ffôn.

Cynnig cyntaf hwnnw oedd y dylid canslo'r achlysur,

ond roedd Nicola'n anfodlon gwneud hynny. Roedd yr ensyniadau a gawsai Waters mor amwys fel na ellid eu priodoli'n bendant i leoliad na dyddiad penodol. Ar wahân i ymgais anobeithiol y penbwl a fu'n ceisio prynu ffrwydron yn Belfast, nid oedd yr un o'r mân sgyrsiau eraill wedi sôn am ddefnyddio ffrwydron.

Esboniodd ymhellach fod Cwmpas Cymru wedi bod yn ofalus iawn gyda'u trefniadau, ers derbyn y rhybudd ffug o fom yn Nhyddewi ym mis Tachwedd. Bu cŵn ffroeni'r heddlu ar waith bob tro wedi hynny ac roedden nhw eisoes wedi archwilio Castell Caerffili. Roedd Heddlu De Cymru wedi bod ar wyliadwriaeth o gwmpas y castell ers wythnos, yn ogystal â chwmni diogelwch preifat oedd dan gontract i Gwmpas Cymru. Roedd yn disgwyl Uned Bomiau'r Fyddin i archwilio'r safle y prynhawn hwnnw. Cynigiodd Nicola ddod â'r cŵn ffroeni yn ôl yn gynnar yn y bore rhag ofn i rywbeth ddigwydd dros nos.

Cytunodd Waters, ond ychwanegodd ei fod am drefnu y byddai Uned Bomiau'r Fyddin yn aros yng Nghaerffili dros nos a bod wrth law trwy gydol yr achlysur drannoeth.

Erbyn i Nicola gyrraedd Caerffili yn hwyr y prynhawn, roedd y sgwad bomiau wedi cyrraedd ac wrth eu gwaith. Pan gyfarfu hithau â Rhys Gruffydd, yntau'n dal i oruchwylio'r paratoadau, gallai ei sicrhau nad oedd presenoldeb y sgwad wedi peri unrhyw fraw na phryder amlwg.

"'Bod yn ddiogel trwy fod yn barod' ydi'r neges rydan ni wedi bod yn ei drosglwyddo drwy'r dydd. Ambell un o'r stondinwyr o'r tu allan yn grwgnach y gall yr holl firi gadw pobol draw yfory, ond rydw i'n 'u cyfeirio nhw at y bobol leol sy ar waith yma."

"Beth yw eu hateb nhw i'r rhai sy'n conan, te?"

"Dydach chi ddim yn nabod pobol Caerffili! – 'Yn castell ni ydi o a'n sioe ni fydd 'na fory. Mi fydd y lle'n llawn dop!' Dyna'r agwedd yn lleol."

Daeth Rhys a Nicola ar draws Griff Parrish yn y Neuadd Fawr, yng nghwmni Phil Watkins a oedd yn ôl yn y tîm. Cawsant daith dywys o gwmpas y prif fannau gwylio, lle byddai grwpiau mawr yn ymgynnull ar wahanol adegau yn ystod y dydd. Byddai gwylio manwl ar y mynedfeydd – y bont a'r tŷ porth mawr i mewn i'r castell a hefyd y tai porth mewnol rhwng wardiau'r castell, lle byddai tipyn o wasgfa wrth i lif y dorf fynd drwodd ar adegau neilltuol. Y Neuadd Fawr oedd y targed amlycaf, gyda sawl perfformiad ar y rhaglen.

Erbyn wyth o'r gloch yr hwyr ac wedi sgwrs â Chapten yr Uned Fomiau, roedd Nicola yn fodlon bod popeth y gellid ei wneud i ddiogelu'r cyhoedd wedi ei wneud. Gadawodd Gaerffili a gyrru i Gaerdydd, lle roedd stafell wedi ei threfnu ar ei chyfer yng Ngwesty'r Angel.

Yng Nghaerdydd hefyd roedd Robin Guest, wedi trefnu cwrdd â Sioned Morgan yn y Barleymow am naw o'r gloch.

Y prynhawn hwnnw, aeth Sioned yn ôl at ffeiliau'r Adran Addysg a Diwylliant ac wedi agor pob drôr a chwpwrdd oedd heb eu cloi, daeth o hyd i amlen A4 wedi ei gwasgu i gefn drôr. Cynnwys yr amlen oedd sypyn aflêr o bapurau – y cyfan wedi eu rhwygo'n ddarnau mân. Mewn penbleth, aeth ati i roi'r jig-so rhyfedd hwn at ei gilydd, a chafodd ateb i gwestiwn Robin. Amserlen ymarfer ar gyfer sioe Castell Caernarfon oedd ar un ddalen ac roedd y lleill yn gopïau o ddwy neges ffacs rhwng Dave Evans a Martin Grey – Dave yn gwneud cais i gadw'r castell ar agor yn hwyr i Griw Gwmpas ar y nos Sadwrn a'r nos Sul ac ateb gan Martin yn rhestru amseroedd diwygiedig i ddiffodd y trydan yn y castell ar gyfer yr ymarferion. Roedd

Dave neu Rhys wedi rhwygo'r rhain er mwyn eu difa, ond roedd rhyw glerc, rhy gydwybodol yn y swyddfa, wedi eu harbed a'u cadw mewn amlen.

Doedd dim amheuaeth ym meddyliau Robin na Sioned fod Tim Rowlands wedi bod â'i drwyn yn yr amlen hon ac wedi defnyddio'r wybodaeth oedd ynddi. Ond beth arall roedd o wedi ei rannu â gelynion Cwmpas Cymru?

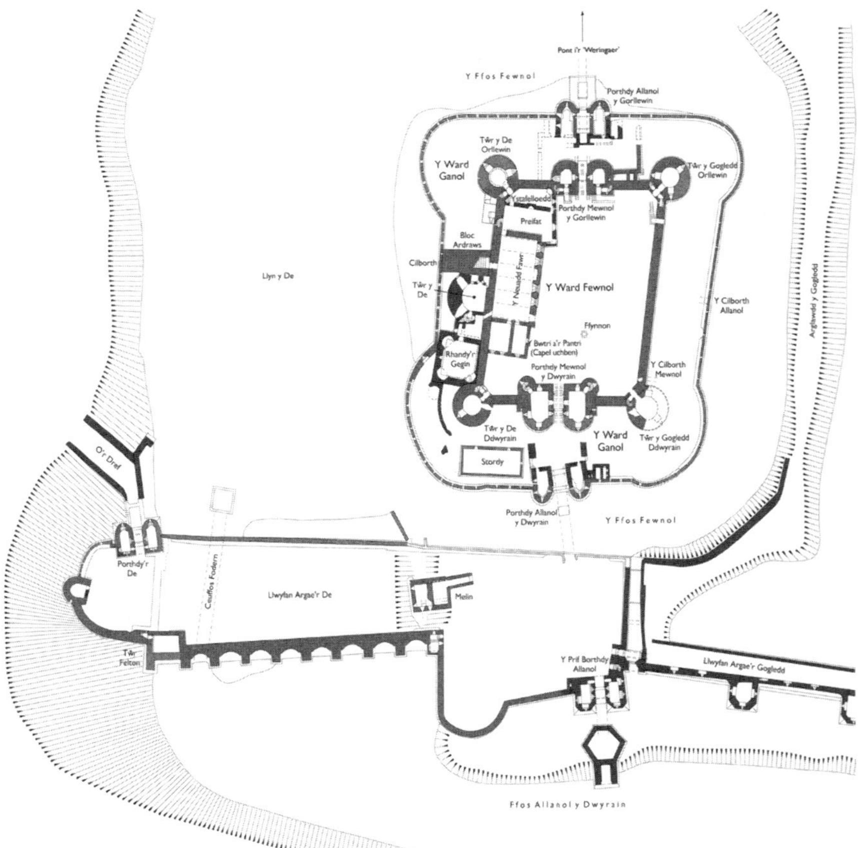

Pennod 25

23 Gorffennaf 1987

O do tŷ porth mwyaf Castell Caerffili roedd panorama bendigedig i'w gael. Edrychai Rhys Gruffydd a Martin Grey ar draws hen gantref mynyddig Senghennydd a chymydau Is-Caiach a Chibwr. Tua'r dwyrain gorweddai cantref Gwynllŵg, bellach yn rhan o sir fodern Gwent – hen derfyn canoloesol heb ddarfod ac yn rhan o fap llywodraeth leol yr 1980au. Y gatws hwn yng Nghaerffili, lle safai'r ddau, oedd yn gwarchod y fynedfa i ward ganolog y castell, lle ceid y Neuadd Fawr a Thŵr yr Arglwyddes. Enw poblogaidd ar ward ganolog y castell oedd yr Ynys Ganol, gan fod y cyfan wedi ei amgylchynu gan ddŵr – dau lyn a dwy ffos ddofn.

Ar y bore cynnar hwn o Orffennaf, roedd Rhys a Martin yn gwylio prysurdeb y dydd yn ymledu dros dref Caerffili a'i chyffiniau. Roedd ceir, faniau a lorïau yn dechrau symud ar hyd y ffyrdd, trwy'r bylchau naturiol a naddwyd gan Afon Rhymni, gan Nant yr Aber, Nant y Gledyr a Nant y Calch.

"Beth yw hi am fod heddi, Rhys?" gofynnodd Martin yn dawel, "Diwrnod o ddathlu, neu warchae gan y gelyn?"

Atebodd Rhys yn gwbl ddibetrus:

"Rydan ni wedi gwneud popeth sy'n bosib i gadw pobol yn saff, Martin. Mae pob twll a chornel o'r castell wedi cael ei archwilio sawl gwaith. Petai unrhyw amheuaeth am hynny, mi fasan ni wedi canslo'r digwyddiad. Does dim dwywaith, mi fydda Nicola Rees wedi rhoid ordors inni ganslo."

"Rwyt ti'n iawn, wrth gwrs. A bydde Cadw wedi'ch

gwahardd chi rhag defnyddio'r castell," ychwanegodd Martin, "yn enwedig pe bydde bygythiad o fom neu ffrwydron."

"Chafwyd mo hynny, yn ôl yr heddlu," meddai Rhys, "ond mi fydd pob bag siopa a *rucksack* yn cael eu harchwilio wrth i bobol ddod i mewn heddiw."

Oddi tanynt, roedd swyddogion yr heddlu a staff Safeguard Security yn bwrw llygaid dros y stondinau a'r pebyll oedd eisoes wedi eu gosod. Bu Uned Bomiau'r Fyddin o gwmpas yr adeiladau gyda'r wawr ac roedden nhw bellach wedi ymuno â thîm arddangos a recriwtio y Fyddin ar un o lwyfannau mawr yr argae. Bu'r ardaloedd o ddiweithdra dwys yn feysydd recriwtio ffrwythlon i'r lluoedd arfog erioed.

Wrth fynedfa'r de, ym mhen pellaf yr argae ac yn wynebu Heol Caerdydd, roedd rhai o'r stondinwyr yn cludo stoc ychwanegol yn barod am ddiwrnod prysur. Aelodau o dîm Safeguard, o dan lygaid yr heddlu, oedd yn archwilio'r rhain yn fras, gyda llaw a llygaid ac yn mynnu agor ambell i focs caeedig.

Ymysg y bobl eraill oedd yn bwrw golwg dros y cyfan roedd Fran Prosser a Wyn Rendel. Newydd gyrraedd roedd Wyn, wedi gyrru draw o Lundain yn oriau mân y bore. Teimlai yntau yr angen i fod yma heddiw, yn sgìl yr awgrymiadau cryptig o fygythiad i Gwmpas Cymru a fu ers wythnosau bellach. Ond, roedd ganddo un neges gwbl bendant heddiw, datganiad wedi ei dderbyn gan Lysgenhadaeth De Affrica ddoe.

Aeth Fran a Wyn i gyfarch Rhys wrth iddo groesi buarth yr Ynys Ganol yng nghwmni Martin Grey.

"Newyddion da, Rhys, a newyddion diddorol iawn!" meddai Wyn.

Edrychodd Rhys yn chwilfrydig arno wrth i Wyn esbonio cynnwys y datganiad.

Ddoe, cyhoeddodd Llysgenhadaeth De Affrica ddatganiad, nad oedd yr Athro Pieter van der Goes yn bwriadu dwyn achos o enllib yn erbyn Cwmpas Cymru, nac yn erbyn Rhys Gruffydd yn bersonol. Er bod y cyhuddiadau'n gwbl ffals, meddai'r datganiad, daeth yn amlwg mewn nifer o achosion enwog mai *rich men's pastime* oedd achosion enllib yn llysoedd Lloegr, gyda byddin o dwrneiod yn ymgyfoethogi ar draul y cyhuddwr a'r cyhuddedig, a bod rhagfarnau rheithgorau yn erbyn estroniaid yn aml yn chwarae rhan amlwg.

Gwenodd Rhys wrth glywed y newyddion a rhoes y neges gryn ryddhad iddo yntau.

"Dydi Mistar Arian Mawr ddim yn barod i gefnogi van der Goes, felly. Mae yna hen ddywediad Cymraeg, 'Ni cheidw'r diafol mo'i was yn hir!'"

"Ro'dd e'n gwbod y bydde fe'n colli!" ychwanegodd Fran.

Edrychodd Wyn o'i gwmpas am arwyddion o'r tîm diogelwch ar waith ym mhobman.

"Ond mae o'n defnyddio tactegau gwahanol, erbyn hyn. Ydach chi'n barod amdano fo, Rhys?"

"Mor barod ag y gallwn ni fod. Ond dydw i ddim gronyn nes at ddeall pam bod project mor llesol yn cael ei droi'n rhyfel gerila gan rywun sydd i fod wedi marw ers blynyddoedd!"

Ymhell cyn naw o'r gloch roedd aelodau o'r cyhoedd wedi dechrau cyrraedd, a gan fod criw helaeth o bobl yn chwilio bagiau ger y Porth Mawr, prin iawn oedd yr oedi yno pan agorwyd y dorau. Tua'r un pryd, cyrhaeddodd Lynne, Eifion a Ffion y castell, wedi cael tacsi i'w cludo o'r fflat yng Nghaerdydd. Aeth Rhys i'w tywys o gwmpas rhai o'r atyniadau, ond wedyn aeth Lynne a'r plant i dorri eu cwys eu hunain am weddill y bore. Roedd y band roc cyntaf yn canu yn y Neuadd Fawr ac roedd chwaraeon y plant ar lwyfan yr argae, yn denu llu o deuluoedd i wau rhwng y stondinau tuag atynt. Ar y llwyfan canol roedd yr hebogydd yn paratoi ar gyfer ei arddangosfa gyntaf, gyda'r adar yn tremio'n graff a drwgdybus ar y ffwdan a'r dwndwr o'u cwmpas.

Roedd Nicola Rees, Richard Stroud a Marwin Reynolds wedi bod yn gwylio cerddorfa ysgol yn un o siambrau Tŵr yr Arglwyddes. Yna, ymneilltuodd y tri i safle mwy preifat yr hen gapel i glywed newyddion diweddaraf Nicola. Swm a sylwedd ei neges oedd bod y dyn dieithr a gododd Tim Rowlands yn ei gar ger y castell wedi cael ei ganfod. Gŵr o'r enw Edgar Grenville oedd o, technegydd cyfrifiaduron o ddinas Bradford. Roedd yn aelod blaenllaw o fudiad White Gauntlet a bu dan amheuaeth droeon o drefnu rhai o'u protestiadau treisgar, ond ni chafwyd digon o dystiolaeth i'w erlyn. Cafwyd gwybod gan Heddlu Gorllewin Efrog fod aelodau o White Gauntlet wedi bod yn cwrdd yn aml dros y mis diwethaf. Cymerwyd Grenville i swyddfa'r heddlu i'w holi o dan amheuaeth o gynllunio terfysg ac wrth archwilio'i gar fe ddaethpwyd o hyd i fap o ardal Caerffili, llawlyfr Cadw am y castell a chynllun manwl o'r safle. Penderfynwyd ei gadw yn y ddalfa dros gyfnod y Diwrnod Mawr, er mwyn sicrhau diogelwch yr achlysur. Ar yr union fore hwnnw, cafwyd adroddiadau bod nifer o aelodau White Gauntlet o ardal ddinesig Bradford wedi gadael y dref mewn ceir a bysus mini. Cafodd dau fws mini, yn cario tua 30 aelod o'r mudiad, eu hatal mewn canolfan gwasanaethau ar draffordd yr M62 a'u gorfodi i droi'n ôl, neu wynebu cael eu restio. Un sylw diddorol a gafwyd gan yr heddlu oedd bod y criw wedi gwisgo'n drwsiadus ac nad oeddent yn gwisgo bathodynnau nac yn cario baneri.

"Fe fydd yn anodd eu hadnabod a'u stopo rhag dod miwn i'r castell felly," rhybuddiodd Nicola, "os yw bois y ceir yn dilyn patrwm y lleill."

Fe rannwyd yr wybodaeth gyda holl dîm diogelwch y castell yn ddiymdroi.

Cawsai Tim Rowlands o swyddfa Cwmpas Cymru ei holi gan yr heddlu yng Nghaerdydd y bore hwnnw. Bwrw ei fol ar unwaith fu hanes Tim, er na wyddai lawer am y defnydd a wneid o'r holl wybodaeth fewnol a gasglodd, yn cynnwys manylion am Ddiwrnod Mawr Caerffili. Y cwbl a ddywedodd Edgar Grenville wrtho oedd bod White Gauntlet yn bwriadu tarfu ar yr achlysur yng Nghaerffili. Dychrynodd i'w berfedd pan holwyd ef am y posibilrwydd o ddefnyddio ffrwydron yn y castell a dechreuodd arllwys hanes ei holl ysbïo fel piser o ddŵr wedi ei fwrw drosodd. Un manylyn diddorol a gafwyd ganddo oedd cadarnhad mai ef a ddaeth o hyd i'r ddau ffacs rhwng Dave Evans a Martin Grey am drefniadau diffodd y trydan yng Nghastell Caernarfon. Roedd wedi rhoi'r wybodaeth i gyswllt dienw a ymddangosai'n achlysurol yn y dafarn lle byddai'n chwarae dartiau. Ni wyddai ddim pwy a fu'n ymyrryd â'r cyflenwad trydan, na sut roedd hwnnw wedi llwyddo i gael mynediad i'r castell.

Ar y llwyfannau gwelltog, eang ar ben argae Castell Caerffili, roedd afiaith hwyliog yn teyrnasu cyn deg o'r gloch y bore: y lle dan ei sang, gyda chwerthin llawen chwaraeon y plant, brefiadau a chlochdar y fferm ddinesig ac uwchben y cyfan, troadau gosgeiddig a thawel yr hebog a'r barcud. Roedd arogleuon bwydydd y ffair yn graddol ymdaenu, a'r dwndwr llawen yn llenwi'r lle.

Yng nghesail y tŵr cam enwog, roedd band dur o ardal Glanrafon yng Nghaerdydd yn diddanu tyrfa pur fawr. Ceid taro rhythmig a chyffrous ar ddrymiau dur – offerynnau modern yn deillio o'r traddodiad gwerin o addasu hen ddrymiau olew i'r gwaith. Disgynyddion oedd mwyafrif aelodau'r band i rai o'r teuluoedd du o Affrica a'r Caribî a ymgartrefodd yn nociau Caerdydd, pan fyddai llongau'r ddinas yn teithio i bob cwr o'r ymerodraeth Brydeinig. Cymry a dinasyddion Caerdydd oedd y band, felly, pobol ifanc a phlant gydag arial y brifddinas gosmopolitan yn eu gwaed. Siglai'r gynulleidfa helaeth i rythmau heintus y miwsig.

O dipyn i beth, dechreuodd nifer o wŷr ifanc a chanol oed ymuno â'r dorf oedd yn gwylio'r band. Doedd y ffaith mai dynion gwynion oedden nhw ddim yn tynnu sylw; roedd y gynulleidfa gyfan yn gymysgedd o ddiwylliannau. Ond er y siwmperi a'r siacedi ysgafn parchus, roedd gwedd ddigon egr ar amryw ohonyn nhw, a gwg yn hytrach na gwên oedd ar wep bron bob un. Edrychai rhai ohonyn nhw o'u cwmpas gan ddisgwyl gweld mwy o'u cymrodyr yn y dorf. Doedd y newyddion am dynged y bysus mini ddim wedi eu cyrraedd.

Wedi peth oedi a phetruso, estynnodd un dyn faner gyda llun maneg ddur, a oedd wedi bod yn ei phlyg o dan ei siwmper, a'i chwifio gan floeddio:

"Blacks out! White Gauntlets for a White Britain!"

Ymunodd y lleill â'r bloeddio a rhuthrodd rhai i rwygo baneri'r ŵyl oddi ar y muriau agosaf. Wedi ennyd neu ddwy o rythu'n anghrediniol, torrodd y storm. Rhuthrodd rhieni a chefnogwyr y band ifanc amdanynt a chipio'r baneri o'u dwylo. Bu dyrnu o'r naill du a'r llall, a chyn hir, roedd ambell un o'r protestwyr ar y llawr, cyn i'r heddlu a thîm Safeguard ruthro i'r adwy. Gafaelwyd yn y protestwyr a'u llusgo oddi yno'n ddiseremoni, gyda thorf ddig yn bygwth eu dilyn. Llusgwyd y criw – deuddeg yn unig oedd yno – at fan fawr o eiddo'r heddlu mewn cornel ddisylw o'r castell.

Ymhen dim roedd Nicola Rees a'r Prif Arolygydd Derek Field o Heddlu De Cymru wedi cyrraedd a sylwi bod golwg pur lwydaidd ar ambell un o'r carcharorion.

"You've no right to arrest us! This was a peaceful protest!" bloeddiodd un.

"Peaceful! We probably saved you from a visit to the A and E department down the road, if you only had the sense to see it," meddai'r Prif Arolygydd yn blwmp ac yn blaen. "Besides, you're not under arrest. We're holding you for questioning while we consider whether to charge you or not."

Troes at y cwnstabliaid a dweud wrthyn nhw am eu cadw dan glo, rhag ofn bod eraill o'r un anian o gwmpas y castell.

Gadawodd Nicola ac yntau y fan, gan drafod a oedd sail i erlyn y criw am darfu ar yr heddwch, neu am dramgwyddo trefn gyhoeddus.

Wrth i'r ddau swyddog gerdded yn ôl i wrando ar y canu Cymraeg yn y Neuadd Fawr, bu helynt pellach. Stopiodd y canu'n sydyn, a chlywsant weiddi croch yn dod o'r neuadd. Cyn i'r ddau gyrraedd drws y neuadd, gwelsant bump o ddynion yn cael eu llusgo a'u bwrw'n gorfforol drwy'r drws gan aelodau Safeguard, gyda chymorth parod tîm Cwmpas Cymru, â Brian Jenkins a Huw Parker yn eu plith.

Sesiwn o ganu gwerin Cymraeg a Cheltaidd oedd yn y neuadd ar y pryd, a doedd y gynulleidfa ddim yn fawr. Yno'n gwrando roedd Fran Prosser ac edrychai'n bur amheus ar y pump dieithryn yn cyrraedd â gwedd eu hwynebau'n amrywio rhwng crechwen ddirmygus a gwg sbwbachlyd. Wrth i Gwenno Llwyd a Llinos ganu deuawd, 'Y deryn pur a'i adain las', gyda Melanie'n cyfeilio ar y ffidil, dechreuodd y pump chwifio baneri White Gauntlet a gweiddi:

"English! English only! One language for Britain!"

Roedd Huw Parker a Brian Jenkins wedi gafael yn y ddau uchaf eu cloch ymhen eiliadau, a bron iawn eu cario allan o'r neuadd yn feistrolgar. Ni fu'r lleill fawr o dro cyn eu canlyn yn ddiseremoni. Rhuthrodd aelodau'r heddlu i gymryd gofal o'r pump, wrth i un neu ddau weiddi:

"They attacked us! The bloody Welsh hicks attacked us! It was a peaceful protest!"

Anfonwyd y rhain hefyd i ddiogelwch y fan ddu, gan anwybyddu'r cwynion blin.

"I hope there aren't many more of them knocking around," meddai Derek Field wrth Nicola, "or we won't have enough room in the van."

"Not many, I should think," atebodd hithau,"I know that about thirty were stopped on their way from Bradford early on, and it seems that another forty or so in mini buses were followed from the Midlands and stopped on the M5. White Gauntlet just haven't got the numbers here to cause much havoc." Rhoes y Prif Arolygydd wên foddhaus. "Miners' strike tactics paying off again!"

Ni chafodd wên gan Nicola, dim ond ateb digon oeraidd:

"I wouldn't make any public statement to that effect, Chief Inspector..."

Brathodd hwnnw ei dafod yn dawel, a gofyn:

"What about a possible lone wolf? Any intelligence on that?"

"No, we're in the dark there. We can only hope our precautions can stop any potential bomber getting into the Castle."

Yn ystod y bore, ni welwyd unrhyw darfu pellach ac fe gludwyd y ddau ar bymtheg o griw'r White Gauntlet i'r ddalfa yng Nghaerdydd i aros penderfyniad ynglŷn â chyhuddiadau ffurfiol.

Cafwyd un cyfnod o bryder pan sylwodd Phil Watkins ar ffigwr cyfarwydd, o ran ei olwg, beth bynnag. Roedd y gŵr hwn yn crwydro'r castell gyda sach cefn dros ei ysgwydd, a chofiai Phil iddo weld y dyn ar ddau achlysur arall, yn ystod taith People's Opera ym mis Mai. Gwelodd berfformiad y cwmni ddwywaith, a bu'n stelcian o gwmpas y neuaddau wedyn. Yn Aberdâr y gwelsai Phil ef gyntaf, yn neuadd enwog y Parc and Dare.

Yr eildro y daeth i sylw Phil oedd ar y noson dyngedfennol honno yn Nhre-pwll, pan welwyd ef yn y perfformiad ac wedyn, wrth ymyl y clwb lle bu'r cwmni am swper. Drannoeth y danchwa, yn yr ysbyty, roedd Phil wedi sôn amdano wrth Griff Parrish ac roedd hwnnw wedi hysbysu'r heddlu. Serch hynny, doedd neb arall wedi sylwi arno, doedd o ddim wedi rhoi ei enw wrth archebu tocyn ymlaen llaw, dim ond ei brynu wrth y drws gydag arian parod. Felly, ni fu'n bosibl dod o hyd iddo.

Ond heddiw, roedd Phil yn sicr mai dyma'r dyn a'i fod unwaith eto'n mynychu un o weithgareddau Cwmpas Cymru. Gwelodd Phil sarsiant yr heddlu gerllaw a defnyddiodd hwnnw ei radio i gysylltu â'r Prif Arolygydd. Rhoes hwnnw awdurdod iddo stopio'r dyn i'w holi, a'i ddwyn i swyddfa'r castell. Yn y fan honno ar bwys y brif fynedfa roedd Cadw wedi neilltuo ystafell breifat at iws yr heddlu.

Er syndod i Phil, ni fu unrhyw ddadl na gwrthwynebiad gan y dyn, a rhoes ei enw iddynt ar unwaith – Jake Bosley, trydanwr o Fanceinion. Yn swyddfa Cadw fe archwiliwyd ei ddillad a'i sach cefn yn drylwyr, ond heb gael un dim amheus yn ei feddiant. Wrth ei holi, cydnabu ar unwaith iddo fod yn gweld perfformiad People's Opera ddwywaith, a'i fod yn gefnogwr i'w hegwyddorion gwleidyddol. Yn y sach cefn roedd dau rifyn diweddar o'r papur newydd *Militant* a nifer o bamffledi gwrth-Apartheid, yn cadarnhau ei ymlyniad gwleidyddol. Roedd Bosley wedi gobeithio cael sgwrs ag aelodau'r cast yn Aberdâr a Thre-pwll, meddai, ond roedd gormod o bobl o'u cwmpas ar y ddau achlysur.

Wedi ei holi am ddwyawr, roedd y ddau brif swyddog yn cytuno nad oedd ganddynt achos i'w gadw mwyach. Fe'i rhyddhawyd, ynghyd â'i eiddo, ond anfonwyd plismon yn ei ddillad ei hun, i'w ddilyn o bell am yr awr nesaf. Ar ei liwt ei hunan, penderfynodd Phil y byddai'n cadw llygad arno am weddill y diwrnod.

Wedi gwneud hynny am gryn awr, cyfarfu Phil â Rhys, a oedd yn goruchwylio hynt y gwahanol atyniadau. Adroddodd Phil yr hanes am Jake Bosley wrth Rhys, gan bwyntio bys a'i ddangos iddo. Craffodd Rhys arno o hirbell ac fe ganodd cloch yn ei gof. Roedd yntau wedi gweld y gŵr hwn rywdro o'r blaen – a hynny'n ddiweddar iawn. Siarsiodd Phil i barhau i wylio Bosley ac i gadw mewn cyswllt radio, rhag ofn i Rhys gofio ble gwelsai'r dyn cynt.

Wedi gadael Phil, edrychodd Rhys ar ei wats. Roedd yn un o'r gloch. Gwyddai mai uchafbwynt y prynhawn fyddai gig gan fand roc enwocaf y Cymoedd ar y pryd, Sonic Dragon, am dri o'r gloch yn y Neuadd Fawr. Byddai'r lle'n orlawn, a byddai'n rhaid cael goruchwyliaeth ddwys, y tu mewn a'r tu allan bryd hynny.

Aeth Rhys draw at un o'r stondinau bwyd, i gael brechdan a phaned o goffi cyn parhau â'i oruchwyliaeth. Roedd Lynne wedi dweud mai tua un o'r gloch y byddai hithau a'r plant yn chwilio am fwyd, a mwynhau picnic wrth ymyl un o'r atyniadau.

Wrth fwyta'i frechdan, gerllaw i'r arddangosfa heboca, clywodd Rhys leisiau Eifion a Ffion yn galw arno. Roedden nhw wedi bod ym mhen eithaf y castell, ar lain las eang y Weringaer, yn ymarfer bwa a saeth. Roedd offer a thargedau addas ar gyfer plant ac oedolion yno ac roedd y targedau wedi eu gosod a'u cefnau tuag at y llyn a amgylchynai'r ynys. Doedd dim perygl i saethau oedd yn methu'r targed anafu neb. Gwenodd Rhys:

"Ydach chi 'di colli lot o saetha?"

Taerodd Eifion a Ffion eu bod wedi taro'r targed bob tro. Esboniodd Lynne, gyda direidi yn ei llygaid:

"Mae gan yr oedolion fwa a saeth mawr a tharged gweddol fawr. Mae gan y plant fwa a saeth bach a tharged anferthol! Mi fasa'n anodd iddyn nhw fethu'r targed!"

Cŵn poeth oedd dewis fwyd y plant i ginio ac aeth Rhys i'w prynu, tra bu Lynne yn estyn poteli diod o'r bag helaeth ar ei hysgwydd. Eisteddodd y pedwar ar y glaswellt cynnes gerllaw llwyfan gogleddol yr argae i fwyta'u picnic. Roedd Rhys wedi prynu brechdan i Lynne a phacedi o greision i'r plant.

Dywedodd Lynne, wrth edrych draw tuag at y stondinau:

"Mae'r plant isio bagia newydd i fynd yn ôl i'r ysgol. Mi welis i stondin bagia draw yn fan'cw. Stwff da ganddyn nhw hefyd – bagia lledr a chynfas."

Nodiodd Rhys, a dywedodd, rhwng difrif a chwarae:

"Rhyw foi go bigog sy bia'r stondin, cofia, a rêl bwbach ydi'i bartner o, ond mae ganddyn nhw stoc da iawn."

Yn sydyn, daeth delwedd i gof Rhys – y stondinwr cegog yn dwrdio a'r dyn ifanc yng nghefn y stondin yn gwgu. Hwnnw roedd Phil wedi pwyntio bys ato – hwnnw roedd Phil wedi ei weld yn Aberdâr a Thre-pwll – hwnnw â'i sach cefn gwbl ddiniwed heddiw – a'i stondin yn llwythog o sachau cefn o bob lliw a llun, wedi eu cludo mewn bocsys i'r castell – y peth hawsa yn y byd fyddai cyfnewid un bag glas am un arall!

Llamodd Rhys ar ei draed ac estyn ei set radio symudol. Rhoes alwad i Nicola Rees:

"Nicola – Jake Bosley – mae'n bosib bod ganddo fo ffrwydron wedi'r cwbl! Mi allasa fo newid y rucksack welsoch chi am un arall – ar y stondin bagia lle mae o'n gweithio!"

Edrychodd Rhys ar ei wats eto. Roedd wedi troi dau o'r gloch erbyn hyn. Fe fyddai llu o bobl ifanc ac oedolion yn dechrau crynhoi yn y Neuadd Fawr i glywed Sonic Dragon.

"Nicola! Dwi'n siŵr mai'r Neuadd Fawr ydi'r targed – mi fydd y lle'n llawn ar gyfer y band roc am dri o'r gloch!"

Cyn i Nicola fedru ateb, rhoes Rhys alwad radio i Phil. Siawns ei fod yn dal i ddilyn Bosley o gwmpas y castell.

"Phil, did Jake Bosley go to the big leather goods and bags stall?"

"Yes, he stopped there for a cuppa – he was there about twenty minutes."

"Phil – I think he could have swopped the rucksacks! If you can still see him, get the nearest copper you can see to grab hold of him – and get that rucksack off him! I think he's really got a bomb in it this time!"

Braw a syndod oedd ar wyneb Lynne pan glywodd sgwrs Rhys ar ei set radio, ond roedd Ffion ac Eifion yn dal i fwyta'u cŵn poeth ac yn gwylio'r anifeiliaid fferm gerllaw yn cael eu bwydo.

Rhoes Rhys gusan sydyn i Lynne a gwasgu ei llaw, cyn brasgamu tuag at yr Ynys Ganol a'r Neuadd Fawr.

"Arhoswch yn y pen yma," oedd siars olaf Rhys cyn gadael y picnic.

Ar yr Ynys Ganol, roedd Phil wedi colli golwg ar Bosley ar amrantiad. Newydd gerdded trwy'r gatws gyferbyn â'r Weringaer oedd Bosley. Rhuthrodd Phil heibio cornel y tŷ porth ar ei ôl, ond doedd dim blewyn ohono i'w weld yn y ward ganol. Doedd dim modd iddo fod wedi mynd i mewn i'r Neuadd Fawr. Roedd y fynedfa'n rhy bell, hyd yn oed petai wedi rhedeg, â Phil mor glos wrth ei gynffon. Beth bynnag, roedd ciw o bobl ifanc yn aros i fynd i mewn. Ble roedd y cythraul wedi mynd?

Wrth ymyl y neuadd, cyfarfu Rhys â Phil ac roedd Nicola newydd gyrraedd hefyd. Yno'n gwylio'r dorf yn mynd i'r Neuadd Fawr roedd Martin Grey. Gwelodd y pryder ar wynebau'r pedwar ac aeth atynt.

Troes Rhys ato a gofyn:

"We think our bomber is here, Martin. Phil followed him here, but he never went through the main door into the Hall. Is there another entrance?"

"There's a back door – this way!"

Rhuthrodd Martin heibio i gefn y Neuadd Fawr a thrwy ddrws cul i siambr oedd yn adfail di-do. Dilynodd pawb ef, wrth iddo agor drws cul arall, bron yn anweledig, a'u dygodd i mewn i'r neuadd. Bellach, roedden nhw ar bwys y llwyfan a adeiladwyd ar gyfer perfformiadau'r dydd ac roedd offer sain, goleuadau a cheblau'n driphlith draphlith o'u cwmpas. O boptu i'r llwyfan safai technegwyr a *roadies* y band enwog, a rhythai'r rheiny'n syn ar y goresgyniad sydyn hwn.

"Is he here, Rhys? Phil?" gofynnodd Nicola, a throes at un o'r technegwyr:

"Did anyone with a rucksack come through this door just now?"

Nodiodd un ohonyn nhw:

"Yeah, surly looking bugger. Didn't see where he went, though…"

Wedi tremio i bob cwr o'r neuadd, ysgwydodd Phil ei ben mewn gwewyr o rwystredigaeth:

"He isn't here! Where the hell has he gone?"

Yn sydyn, llamodd Martin ymlaen heibio pared mewnol y neuadd tuag at ddrws bychan, isel yn y mur.

"This way – it's an old passage down through the outer wall to the lakeside!"

Roedd y ddôr heb ei chloi, a gwthiodd pawb trwy'r bwlch cul i ben fframwaith o risiau pren uwchben pasej serth o feini, mewn twnnel cromennog, tywyll.

Rhwng dwy anadl, stopiodd pawb yn syfrdan, yn fud i holl ferw'r neuadd y tu ôl iddyn nhw. Yn swp bygythiol ar ben y grisiau, gorweddai'r sach cefn glas a fu ar ysgwyddau Jake Bosley funudau ynghynt.

Ar unwaith, gorchmynnodd Nicola:

"Evacuate everyone NOW! And get the Bomb Squad here!"

Rhuthrodd y Prif Arolygydd allan i drefnu gwacáu y neuadd brysur. Roedd y plismyn a thîm Safeguard wrth y gwaith o fewn munud, er y grwgnach gan y gynulleidfa.

Cafodd pawb eu gyrru o'r Ynys Ganol dros y bont at lwyfannau'r argae ac anfonwyd swyddogion i'r pen arall i atal pawb rhag croesi tuag at yr Ynys Ganol o'r Weringaer. Dywedodd Martin Grey wrtho fod giât dan glo ym mhen pella'r Weringaer yn arwain at strydoedd cyfagos. Anfonwyd neges radio i staff y castell yn galw am rywun i fynd ar ras o gwmpas terfyn allanol y castell a datgloi y giât, ar gyfer pawb oedd yn gaeth ar y Weringaer.

Yng nghanol y prysurdeb, clywodd Gwenno Llwyd, a oedd yn y neuadd, un o'r swyddogion yn sôn ar ei radio am:

"A man in his twenties, terrorist suspect, now believed to be in a passageway off the Great Hall."

Cofiodd iddi weld dyn felly yn rhuthro i mewn trwy ddrws cefn y neuadd funudau'n unig cyn i Rhys a'r heddlu gyrraedd. Berwodd wythnosau o densiwn a dicter yn Gwenno, wrth iddi sylweddoli bron yn bendant, mai hwn oedd o, y dyn a ffrwydrodd y fan yn Nhre-pwll ac anafu Geraint mor ddifrifol.

Tra oedd yr heddlu'n ceisio gwagio'r neuadd, llwyddodd Gwenno i gael caniatâd i fynd draw i siarad â Rhys Gruffydd, oedd wrth ddrws y pasej:

"I've got vital information for him!"

Ymhen eiliadau, â phawb yn ei gwylio'n syn, rhuthrodd Gwenno heibio i Rhys a'r swyddogion eraill a thrwy ddrws tywyll y pasej. Ni fu Rhys na neb arall yn ddigon chwim i'w hatal, llamodd fel ewig dros y sach cefn, i lawr y grisiau pren at lawr carreg y pasej ac ar wib wyllt ar hyd y twnnel serth tuag at y llyn. Cyn i'r plismyn ymateb, roedd Rhys wedi rhuthro ar ei hôl, neidio i lawr y grisiau a'i dilyn, tuag at y siâp bwa o olau dydd ym mhen draw'r twnnel.

"Stop them, for God's sake!" bloeddiodd y Prif Arolygydd, "and don't touch that rucksack!"

Ymhen eiliadau daeth Rhys allan trwy gilborth ym mur y castell. Islaw i risiau'r cilborth, roedd llechwedd serth, gwelltog yn arwain at y llyn. Ar y lan, gwelai Gwenno'n ymrengian yn ffyrnig ar war Jake Bosley ac yn ceisio'i dynnu i'r llawr. Gwingai hwnnw'n wyllt wrth geisio bwrw'r deigres ddig oddi ar ei gefn.

Llamodd Rhys i lawr y grisiau a'r llechwedd ac aeth i'r afael â Bosley yn ddibetrus.

"Gollwng o, Gwenno!" bloeddiodd Rhys, gan ddyrnu Bosley yn ei wyneb sawl gwaith.

Yna, pan oedd plismyn o fewn llathenni i'r ymrafael gwyllt, daeth y gyllell finiog yn llaw Bosley i olwg pawb, a phlymiodd hi â'i holl nerth i fol Rhys. Gwelodd Rhys fflach y dur yn yr heulwen… aeth popeth o flaen ei lygaid yn dân gwyllt dryslyd … cyn i wyneb milain Bosley lenwi'i drem yn hunllefus.

O fewn eiliadau, aeth popeth yn dywyll. Llithrodd Rhys i'r glaswellt, a hwnnw'n wlithog dan gawod sydyn o waed.

PENNOD 26

24 – 25 Medi 1987

Safai tyrfa fechan ar risiau Llys y Goron yng Nghaerdydd, wrth i ddyrnaid o bobl, dwys eu gwedd, ddod allan drwy'r dorau mawr i olau dydd. Gyda'i bileri clasurol claerwyn â'i ddau dŵr baroque, roedd yr adeilad yn arwydd trawiadol o uchelgais y ddinas, er ei fod hanner canrif yn hŷn na Chaerdydd yn cael ei hurddo yn brifddinas Cymru.

Ar ben y grisiau, camodd dwy ferch ac un dyn, mewn dillad tywyll, ymlaen i wynebu gohebwyr y wasg a'r camerâu teledu. Wedi gwneud datganiad ffurfiol yn Saesneg, trodd y blaenaf o'r tri, Olwen Cradock, gyda Marwin Reynolds a Richard Stroud o boptu iddi, i wynebu uned ffilmio S4C, a thraddododd yr un datganiad syml yn Gymraeg.

"Yn siarad ar ran Cwmpas Cymru ac fel unigolion, r'yn ni'n falch iawn bod cyfiawnder wedi cael ei weinyddu yma heddiw yn yr achos difrifol hwn. Mae'r ddedfryd o garchar am oes ar James, neu Jake, Bosley yn gosb haeddiannol am yr act o derfysg creulon a gynlluniodd e yn erbyn pobol ddiniwed. Fe arweiniodd troseddau Bosley at anafiadau ac at farwolaeth un person – gŵr o ddoniau disglair a delfrydau cadarn. Mae'n calonnau ni, heddiw, gyda'i deulu a'i gyfeillion yn eu profedigaeth drom. Mae ymholiadau'r heddlu i'r cynllwyn hwn yn parhau ac rydan ni'n diolch i'r heddlu am eu holl waith trylwyr wrth geisio atal y cynllwyn. Gallwn ninnau eich sicrhau y bydd Cwmpas Cymru yn dal ati i weithio dros bobol a chymunedau yng Nghymru ac na lwydda unrhyw ddrwgweithredu i atal y gwaith hwnnw."

Yn y cefndir safai Nicola Rees a Derek Field, a daeth Nicola ymlaen i ddweud gair byr wrth y camera:

"Fel y dywedodd Miss Cradock, bydd ein hymholiadau i'r troseddau hyn yn parhau, a bydd rôl nifer o bobol eraill, ym Mhrydain a thros y môr, yn dod o dan y chwydd-wydr. Ni fydd ein gwaith yn gorffen tan y bydd pawb a fu'n rhan o'r cynllwyn hwn wedi ymddangos o flaen llys barn."

Wrth i'r dyrfa wasgaru, cafwyd ysgwyd llaw rhwng triawd Cwmpas Cymru a dau uchel-swyddog yr heddlu. Yna, fe arweiniodd Olwen Cradock ei chydweithwyr at y car mawr oedd yn eu haros. Eu cyrchfan nesaf oedd Tŵr Dewi, lle byddai Olwen a Richard Stroud yn rhoi adroddiad o'r achos llys a siars ar gyfer y dyfodol i bawb o staff disgwylgar y cwmni.

* * *

Yn ei chartref yng Nhregraig, edrychodd Lynne Gruffydd ar gloc y gegin. Roedd yn hanner awr wedi dau ac roedd am gerdded draw at ysgol y pentref i gwrdd ag Eifion a Ffion erbyn tri o'r gloch. Mynnai Eifion gerdded adref gyda'i ffrindiau, ond roedd cysur i'w gael wrth weld ei fam wrth y giât, a byddai Ffion yn rhuthro tuag ati bob tro.

Gobeithio y bydd Eifion yn cofio dod â'i fag ysgol adref. Gan ei fod yn Safon Pedwar, byddai ganddo waith cartref i'w wneud, yn ddigon siŵr. Wrth feddwl am fagiau ysgol, aeth ias oer i lawr ei chefn wrth iddi gofio am y stondin bagiau yng Nghastell Caerffili ar y diwrnod erchyll hwnnw, ddau fis yn ôl. Caeodd ei llygaid am ennyd a gadael i'w hanadl sadio drachefn.

Yn sydyn, clywodd wich gynefin drws y lolfa'n agor, a throes ei phen i fwrw golwg. Yn llesg ac fel drychiolaeth o denau, daeth Rhys i mewn i'r gegin ar bwys ei ffon. Gwenodd hithau.

"Gest ti napan fach?"

"Do, does 'na ddim byd fel teledu canol dydd am yrru rhywun i gysgu!"

Tynnodd Lynne un o gadeiriau bwrdd y gegin fel y medrai Rhys eistedd.

"Gymeri di banad, cyn imi fynd i nôl y plant?"

"Plis. Does neb wedi ffonio o Gaerdydd?"

"Dim eto. Wn i ddim pa bryd roeddan nhw'n disgwyl y ddedfryd. Mi ffonith Richard pan fydd 'na newyddion, yn siŵr i chdi."

Berwodd Lynne y tegell tra bu Rhys yn bustachu i eistedd, gan fod y creithiau o gwmpas ei ganol yn boenus o amrwd o hyd.

"Gobeithio y ceith y diawl garchar am oes," meddai Rhys.

"Mi ddyla fo. Tan ddiwadd ei oes. Trwch blewyn na faswn i wedi dy golli di."

Teimlai ei llygaid yn dyfrio, a chanolbwyntiodd ar hulio'r te.

"Fedra i ddim peidio â meddwl am Geraint Monaghan, y cradur bach," meddai Rhys, "wrthi'n mendio'n ddigon del ac yna blydi sepsis yn ei ladd o. Mor annheg, Lynne! Hogyn ifanc galluog fel'na. A dyna dwrna Bosley â'r wynab i drio deud nad y ffrwydrad oedd wedi'i ladd o! "

Eisteddodd Lynne wrth y bwrdd gyda Rhys i yfed eu paneidiau. Bob hyn a hyn, byddai'r foment ingol honno yn fflachio yn ei chof, pan roes Rhys gusan sydyn iddi a gwasgu ei llaw, cyn rhuthro draw i ganol uffern. Mor agos iddi fod yn wraig weddw, a'r plant heb dad.

"Biti na faswn i wedi gallu mynd i'r angladd..."

"Rhys! 'Neno'r tad! Dwyt ti ddim i fod i drafaelio o gwbl, efo'r niwad gest ti! Hyd yn oed mynd i Ysbyty Gwynedd, mae'n rhaid i'r ambiwlans fynd â chdi. Wnawn nhw ddim gadael imi dy ddreifio di!"

Gwenodd Rhys yn wan.

"Rêl cronc ydw i erbyn hyn, ynte!"

"Ond mi ddoi di'n iawn, efo amser. Rhywdro yn y flwyddyn newydd, maen nhw'n deud. Erbyn y gwanwyn mi gei di fynd yn ôl i'r gwaith."

"Be ddylwn i wneud, Lynne? Mae Richard wedi gaddo cadw fy swydd imi, ond dydi hynny ddim yn deg iawn ar Jill, sy'n gwneud 'y ngwaith i rŵan. A Dave yn edrych ar ôl yr achlysuron."

"Mi fydd Jill wrth ei bodd yn dy weld di'n mynd yn ôl. Mae hi'n deud hynny bob tro bydd hi'n ffonio. 'Dwi ddim isio bod yn un o'r bosys,' medda hi!"

"Mae hi wedi bod yn dda iawn efo Gwenno," meddai Rhys. "Roedd hitha mewn stad ofnadwy ar ôl colli Geraint, medda Jill."

Dim ond nodio'n dawel a wnaeth Lynne. Ni allai fyth anghofio bod rhuthro gorffwyll Gwenno wedi arwain at drywanu Rhys ar lan y llyn. Tasa Rhys ond wedi gadael i'r plismyn ddelio efo Bosley.

Prin bythefnos yn ôl y cawsai Rhys ddod adref. Yn Ysbyty'r Heath yng Nghaerdydd y cafodd y llawdriniaethau a achubodd ei fywyd, a bu yno am chwech wythnos lawn. Wedi aros yng Nghaerdydd am bythefnos efo'u mam yn fflat eu tad, rhieni Rhys fu'n gwarchod Eifion a Ffion liw dydd ac yna dychwelodd y ddau blentyn i'r gogledd efo Nain a Taid. Rhieni Lynne fu'n edrych ar eu holau wedyn, ond daeth Lynne yn ôl i roi cychwyn iddyn nhw ar ddechrau'r tymor yn eu blwyddyn ysgol newydd.

Olwen Cradock a drefnodd hofrennydd i gludo Rhys adref i Dregraig, a thyrrodd rhan helaeth o'r pentref i weld y glaniad yn y cae y tu cefn i'r tŷ. Y tro diwethaf y daeth Olwen i weld Rhys yn yr ysbyty, roedd wedi cynnig prynu tŷ i'r teulu yng Nghaerdydd ar gyfer y dyfodol, pan ddychwelai Rhys i'w waith. Gwrthododd Rhys, ond mynnodd Olwen gadw cynnig o fenthyciad di-log, dros amser amhenodol, ar y bwrdd i'r ddau ei ystyried.

"Mae Cwmpas Cymru yma i aros, Rhys, ac fe fydd ei ddyfodol e'n llawer gwell gyda chi yn ôl yn y tîm!"

Newydd adael y tŷ i gwrdd â'r plant o'r ysgol roedd Lynne pan ganodd y ffôn yn y gegin.

* * *

Drannoeth y ddedfryd ar Jake Bosley, roedd Olwen Cradock yn ôl yn Llundain ac yn ei swyddfa yn adeilad Demetian Holdings. Yn eistedd o'i blaen roedd Wyn Rendel, gyda ffeil flêr o bapurau ar ei lin. Canodd y ffôn, a derbyniodd Olwen y neges fod Syr Edwin wedi cyrraedd ei swyddfa.

Aeth Wyn a hithau ar hyd y coridor llydan at swyddfa'r marchog. Roedd Syr Edwin wedi clywed y ddedfryd ar Bosley ar y ffôn o fewn munudau i'r achos llys ddod i ben, ond roedd gan Wyn Rendel wybodaeth newydd ar ei gyfer heddiw.

Wedi'r cyflwyno, diolchodd Syr Edwin i Wyn am yr ymchwil treiddgar a wnaed ganddo a'i help ymarferol i Cwmpas Cymru. Esboniodd Wyn, yntau, ei fod wedi derbyn manylion newydd am y darn tir ar y Veld yn y Transvaal a oedd yn eiddo, yn ôl bob tebyg, i un o gwmnïau Haydn Vollme.

Gwenodd Syr Edwin, ond roedd ei lygaid fel trem hebog:

"Ry'ch chithe'n credu bod y bwbach hwnnw'n dal yn fyw, Mister Rendel? Beth yw'r *latest*, felly?"

"Rydw i wedi cael gwybodaeth mai pwrpas y llain mawr o dir sy wedi cael ei ffensio gan Bruton Mining ydi codi ffermdy traddodiadol yn null oes Kruger a'r Transvaal annibynnol. Mi fydd amgueddfa fawr a chanolfan dreftadaeth yno hefyd, er cof am deuluoedd Afrikaner a gollodd eu tiroedd adeg Rhyfel De Affrica."

Edrychodd Syr Edwin yn syn:

"Digon teg, roedd y ffermwyr 'ny a'u teuluoedd wedi cael cam mawr yn y Boer War. Ond..."

Craffodd ar Wyn, ar y ffeil yn ei law.

"Beth ar y ddaear sy 'da hynny i'w wneud â chwmni cloddio fel Bruton Mining? Dim cwmni o'r Transvaal yw e, os wy'n cofio'n iawn."

"Does a wnelo fo ddim, syr. Ffrynt ydi Bruton Mining. Mae'r project o dan nawdd grŵp mawr o gwmnïa, yr International Minerals."

"Ond Americanwr yw pennaeth y ffyrm 'ny – bachan o'r enw Sorensen, Philip Sorensen. Wy'n nabod dim arno fe, ond mae'r cwmni wedi bod yn ceisio ca'l trwyddede i gloddio mewn sawl gwlad yn Ewrop. Mordred Dunn yw eu asiant nhw."

"Yn ôl yr hanes ges i, Syr Edwin, *front man* ydi Sorensen ei hun. Rhywun dienw ydi'r pennaeth go iawn, a fo biau peth wmbreth o gwmnïa eraill. Mae o'n ddyn o dras Afrikaner, mae'n debyg ac yn awyddus i goffau'r teulu oedd biau'r ddwy hen ffarm arbennig yma, dathlu hanes y Voortrekkers cynnar yn Ne Affrica, a'r ffaith iddyn nhw golli eu tir a gorfod gadael y wlad. Mae'r holl wybodaeth ges i'n arwain at un casgliad:

Haydn Vollme ydi'r pennaeth dienw, a'i gynllun o ydi'r project yma yn y Transvaal."

"Rwy'n siŵr bod eich ffynonelle chi'n gywir, Mr. Rendel, ond pwy oedd y ffermwyr ma fe'n moyn eu coffáu?"

"Ei deulu fo'i hun, Syr Edwin, a dim Vollme oedd ei enw gwreiddiol o. Mi gollodd y teulu eu tir ar ôl Rhyfel De Affrica ac mi adawson nhw'r wlad. Rhywsut neu'i gilydd fe lwyddon nhw i gyrraedd y Dutch East Indies – Indonesia heddiw, a phrynu *rubber plantation* yn Java."

Rhoes ei ffeil ar ddesg Syr Edwin ac estynnodd ddau lungopi o safon neilltuol o glir ohoni. Erthygl yn Saesneg yn un o bapurau newydd diweddar Johannesburg oedd un ohonyn nhw. Darllenodd Syr Edwin y llith a'i wedd yn dangos ei syndod. Wedi edrych yn frysiog ar yr ail lungopi, estynnodd at y ffôn ar ei ddesg a rhoes ganiad i'r dderbynfa.

"Reception? Please can you ask Sergeant-Major Hughes to leave his post and join Lieutenant Cradock in the Officers' Mess. Thank you."

Gwrandawodd Wyn mewn syndod, ond gwenu a wnaeth Olwen. Aeth at y cwpwrdd gwydr ac estyn gwydryn a photel whisgi.

"Y Glenmorangie, Dad?" holodd yn ysgafn.

"Yn gwmws Olwen. Fe fydd e lan fel siot. Mae'n rhy gynnar o lawer gen i! Croeso i chi, os y'ch chi'n moyn diferyn!"

Esboniodd Syr Edwin wrth Wyn.

"Mae Edgar Hughes, ein *Commissionaire* ni, yn hen gyfaill, Mr. Rendel ac ro'dd y ddou ohonon ni yn y Fyddin 'da'n gilydd yn Burma adeg y Rhyfel. Bydd Edgar yn gallu bwrw gole ar eich stori hynod chi heddi!"

Daeth curiad ysgafn ar y drws, a rhoes yr ysgrifenyddes ei phen i mewn.

"Sergeant-Major Hughes is here, Sir Edwin."

"Admit one N.C.O. please!"

Daeth Edgar Hughes i mewn, ei fwstás yn sythu fel helgi ar drywydd, ond dipyn o syndod yn ei lygaid. Byddai galwad i'r *officers' mess* yn dod yn bur aml, ond yn hwyr y dydd y delai gan amlaf ac nid yn y bore. Heb oedi dim, aeth Olwen ato a tharo cusan ar ei foch, gan estyn y gwydraid o whisgi iddo.

"Glased, yn lle dishgled heddi, Wncwl Edgar!"

"Diolch, Olwen. Iechyd da i chi i gyd!"

Wedi cyflwyno Wyn, gofynnodd Syr Edwin i'w hen gyfaill:

"Wyt ti'n cofio ni yn Mandalay yn *forty-five*, Edgar, a ni yn dala rhyw fachan o'dd yn gwitho 'da'r Japs yn Burma? Bachan o dras Dutch neu South African?"

"Ydw'n tad: diawl o ddyn oedd o! Sgwad mawr o *slave labourers* o dano fo, rhai ohonyn nhw wedi dod efo fo o 'stâd y teulu yn Java – *plantation* mawr gynnyn nhw yn fanno. *Collaborator* rhonc oedd o. Roedd y boi wedi lladd pawb oedd yn rhy wan i weithio, ne wedi eu gadal nhw i lwgu. Rhesi o fedda reit ffres ar ei ôl o. Cythral mewn croen!"

"Wyt ti'n cofio'i enw fe?"

"Anghofia'i byth mono fo. Jan de Groot – dyn ifanc smart, ond dim gronyn o gydwybod ar 'i gyfyl o!"

Trodd Syr Edwin at Wyn ac meddai:

"Mae 'da Mr. Rendel rywbeth i'w ddangos i ti, Edgar. Hen lun allan o ffeil swyddogol yn America."

Estynnodd Wyn yr ail lungopi a ddaethai o'i ffeil, yn dwyn y pennawd 'United Nations Relief and Rehabilitation Administration', gyda chyfeiriad yn Washington a dyddiad yn 1949.

Llun o ŵr ifanc mewn siwt yn steil yr 1940au oedd yn llenwi'r rhan fwyaf o'r dudalen.

Edrychodd Edgar mewn syndod.

"Dyma fo'r diawl, Ned! Jan de Groot ydi hwnna! Does dim dwywaith amdani. Ble gawsoch chi hwn, Mr. Rendel?"

"O archif UNRRA, Mr. Hughes, gan y Cenhedloedd Unedig yn Efrog Newydd. Ond edrychwch ar y capsiyn o dan y llun, os gwelwch chi'n dda..."

Estynnodd Edgar Hughes ei sbectol i ddarllen, ond agorodd ei lygaid led y pen pan astudiodd y pennawd a gweld yr enw:

"Karl Ludwig Haydn Vollme: supplies contractor – all contracts to be cancelled forthwith for suspected fraudulent dealing and deception."

Trodd Edgar tuag at Syr Edwin:

"Hwn oedd o? Hwn oedd y bastard wnaeth gymaint o ddrwg? Twyllo miloedd o bobol a lladd un o ddynion Ted Prosser?"

"Y feri dyn, Edgar, a dyma syrpréis arall iti – ma fe'n dal yn fyw! Fe sy wedi bod yn amharu ar ein gwaith ni yng Nghymru! Fe a bois fel Dunn a Bernal a'r dihiryn gafodd garchar yn Gaerdydd ddo."

"Felly, mi a'th Jan de Groot yn Haydn Vollme ar ôl y rhyfel?"

"A'r ddou mor felltigedig â'i gilydd!"

Cymylodd gwedd Edgar:

"Biti na faswn i wedi saethu'r bastard yn Mandalay!"

Ysgydwodd Syr Edwin ei ben:

"Na, fe wnaethon ni'r peth iawn, Edgar. Ro'dd e dan glo pan adawon ni Mandalay. Do'dd dim modd i ni wybod y bydde fe'n dianc."

"Ac mae o'n dial arna chdi am roi sbocsan yn ei olwyn o – dim unwaith, felly, ond ddwywaith!"

Ar y gair, daeth curiad arall ar y drws, a chyflwynodd yr ysgrifenyddes ddalen o neges ffacs mewn ffolder i Syr Edwin.

Wedi bwrw golwg sydyn drosto, cyhoeddodd yntau mai datganiad i'r wasg oedd y ffacs, a darllenodd y neges yn uchel:

"A warrant was issued last night by Knightsbridge magistrates for the arrest of Mordred Dunn, of the City brokerage company Dunn and Masefield. The warrant was executed by police at 0700 hours this morning. Dunn is now in custody for questioning in relation to several serious incidents in Wales and elsewhere since 1985."

Ar gynffon y neges roedd yr enw David Waters, Commander, Metropolitan Police Special Branch.

"Fedran nhw ddim cael gafael ar y bygar Haydn Vollme 'na hefyd?" gofynnodd Edgar Hughes, gan roi'r gwydryn whisgi gwag i lawr ar y ddesg.

"Jobyn anodd fydd hynny, Edgar. Ma fe'n cwato dramor yn rhywle. Duw a ŵyr ble!"

"'Y diafol a ŵyr' fasa'n nes ati, Ned!" meddai Edgar, gan droi tua'r drws a gwasgu braich Olwen yn dyner wrth adael.

Wedi i Edgar adael, cyfrannodd Wyn damaid arall o wybodaeth a ddaethai i'w ran trwy ddirgel ffyrdd.

"Rhwng y tri ohonan ni, Syr Edwin, rydw i'n eitha' siŵr mai yn Bolivia mae Vollme yn byw rŵan, ers tua deng mlynedd. Mae ganddo fo basport o'r Swistir, o dan yr enw Gerd Frankenheim. Mae ganddo fo gwmni yn cloddio am lithium yn Bolivia ac yn gwneud arian mawr. Wrth gwrs, does gan Bolivia ddim cytundeb estraddodi efo Prydain, nac efo fawr neb arall. Rydw i wedi rhoi'r wybodaeth yma i David Waters –

mae'n llwybra ni wedi croesi o'r blaen. Mae o'n ddyn go graff, 'meddwl tu allan i'r bocs', fel maen nhw'n ddeud heddiw."

"Mae Vollme tu hwnt i'n gafel ni, felly," meddai Syr Edwin yn benisel.

"Am y tro, ydi. Ond mae sôn ei fod o'n awyddus i deithio i Dde Affrica i osod y garreg sylfaen ar gyfer y ganolfan treftadaeth ar hen ffarm y teulu yn y Transvaal."

"Wnaiff De Affrica byth estraddodi fe i Brydain," oedd sylw Olwen, hithau'r un mor ddi-hwyl.

Gwenodd Wyn, gwên gynnil ac awgrymog.

"Mi fydda Nain yn deud ers talwm 'Mae mwy nag un ffordd o gael Wil i'w wely.' *Watch this space* fydda fy nghyngor i chi heddiw. Efalla y gwelan ni rwbath reit ddramatig yn digwydd, os ydi David Waters yn foi mor siarp ag ydw i'n meddwl ei fod o!"

Daeth gwreichionyn o'i hiwmor arferol yn ôl i lygaid Syr Edwin wrth wrando ar y newyddiadurwr hyderus.

"Mae drws trugaredd heb ei gau, felly! Wel, ffydd a gobaith amdani! Jiawch, wy'n meddwl y cymera'i ddiferyn o Glenmorangie nawr, ta beth! Mr. Rendel… Olwen?"

PENNOD 27

20 – 21 Tachwedd 1987

"We have a problem! A serious problem!" meddai Capten yr awyren Boeing 747 ar ei radio, wrth y criw bach o deithwyr yng ngheubal moethus yr awyren.

Cawsai'r awyren fawr ei hurio'n breifat gan gwmni International Minerals i gludo ugain o bobl yr holl ffordd o La Paz, yn Bolivia, i Johannesburg – taith o 6,000 milltir dros Gefnfor Iwerydd. Dim ond awyren fawr fel y 747, â'i phedair injan jet bwerus, allai gyflawni'r daith mewn un cam. Cwmni o Chile oedd biau'r awyren ac fe'i dewiswyd gan International Minerals am y cyfuniad o'i maint a moethusrwydd ei lolfa fawr, yr ystafell fwyta, y cabanau hepian hwylus ar gyfer taith o dros bymtheg awr, yn ogystal â'r pris hynod o gystadleuol a gynigiwyd. Americanwr Gwyddelig oedd y Capten, Sean Murphy, ei gyd-beilot yn Sbaenwr a'r fforiwr yn Almaenwr. O Chile roedd gweddill criw yr awyren yn dod.

Wrth i'r teithwyr fynd trwy'r drefn ddiogelwch ym maes awyr La Paz, gwnaeth Murphy yn siŵr fod y teithwyr eu hunain a'u holl fagiau yn cael eu harchwilio'n drylwyr, rhag ofn bod rhywun â dryll neu arf arall yn ei feddiant. Yn wir, fe ddaethpwyd o hyd i ddau ddryll awtomatig a thair cyllell ac fe'u cipiwyd ar unwaith, er gwaethaf y cwyno bod angen i bobl busnes amlwg allu amddiffyn eu hunain.

Un peth a ddaliodd sylw Murphy oedd y parchedig ofn a roddwyd i hynafgwr y grŵp. Gŵr oddeutu y saith deg oedd hwn, ychydig yn wargrwm, ond yn dreiddgar ei drem a miniog ei dafod. Hwn, felly, oedd Gerd Frankenheim.

Wedi clywed neges y Capten ar y radio, brysiodd pump o ddynion tuag at gaban y peilot, sef Philip Sorensen, Cadeirydd y cwmni, ei ddau ddirprwy a dau *minder* cyhyrog a bygythiol, yn sgwario wrth eu hochrau.

Esboniodd Murphy natur y broblem oedd yn eu hwynebu. Roedd nam wedi datblygu ar ddwy o bedair injan yr awyren. Erbyn hyn, roedd un ohonynt wedi nogio'n llwyr ac roedd y llall yn dechrau cloffi. Gan fod golwg gynyddol fygythiol ar y ddau warchodwr, esboniodd Murphy fod y sefyllfa'n beryglus, gan ychwanegu yr hyn a achosodd y perygl. Bu dau ffrwydrad folcanig yn Ne America ac America Ganol ychydig ddyddiau ynghynt – un ar losgfynydd Tupungatito, ar y ffin rhwng Chile a'r Ariannin a'r llall ar fynydd Telica, yn Nicaragua. Chwythwyd miloedd o dunelli o ludw folcanig yn uchel i'r awyr, a chafodd hwnnw ei gario gannoedd o filltiroedd dros yr Iwerydd. Er eu bod wedi osgoi'r rhan fwyaf ohono, credai'r Capten mai peth o'r lludw hwnnw oedd wedi tagu'r ddwy injan. Pwysleisiodd eu bod dros 30,000 o droedfeddi uwchben y cefnfor, a thros hanner ffordd rhwng y ddau gyfandir. Felly, doedd dim troi'n ôl yn bosibl.

"Can't we make it on two engines?" gofynnodd Sorensen.

"Not for three thousand miles, or anything like it," oedd yr ateb pendant.

Cynigiodd Murphy un posibilrwydd o sut y gallent gael eu hachub. Rhyw gan milltir i'r de roedd ynys fechan anghysbell ac roedd maes awyr milwrol yno. Gwyddai'r Capten fod y maes awyr yn barod i dderbyn awyrennau sifil mewn argyfwng.

"And believe me, this really is an emergency," meddai'n bendant.

Holodd Sorensen, yn ddrwgdybus, pa ynys oedd hon, a chafodd yr ateb:

"Ascension Island."

"But that's British, surely? We can't land there! There's got to be somewhere else!"

"It has to be Ascension or the sea," meddai Murphy'n blaen. "It's that simple."

Wedi mwy o ddadlau a sibrwd blin rhwng Sorensen a'i ddirprwyon, torrodd Murphy ar eu traws a'u rhybuddio mai ef oedd capten yr awyren, a ganddo fe roedd yr hawl i benderfynu ar unrhyw fater yn ymwneud â diogelwch yr awyren a'i theithwyr, nid mater i bwyllgor.

Rhuthrodd y tri gŵr busnes yn ôl i ymgynghori â Frankenheim, yn lolfa'r awyren, ond roedd y ddau warchodwr gwgus yn dal i stelcian wrth ddrws caban y peilot. Wrth i Murphy fynd yn ôl i'w sedd, ymwthiodd y ddau ymlaen, gan fygwth mynd i'r afael ag o. Trodd Murphy yn gyflym i wynebu'r ddau, a gwelsant ddryll bychan yn ei law.

"A captain's ultimate deterrent! Small-bore, so I can fire it safely – so long as I hit my target! And I'm a very good shot! Now get back to join the others, so we can get this aircraft to safety."

Rhoes rybudd i'r ddau. Pe byddai unrhyw drais neu fygythiad i unrhyw un o griw yr awyren, caent eu harestio ar eu hunion wedi glanio. Byddai hynny'n anffodus pe bai y naill neu'r llall wedi troseddu mewn gwlad arall, am fod gan Brydain gytundebau estraddodi gyda nifer fawr o wledydd. Yn anfoddog a chyda sawl rheg, troes y ddau ar eu sodlau a chaeodd Murphy ddrws y caban a'i folltio.

Wrth i'r ddau beilot barhau â'r daith, bu cryn floeddio a phwnio'r drws droeon yn ystod yr awr nesaf. Ond maes o law, llwyddodd criw yr awyren i lonyddu'r fintai flin cyn glanio. Yna, wedi cael caniatâd awdurdodau milwrol y maes awyr, brathodd olwynion y Boeing y tarmac ar Ynys Ascension yn gwbl ddiogel.

Cyn gynted ag roedd yr awyren yn sefyll, gwelai'r teithwyr filwyr arfog yn amgylchynu'r awyren, yn gwisgo helmedau gwyn ac arnynt y llythrennau MP. Mentrodd Murphy ddod allan o'i gaban â'r dryll yn ei law, er mwyn gorchymyn i'w griw agor drws blaen yr awyren.

Nid aeth yr un enaid byw allan, ond, yn hytrach, daeth swyddog yn ei ddillad ei hun i mewn i'r awyren, gyda swyddogion o Awyrlu Prydain a phedwar o'r heddlu milwrol yn ei ddilyn. Aeth y swyddog sifil ar ei union at y gŵr mewn oed ym mhen pella'r lolfa. Gan fod yr heddlu milwrol yn arfog, ni fentrodd neb ei wrthsefyll, er y grwgnach a'r rhegi. Gwyddai pawb beth fyddai'n digwydd. Safodd y swyddog sifil yn wynebu Frankenheim:

"Karl Ludwig Haydn Vollme, alias Gerd Frankenheim, and formerly Jan de Groot, my name is Commander David Waters of the Metropolitan Police Special Branch. You are now in a British Crown Territory, and I have, here, a warrant, issued in London, for your arrest on charges of conspiracy to organise acts of terrorism in the United Kingdom and of causing death by terrorist activity. Other charges may follow, including possible charges relating to war crimes, which may be referred by the Crown to an international court."

Wrth wylio anesmwythyd cynyddol y fintai, ychwanegodd Waters y gallai grym arfog gael ei ddefnyddio pe byddai ymgais i rwystro'r warant rhag cael ei gweithredu.

Gyda'i lais yn finiog gan falais, bwriodd Haydn Vollme ei lid tuag at Waters.

"This whole thing is a fucking setup – a dirty fix! The engine failures, the aborted flight and everything! You bastards fixed it all!"

Edrychodd Waters yn oeraidd arno yntau:

"The aborted flight? Engine failures? After two big volcanic eruptions in as many days? They must have been on the news in Bolivia. You give us far too much credit, Mr. Vollme! We can't arrange explosions like that – not like your sort of explosion!"

Troes Waters ei gefn ar y fintai er mwyn cyfarch y Capten Murphy, ond bu'n galed iawn arno, wrth ysgwyd ei law, i ymatal rhag rhoi winc fawr i'w hen gyfaill.

* * *

Fore trannoeth, ym mhentref Tregraig, roedd Rhys Gruffydd newydd gyrraedd y tŷ, wedi cerdded i'r siop i brynu'r papur dyddiol. Wrth iddo gryfhau, daeth mynd i'r siop yn dipyn o ddefod ganddo. Daliai i ddefnyddio ffon ar y daith ddeng munud, ond rhoddai hi o'r neilltu wedi cyrraedd y tŷ. Roedd ias fain yn yr hin heddiw ac er bod rhywfaint o goron aur yr hydref yn dal ar y coed, roedd y palmentydd wedi bod yn garped o ddail ers y storm enfawr a ysgubodd dros y wlad ym mis Hydref.

Wrth dynnu ei gôt, clywai dincial llestri yn y gegin ac aeth â'r papur draw at Lynne, a oedd yn berwi'r tegell. Agorodd y papur newydd ar fwrdd y gegin a thynnodd sylw Lynne at un o'r penawdau:

Arrest after emergency landing on Ascension Island

Prin iawn oedd y manylion, heblaw bod awyren breifat wedi gorfod glanio ar yr ynys oherwydd ryw nam ar yr injan. Ni enwyd yr un a gawsai ei arestio, ond dywedwyd bod cysylltiad rhyngddo a'r digwyddiadau diweddar yng Nghymru. Gan ei bod yn tynnu at ddeg o'r gloch, rhoes Lynne y radio ymlaen i glywed y bwletin newyddion ar Radio Cymru. Rhoes y bwletin gnawd ar esgyrn sychion y stori.

"Cafwyd mwy o fanylion am y digwyddiad ddoe ar Ynys Ascension, ym Môr Iwerydd, pan arestiwyd gŵr wedi i awyren breifat Boeing 747 orfod glanio ar faes awyr milwrol yr ynys. Cyhoeddwyd mai'r gŵr oedd Karl Ludwig Haydn Vollme, dinesydd o'r Swistir ac yn byw o dan enw ffug yn Bolivia. Dywedodd y Swyddfa Gartref fod y gŵr o dan amheuaeth o gynllwynio terfysgaeth yng Nghymru, gan gynnwys y ffrwydrad yn Nhre-pwll ym mis Mai, a arweiniodd at farwolaeth y canwr opera, Geraint Monaghan, a'r ymgais aflwyddiannus i beri ffrwydrad yng Nghastell Caerffili ym mis Gorffennaf. Ddau fis yn ôl, dedfrydwyd James Bosley i garchar am oes am ei ran yn y ddau ddigwyddiad hwnnw ac mae gŵr arall, Mordred Dunn, yn y ddalfa yn aros ei brawf am droseddau o gynllwynio terfysgoedd. Cyhoeddwyd y bydd Haydn Vollme yn cael ei hedfan i Brydain heddiw, ar un o awyrennau'r Awyrlu."

Roedd Rhys a Lynne wedi gwrando'n astud ar y bwletin, a rhoes Rhys ochenaid o ryddhad a bodlonrwydd wrth glywed y newyddion.

"Dyna fo felly – y pry copyn yng nghanol y we! O'r diwedd, Lynne, mi gawn ni wared ar y diawlad i gyd, a chyfiawnder i Geraint druan."

"Ac i chditha, Rhys!" meddai Lynne, gyda chaledwch anghyffredin yn ei llais. Un o'r troseddau y cafwyd Bosley'n euog ohonyn nhw oedd "trywanu gyda'r bwriad o lofruddio".

Daeth hithau â dwy baned at y bwrdd ac eisteddodd wrth ymyl Rhys.

Roedd Rhys ymhell i ffwrdd ar y funud, a doedd dim awydd arni dorri ar draws ei synfyfyrion. Gwyddai, o'r llonyddwch mud, bod y flwyddyn dymhestlog o siwrnai a gawsai yn rhuthro trwy ei feddwl, fel pwyso'r botwm gwib ar recordiad fideo. Blwyddyn o siwrnai – siwrnai stormus i'r teulu cyfan, er bod Lynne a Rhys wedi gallu gwarchod y plant rhag y stormydd gwaethaf, tan y pnawn hunllefus hwnnw yng Nghaerffili.

Trwy drugaredd, roedd cyfle ganddyn nhw i barhau â'u siwrnai. Ble byddai yn eu harwain? Dyn a ŵyr. Ond ble byddai man cychwyn cam nesaf eu taith? Dyna gwestiwn y byddai'n rhaid ei ateb cyn y gwanwyn. Tregraig ynteu Caerdydd?

Dechreuodd Lynne sipian ei phaned. Dim dyma'r bore i drafod hynny. Digon i'r diwrnod …

Mewn ysbaid, dyma Rhys yn ymysgwyd o'i gwman, a dechreuodd yfed ei de.

Troes at Lynne gyda gwên.

"Mi ddeudodd y doctor y ca i ddechra dreifio eto, o leiaf yn lleol."

"Do, ond dim mwy na hanner awr ar y tro."

"Beth am roi cynnig arni tra mae'r plant yn yr ysgol? Picio draw at y llyn yn Nantlle?"

Nodiodd Lynne yn fodlon.

"Iawn, mi fydd hynny'n hen ddigon o siwrna am heddiw."